“十三五”高职高专出版创新规划教材
国家新闻出版广播影视重大项目子项目教材
[创新型高职高专财经电子商务专业实用教材]

主　编◎程国云　滕久林
副主编◎汪志忠

XINBIAN JINGJI SHUXUE JICHU

新编经济数学基础

广东高等教育出版社
Guangdong Higher Education Press
·广州·

图书在版编目（CIP）数据

新编经济数学基础/程国云，滕久林主编．—广州：广东高等教育出版社，2015.11（2021.7 重印）

ISBN 978－7－5361－5506－0

Ⅰ．①新…　Ⅱ．①程…　②滕…　Ⅲ．① 经济数学－高等职业教育－教材　Ⅳ．①F224.0

中国版本图书馆 CIP 数据核字（2015）第 276277 号

广东高等教育出版社出版发行

地址：广州市天河区林和西横路

邮编：510500　　电话：（020）87551597　87551163

网址：www.gdgjs.com.cn

广东海洋印刷有限公司印刷

787 毫米×960 毫米　16 开本　13.25 印张　253 千字

2015 年 11 月第 1 版　2021 年 7 月第 3 次印刷

印数：5 001～7 000 册

定价：38.00 元

出版说明

本书是一本“二维码书”。书中印刷了数十个二维码，分布在书中各个章节中。用手机扫描这些二维码就可观看相应的数字化教学资源，增加对本书内容的理解，体验纸电融合、线上线下联通的学习方式；课堂上，教师亦可以通过播放这些数字化教学资源来加强教学的互动性，增强趣味性，提高教学效果，同时，还能有效地减轻教师的备课压力。

本书是一本“互联网+”教材，是传统教材的出版创新。书中所配的数字化教学资源均存放在互联网“好的课”平台（www. heduc. com）上，通过二维码与纸质教材关联，打通数字化教学资源配送的“最后一公里”，方便读者学习。

作为出版创新之作，本书被纳入国家新闻出版广播影视重大项目（项目编号：XW20160660）的子项目，期待本书受到广大读者、学生和教师的喜爱。

前　言

⊙编写理念

本书以微积学为主，辅以线性代数基础知识及“互联网+”技术的出版，来服务于现代化财经、计算机等专业理论技术教学。具体地说，本书以高等数学和线性代数两部分基础知识为主轴，以高等数学和线性代数的基础理论的应用方向为主线，并与时俱进地使用解题软件 Maple 来辅助解题。

全书设 100 基础学时，可根据专业需要增选学时。

⊙内容编排

编写时，在充分考虑职教这种面对市场定位明确、学以致用的人才培养要求，及职业院校财经专业和计算机专业的相关教学要求的基础上，本书以函数微积分学和线性代数为基础，再结合其相对应的经济应用内容组成。具体为：其一，微分学经济应用；其二，积分学的经济应用；其三，线性代数基础知识与应用。本书具体内容编排为：第一章，函数的极限与连续；第二章，导数与微分及应用；第三章，微分学的经济应用；第四章，积分学；第五章，积分学的经济应用；第六章，行列式与矩阵；第七章，多元函数微分学与经济应用；第八章，线性规划；第九章，概率论与数理统计特征。

⊙配套资源

本书设置互联网线上线下资源服务，即除了纸制的教材外，还有适合“互联+”的电子教材、网络上课全部 ppt 课件、附录的 Maple 数学信息技术的解题软件和 2D 程序做图功能，及本书的全部习题答案。

本书内容基础，略去定理、定义的证明。创新之处在于：第一，采用全新的出版模式，即利用“互联+”教材技术扫描相应的二维码，立即呈现线上教学内容。第二，解题方法多样化，传统解题或使用 Maple 解题软件进行解题。为财经类专业和计算机专业等的高职高专的全日制教学和业余学习提供高效力的，更新、更简单、更全面的服务。如此，教之者简便，学之者轻松。

目录 MULU

第一章　函数的极限与连续

第一节　函　　数 …… 1
　一、函数的概念 …… 1
　二、函数的表示法 …… 3
　三、函数的几种特性 …… 3
　四、初等函数 …… 4
　五、几个常用经济函数 …… 6
　习题 1－1 …… 8
第二节　函数的极限 …… 9
　一、数列的极限 …… 9
　二、$x\to\infty$ 时函数的极限 …… 10
　三、$x\to x_0$ 时函数的极限 …… 12
　习题 1－2 …… 13
第三节　无穷小与无穷大 …… 14
　一、无穷小 …… 14
　二、无穷大 …… 15
　习题 1－3 …… 16
第四节　极限的运算法则 …… 16
　习题 1－4 …… 18
第五节　函数的连续性及其应用 …… 19
　一、函数的连续性 …… 19
　二、连续函数的运算 …… 20
　三、初等函数的连续性 …… 21
　四、函数的间断点 …… 22
　五、闭区间上连续函数性质 …… 23

习题 1 – 5 …… 24

第二章　导数与微分及应用

第一节　导数的概念 …… 25
一、变化率的两个实例 …… 25
二、导数的定义及其几何意义 …… 26
三、可导与连续的关系 …… 29
习题 2 – 1 …… 30
第二节　导数公式与导数的运算法则 …… 30
一、常数和基本初等函数的导数公式 …… 31
二、函数的和差积商的导数运算法则 …… 31
习题 2 – 2 …… 32
第三节　反函数和复合函数的导数 …… 33
一、反函数的导数 …… 33
二、复合函数的导数 …… 34
习题 2 – 3 …… 36
第四节　隐函数的求导数方法 …… 37
一、隐函数的导数 …… 37
二、隐函数求导方法——取对数法 …… 37
习题 2 – 4 …… 38
第五节　高阶导数 …… 39
习题 2 – 5 …… 40
第六节　微分及其应用 …… 40
一、微分的概念产生 …… 40
二、常数和基本初等函数的微分公式与微分运算法则 …… 42
三、微分的应用（在近似计算中的应用） …… 44
习题 2 – 6 …… 45

第三章　微分学的经济应用

第一节　函数的单调性 …… 47
习题 3 – 1 …… 49
第二节　函数的极值与最值 …… 49

一、函数的极值 …… 49
二、函数的最值 …… 51
习题 3 – 2 …… 53
第三节　一元函数微分学在经济学上的实践应用 …… 54
一、成本函数和收入函数 …… 54
二、边际分析 …… 55
三、弹性和弹性分析 …… 57
四、优化分析 …… 60
习题 3 – 3 …… 61

第四章　积分学

第一节　不定积分 …… 62
一、函数的原函数与不定积分的定义 …… 62
二、基本积分公式 …… 63
三、不定积分的运算性质 …… 64
习题 4 – 1 …… 65
第二节　不定积分的第一类换元法 …… 66
习题 4 – 2 …… 69
第三节　定积分的概念性质公式 …… 70
一、定积分概念的产生 …… 70
二、定积分的性质 …… 72
三、计算定积分的值——微积分基本公式 …… 72
四、变上限的定积分及其性质 …… 73
习题 4 – 3 …… 74
第四节　定积分的换元法 …… 75
习题 4 – 4 …… 75
第五节　简介无穷积分 …… 75
一、无穷区间上的反常积分 …… 75
二、无界函数的反常积分 …… 77

第五章　积分学的经济应用

第一节　定积分的经济实践应用 …… 80

一、由边际函数求总函数 …… 80
二、由边际函数求总量函数的极值 …… 81
三、资本现值与投资问题 …… 82
习题 5－1 …… 83
第二节　积分学解微分方程和微分方程的解及应用 …… 83
一、一阶微分方程的基本概念 …… 84
二、一阶微分方程的基本类型和解 …… 85
习题 5－2 …… 89

第六章　行列式与矩阵

第一节　行列式 …… 91
一、行列式的基本概念 …… 91
二、行列式的性质与克莱姆法则 …… 92
三、高阶行列式与拉普拉斯(Laplace)定理 …… 96
习题 6－1 …… 97
第二节　矩阵的概念与运算 …… 98
一、矩阵的概念 …… 98
二、矩阵的线性运算 …… 99
习题 6－2 …… 100
第三节　矩阵的应用 …… 101
一、行列式与方阵之间的关系 …… 101
二、逆矩阵的求法 …… 101
三、解矩阵方程 …… 102
四、矩阵的初等变换求逆矩阵 …… 103
五、初等变换解线性方程组 …… 104
习题 6－3 …… 105

第七章　多元函数微分学与经济应用

第一节　空间直角坐标 …… 107
一、空间直角坐标系 …… 107
二、三元有序实数组与点空间直角坐标的对应关系 …… 108
第二节　多元函数的基本概念、极限和连续性 …… 109

一、多元函数的概念 …… 109
二、多元函数的极限 …… 111
三、多元函数的连续性 …… 112
习题 7－2 …… 113
第三节　偏导数及实践应用 …… 113
一、一阶偏导数的概念及其计算 …… 113
二、二阶偏导数 …… 115
三、偏导数的应用——边际经济量和偏弹性分析 …… 116
习题 7－3 …… 118
第四节　全微分 …… 119
习题 7－4 …… 121
第五节　多元函数的极值和最值简介 …… 122
一、二元函数的极值 …… 122
二、多元函数最大值和最小值 …… 123
三、条件极值 …… 123
习题 7－5 …… 125

第八章　线性规划

第一节　线性规划经济问题的数学模型 …… 126
一、什么是线性规划问题 …… 126
二、建立线性规划数学模型的一般形式 …… 128
三、建立线性规划模型的标准式的要求（用例 3 说明） …… 128
第二节　线性规划的解法 …… 130
一、几个概念 …… 130
二、两个变量线性规划问题的图解法 …… 130
三、从图解法看线性规划问题解的几种情况 …… 131
四、单纯形法 …… 132
习题 8 …… 138

第九章　概率论与数理统计特征

第一节　随机事件 …… 140
一、随机事件简介 …… 140

二、事件的运算与事件间的关系 …… 141
第二节 事件的概率 …… 142
一、概率的统计定义 …… 142
二、古典概型 …… 142
第三节 概率的运算 …… 144
一、概率的加法公式 …… 144
二、条件概率与概率的乘法公式 …… 145
第四节 事件的独立性与全概率公式计算 …… 147
一、事件的独立性 …… 147
二、全概率计算 …… 149
习题 9 - （1 ~4） …… 150
第五节 随机变量及其概率分布 …… 151
一、离散型随机变量及其概率分布 …… 151
二、常用离散型随机变量概率分布 …… 152
三、连续型随机变量及其概率密度 …… 153
四、常用连续型随机变量的分布 …… 155
第六节 随机变量的数字特征 …… 157
一、随机变量的数学期望与方差 …… 157
二、随机变量数学期望与方差的性质 …… 160
三、数学期望和方差的经济应用 …… 161
习题 9 - （5 ~6） …… 163

附录 数学软件 Maple 应用简介 …… 165
第一部分 微积分 …… 165
第二部分 线性代数 …… 173
第三部分 2D 绘图 …… 187

习题答案 …… 190

参考文献 …… 200

第一章　函数的极限与连续

世界是物质的，物质是运动、变化和发展的。自 16 世纪以来，随着社会的发展，为了适应生产力发展的需要，运动变化发展成为自然科学研究的主题，对各种事物变化过程中变量间的依存关系的研究产生了函数概念。函数是刻画运动变化中变量相依关系的数学模型。

17 世纪笛卡尔把变量引入数学，使数学从研究常量进一步发展到研究变量，从而产生了微积分。微积分是研究变量以及变量间依赖关系即函数关系的一门学科，因此用微积分研究经济问题离不开函数关系式的建立。

经济数学知识是以高等数学基础知识为基准。研究的主要内容是函数的微积分及其经济应用，而微积分学是建立在实数、函数、极限的基础上的运算。极限的思想是微积分的基础，它是用一种运动思想来看待问题，其实无限就是极限。极限是研究函数的微积分的主要工具。本章简单回顾中学数学的基础知识，学习经济函数，理解函数的极限、连续概念，为学习函数微积分学建立知识基础。

第一节　函　　数

二维码 1－1

扫一扫，获取本节资源

一、函数的概念

世界事物无限变化发展，世界经济关系表现为各种形式的经济量的变化依存关系。其中，有的量取定适当的单位以后，在考察的过程中可用固定的数值来表示，这种量称为常量；还有一些量，在考察的过程中取不同的数值来表示，这种量称为变量。如商品生产者在生产经营中，投入生产的固定成本就是一个常量，而商品生产经营者，在使用劳动力水平和数量以及对劳动力支付的劳动报酬则是一个变量。

讨论变量间的数量关系时，必须明确变量之间的存在关系，如对于函数的定义域和值域的讨论，对于集合的概念的认识和集合的运算等。数集是表示变量之间存在关系的集合，常用数轴、不等式、集合、区间等基本方法表示。

在初等数学中，变量通常是在实数范围内讨论，也可以扩大到复数，常用的数集有自然数集 $\mathbf{N}$、正整数集 $\mathbf{N}_+$、整数集 $\mathbf{Z}$、有理数集 $\mathbf{Q}$、实数集 $\mathbf{R}$、复数集 $\mathbf{C}$。

定义 1 设 x 和 y 是两个变量，D 是 R_f 的非空子集，任意 $x \in D$，变量 y 按照某个对应关系（如 f）有唯一确定的实数与之对应，记作 $f(x)$，则称 $y=f(x)$ 是定义在 D 上的函数，x 称为自变量，y 称为因变量，D 称为函数 $y=f(x)$ 的定义域，数集 $\{f(x) \mid x \in D\}$ 称为函数 $y=f(x)$ 的值域 R_f，如图 1－1 所示。

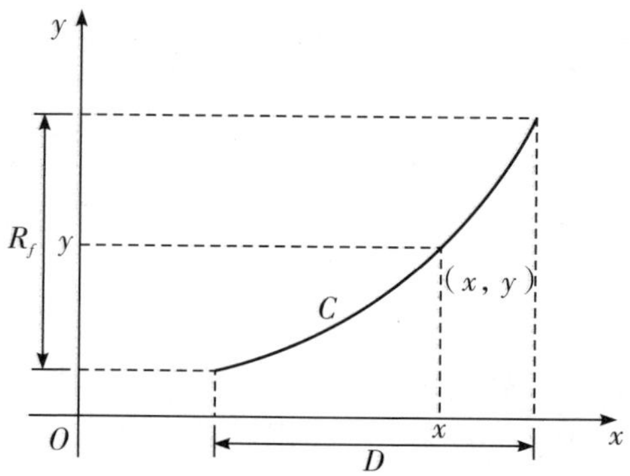

图 1－1

由定义 1 可见，两个函数只有它们的对应关系相同、定义域也相同时才是同一个函数。如函数 $y=|x|$ 与 $y=x$ 的对应关系不同，因此它们是两个不同的函数；函数 $y=2\lg x$ 与 $y=\lg(x^2)$ 的定义域不同，因此它们也是两个不同的函数；而函数 $y=|x|$ 与 $y=\sqrt{x^2}$ 则是同一个函数。

在函数的概念中，我们要注意的是如何理解函数式的名称、函数的对应法则、函数的值域、函数的定义域等概念。如下列分段函数的对应法则：

$$y=|x|=\begin{cases} x, & x \geqslant 0 \\ -x, & x<0 \end{cases}$$

再如幂函数 $y=\sqrt{x}$ 的定义域是 $D=\{x \mid x>0\}$；又如指数函数 $y=3.1^x$，它的值域是 $y \in (0,+\infty)$。对于用解析式表示的函数，函数的定义域是自变量取值范围使解析式有意义的一切值。这个概念非常重要，它决定函数变量之间的存在关系。

例 1 确定函数 $y=\dfrac{1}{x}+\sqrt{x+1}$ 的定义域。

解：该函数的定义域 D 为满足不等式组 $\begin{cases} 1+x \geqslant 0 \\ x \neq 0 \end{cases}$ 的 x 的集合，即 $D=$

$[-1,0)\cup(0,+\infty)$。

此外，为了讨论函数在某一点邻近的一些详细性态，高等数学引进点的邻域概念。

定义 2 设 $a,\delta\in\mathbf{R}$，$\delta>0$，数集 $\{x\in\mathbf{R}\,|\,|x-a|<\delta\}$，即实数轴上和点 a 的距离小于 δ 的点的全体，称为点 a 的邻域，记作 $N(a,\delta)$，点 a 与数 δ 分别称为这邻域的中心与半径。有时用 $N(a)$ 表示点 a 的一个邻域。数集 $\{x\in\mathbf{R}\,|\,0<|x-a|<\delta\}$称为点 a 的去心 δ 邻域，记作 $N(\hat{a},\delta)$。显然，$N(a,\delta)=(a-\delta,a+\delta)$，$N(\hat{a},\delta)=(a-\delta,a)\cup(a,a+\delta)$。如图 1－2 所示。

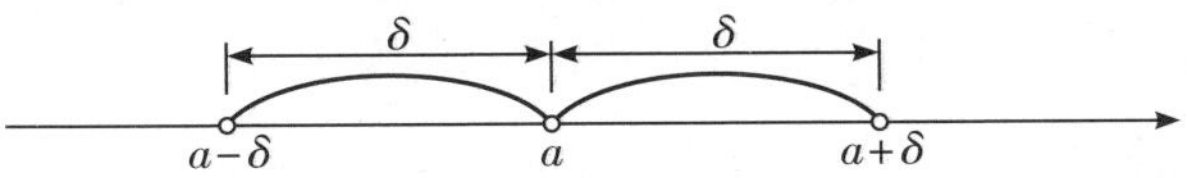

图 1－2

二、函数的表示法

表示函数，要把它的定义域和对应关系表示清楚，可以根据函数本身的特点选择适当的表示法，常用的方法有表格法、图示法和公式法（解析法）。以表格的形式出现的叫表格法；用图形表示函数的叫图示法；用数学式表示的叫公式法。

例 2 从北京到某地的行李运费按如下规定收费，当行李不超过 50 kg 时，按基本运费 0.3 元/kg 计算；当超过 50 kg 时，超过部分按 0.45 元/kg 收费，试求从北京到该地的行李费 y(元) 与行李重量 x(kg) 之间的函数关系。

解： 当 $0\leqslant x\leqslant 50$ 时，$y=0.3x$

当 $x>50$ 时，$y=0.3\times 50+0.45\times(x-50)=0.45x-7.5$

所以，行李费 y 与行李重量 x 之间的函数关系式用解析法表示为：

$$y=\begin{cases}0.3x & (0\leqslant x\leqslant 50)\\ 0.45x-7.5 & (x>50)\end{cases}$$

三、函数的几种特性

设函数 $f(x)$ 的定义域为 D，函数有以下性质：

(1) 有界性。设数集 $X\subset D$，存在正的常数 M，任意 $x\in X$，相应的函数值满足 $|f(x)|\leqslant M$，则称 $f(x)$ 在 X 上有界；如果不存在正的常数 M，则称 $f(x)$ 在 X 上无界。如：正弦函数、余弦函数在定义域上是有界的；正切函数、余切函数在定义域上是无界的。

（2）单调性。设区间 $I \subset D$，任意 $x_1, x_2 \in I$，$x_1 < x_2$，恒有 $f(x_1) < f(x_2)$，则称函数 $f(x)$ 在区间上是单调增加的；如果任意 $x_1, x_2 \in I$，$x_1 < x_2$，恒有 $f(x_1) > f(x_2)$，则称函数 $f(x)$ 在区间上是单调减少的。

（3）奇偶性。设 D 关于原点对称，任意 $x \in D$，都有 $f(-x) = -f(x)$，则称函数 $f(x)$ 为奇函数；任意 $x \in D$ 都有 $f(-x) = f(x)$，则称函数 $f(x)$ 为偶函数。奇函数的图象关于原点对称；偶函数的图象关于 y 轴对称。

（4）周期性。设存在一个不为零的常数 T，任意 $x \in D$，有 $x \pm T \in D$，且 $f(x+T) = f(x)$，则称函数 $f(x)$ 为周期函数，T 为 $f(x)$ 的周期。当周期函数存在最小正周期，则其周期为最小正周期。

例 3 讨论函数 $f(x) = \sin x$ 的特性。（让学生自己作图）

解： 函数 $f(x)$ 的定义域为 $\mathbf{R}$

（1）任意 $x \in \mathbf{R}$，$|f(x)| = |\sin x| \leqslant 1$。这是有界的函数。

（2）任意 $x \in \mathbf{R}$，$f(-x) = \sin(-x) = -\sin x = -f(x)$。这是奇函数。

（3）任意 $T = \pm 2\pi$ 的周期内，当 $-\frac{\pi}{2} < x_1 < x_2 < \frac{\pi}{2}$，则

$$f(x_2) - f(x_1) = \sin x_2 - \sin x_1 > 0$$

这是增函数。

当 $\frac{\pi}{2} < x_1 < x_2 < \frac{3\pi}{2}$，则

$$f(x_2) - f(x_1) = \sin x_2 - \sin x_1 < 0$$

这是减函数。

（4）任意 $x \in \mathbf{R}$，设 $T = \pm 2\pi$，$f(2\pi \pm x) = \sin(2\pi \pm x) = \sin x$。这是周期函数。

所以，函数 $f(x)$ 在 $\mathbf{R}$ 上既是有界的函数、单调函数和奇函数，也是周期性函数。

四、初等函数

1. 基本初等函数

复习中学里的函数，如正比例函数、反比例函数、一次函数、二次函数、幂函数 $y = x^\alpha$ 的定义域及其性质与幂指数 α 的取值有关。这里只研究任意 $\alpha \neq 0$，x^α 在 $x \in (0, +\infty)$ 内，其定义域和对应图象，其中包括 $\alpha = \pm 1$，$\alpha = \pm 2$，$\alpha = \pm \frac{1}{2}$，…情形的作图。

函数 $y = a^x$ $(a > 0, a \neq 1)$ 称为指数函数，其定义域为 $\mathbf{R}$，值域为正数；函数 $y = \log_a x$ $(a > 0, a \neq 1)$ 称为对数函数，其定义域为 $(0, +\infty)$，值域为

R。对数函数 $y=\log_a x$ 与指数函数 $y=a^x$ （$a>0,a\neq1$）互为反函数。

常用的三角函数有：正弦函数 $y=\sin x$；余弦函数 $y=\cos x$；正切函数 $y=\tan x$；余切函数 $y=\cot x$。四种反三角函数定义：

正弦函数 $y=\sin x$ 在它的单调区间 $\left[-\frac{\pi}{2},\frac{\pi}{2}\right]$ 上的反函数称为反正弦函数，记作 $y=\arcsin x$；

余弦函数 $y=\cos x$ 在其单调区间 $[0,\pi]$ 上的反函数称为反余弦函数，记作 $y=\arccos x$；

正切函数 $y=\tan x$ 在其单调区间 $\left(-\frac{\pi}{2},\frac{\pi}{2}\right)$ 内的反函数称为反切函数，记作 $y=\arctan x$；

余切函数在其单调区间（$0,\pi$）内的反函数称为反余切函数，记作 $y=\text{arccot}\, x$。

以上这些函数在定义域内统称为基本初等函数。

2. **复合函数**

定义 3　设函数 $y=f(u)$，其中 $u=\varphi(x)$，且 $\varphi(x)$ 的值全部或部分落在 $f(u)$ 的定义域内，则称 $y=f[\varphi(x)]$ 为 x 的复合函数，而 u 称为中间变量。

复合函数还可以有两个以上函数在定义域内的复合。函数的复合和函数的四则运算是由简单函数构造复杂函数的重要方法。反之，许多复杂函数又可以把他们分解成简单函数的复合或四则运算的结果。以后我们常用这种函数复合与分解的方法简化函数的微积分运算。因此，能够熟悉地分析复杂函数的构造并化成简单函数的复合或四则运算是非常重要的。

例 4　设函数 $f(x)=\begin{cases}1-x & (x\geqslant 0)\\ 2-x & (x<0)\end{cases}$，求复合函数 $f[f(3)]$ 的值。

解：$f[f(3)]=f[1-3]=f(-2)=2-(-2)=4$

例 5　已知两个任意函数 $f(x)=\sqrt{x}$，$\varphi(x)=\sin 2x$。分别求它们复合函数 $f[\varphi(x)]$，$\varphi[f(x)]$ 的值。

解：由 $f(x)$，$\varphi(x)$ 的表达式得：

$$f[\varphi(x)]=\sqrt{\varphi(x)}=\sqrt{\sin 2x}$$

$$\varphi[f(x)]=\sin 2[f(x)]=\sin 2\sqrt{x}$$

例 6　分别指出函数 $y=\sin 3x$，$y=\cos^3 2x$ 的复合过程，并说明这是几层复合函数。

解：$y=\sin 3x$ 是由 $y=\sin u$，$u=3x$ 复合而成的。是两层函数复合。

$y=\cos^2 2x$ 是由 $y=u^2$，$u=\cos v$，$v=2x$ 复合而成的。是三层函数

复合。

注意：理解函数复合与分解的规律，要遵守先外函数后内函数、先整体函数后局部函数的原则。

3. **初等函数**

定义 4 由常数和基本初等函数经过有限次的叠加而成的，可用一个式子表示的函数称为初等函数或复合函数。例如：$y=e^{\cos 2x}$，$y=\sqrt[3]{\sin^2 x}$，$y=\sqrt{x^2+3}$等都是初等函数。经济函数中讨论的函数绝大多数是初等函数。

五、几个常用经济函数

用经济方法解决数学问题，通常把实际问题转化成数学问题，就是建立数学模型。通俗地说就是找经济函数关系。

1. **需求函数与价格函数**

消费者对商品的需求与人口、季节、价格等诸多因素的影响有关。价格 p 是自变量取非负。这里的需求量 Q 与价格 p 有以下关系：

需求函数：商品的需求量 Q 就是该商品价格 p 的函数，称需求函数，记作 $Q=Q(p)$，它是减函数。

价格函数：需求函数 $Q=Q(p)$ 的反函数就是价格函数，记为 $p=p^{-1}(Q)$。

2. **供给函数**

在市场经济体制中，商品经营者对社会提供某种商品的数量多少，依赖于该商品价格的高低，则商品的供给量 S 就是该商品价格 p 的函数，称供给函数，记作 $S=S(p)$。这里的价格 p 增大，供给量 S 增加，此函数是增函数。供给函数可以表示为线性函数、二次函数、幂函数、指数函数等。供给函数与需求函数密切相关。

3. **总成本函数**

从事生产必须投入，即成本，包括厂房、设备和原材料等，成本分为两部分：

固定成本 C_1：在短时间内不会发生太大变化，如厂房、设备等。

可变成本 C_2：随着产品数量 q 的变化而直接变化的部分，如能源、原材料和劳动力的市场需求等，即函数 $C_2=C_2(q)$。

那么，总成本函数是：

$$C=C(q)=C_1+C_2(q)$$

总成本函数有：

线性函数　$C(q)=C_1+cq$

二次函数　$C(q)=a+bq+cq^2$

三次函数　$C(q)=a_0+a_1q+a_2q^2+a_3q^3$

其中 C_1，a，a_0 分别为固定成本。

4. 收入函数与利润函数

收入函数指售出一定商品后所得的全部收入 R，与商品价格 P 和商品量 q 之间的函数（显然，这个 q 对销售者来说就是销售的商品量，对消费者来说，就是需求量），于是有：全部收入 $R=R(q)=Pq$；平均收入 $\overline{R}=\dfrac{R(q)}{q}$。

利润函数指生产一定数量产品的总收入 R 与总成本 C 之差就是它的总利润 L，即：$L=L(q)=R(q)-C(q)$；平均利润 $\overline{L}=\dfrac{L(q)}{q}$。所以，利润函数值的正负决定企业的盈亏状况，其利润函数值为零表示企业收支平衡。

例 7　已知某商品的需求关系是：$5q+2p=100$（其中 q 是商品量，p 是该商品的价格）。①求总收入与商品量二者之间的函数关系式；②求销售 10 件商品时的总收入和平均收入。

解：由已知条件，得商品价格 $p=\dfrac{100-5q}{2}$。故所求总收入函数关系式为：

$$R(q)=pq=\frac{100q-5q^2}{2}$$

则销售 10 件商品时的总收入和平均收入分别为：

$$R(10)=\frac{1}{2}(100\times 10-5\times 10^2)=250$$

$$\overline{R}(10)=\frac{R(10)}{10}=25$$

例 8　设生产某种商品 x 件时的总成本为 $C(x)=100+2x+x^2$（万元），若每售出一件该商品的收入是 50 万元，求生产 30 件时的总利润和平均利润。

解：由于该商品的价格 $p=50$（万元），故售出 x 件该商品时总收入函数是

$$R(x)=px=50x$$

因此，总利润函数

$$\begin{aligned}L(x)&=R(x)-C(x)\\&=50x-(100+2x+x^2)\\&=-100+48x-x^2\end{aligned}$$

当 $x=30$ 时，总利润和平均利润分别是：

$$L(30)=(-100+48x-x^2)\big|_{x=30}=440\ （万元）$$

$$\bar{L}(x)=\frac{L(30)}{30}=\frac{440}{30}=14.67\ （万元）$$

习题1－1

1. 求下列函数的函数值：

（1）设 $f(x)=\arcsin(\lg x)$，求 $f\left(\frac{1}{10}\right)$，$f(1)$，$f(10)$。

（2）$f(x)=\begin{cases}2x+3 & (x\leqslant 0)\\ 2^x & (x>0)\end{cases}$，求 $f(-2)$，$f(0)$，$f[f(-1)]$。

2. 下述函数 $f(x)$，$g(x)$ 是否相同？为什么？

（1）$f(x)=\lg(x^2)$，$g(x)=2\lg x$

（2）$f(x)=|x|$，$g(x)=\begin{cases}x & (x\geqslant 0)\\ -x & (x<0)\end{cases}$

3. 确定下列函数的奇偶性：

（1）$y=\frac{\sin x}{x}$　　（2）$y=\sin x+\cos x$

（3）$y=\frac{e^x-e^{-x}}{2}$　　（4）$y=\log_2\left(x+\sqrt{x^2+1}\right)$

4. 求下列函数的周期性，并指出它的最小正周期。

（1）$y=\sin x+\cos x$　　（2）$y=\sin x\cos x$

（3）$y=\sin^2 x$　　（4）$y=\frac{\sin x}{x}$

5. 求下列函数的反函数：

（1）$y=2^x+1$　　（2）$y=\frac{1+x}{1-x}$

6. 作函数 $f(x)=\begin{cases}x^2 & (x<0)\\ 1+x & (x\geqslant 0)\end{cases}$ 的图象。

7. 已知 $f(x)=x^3-x$，$\varphi(x)=\sin 2x$，求：$f[\varphi(x)]$，$\varphi[f(x)]$。

8. 指出下列函数的复合过程：

（1）$y=\sin 2x$　　（2）$y=e^{\frac{1}{x}}$

（3）$y=\cos^2 3x$　　（4）$y=\ln^2(x^2+1)$

（5）$y=e^{\sin 3x}$　　（6）$y=(x^2-3)^3$

9. 已知初始本金为 P 元，年利率为 R，每年末将当年的本利之和存入银行，试求 n 年末的本利之和 S_n。

第二节　函数的极限

二维码 1－2

扫一扫，获取本节资源

学习高等数学的基础是掌握极限的概念。无穷数列 $x_1, x_2, \cdots, x_n, \cdots$ 可以看作自变量为正整数 n 的函数 $f(n)=x_n$，因此数列的极限是一类特殊函数的极限。

一、数列的极限

定义 1　对数列 $\{x_n\}$，当项数 n 无限增大时，数列的相应项 x_n 无限逼近常数 a，则称 a 是数列 $\{x_n\}$ 的极限，记作 $\lim\limits_{n\to\infty} x_n = a$ 或 $x_n \to a$（$n\to\infty$），并称数列 $\{x_n\}$ 是收敛的；若数列 $\{x_n\}$ 没有极限，则称数列 $\{x_n\}$ 是发散的。

数列 $\{x_n\}$ 的极限是 a，当指数列的项数无限增大时，通项的值的变化趋势无限逼近常数 a，即通项 x_n 与 a 的距离 $|x_n - a|$ 无限逼近零。

例 1　利用数列极限的定义，讨论下列数列的极限：

（1）$2, \dfrac{1}{2}, \dfrac{4}{3}, \dfrac{3}{4}, \cdots, 1+(-1)^{n-1}\dfrac{1}{n}, \cdots$

（2）$\dfrac{1}{2}+\dfrac{1}{4}+\cdots+\dfrac{1}{2n}\cdots$

解：（1）该数列的通项 $x_n = 1+(-1)^{n-1}\dfrac{1}{n}$，通项 x_n 与 1 的距离 $|x_n - 1| = \dfrac{1}{n}$，当项数 n 无限增大时，$|x_n - 1|$ 无限逼近于零。即通项 x_n 无限逼近 1，因此记：

$$\lim_{n\to\infty}\left[1+1(-1)^{n-1}\frac{1}{n}\right]=1$$

（2）在数列 $\dfrac{1}{2}+\dfrac{1}{4}+\cdots+\dfrac{1}{2n}+\cdots$ 中，当项数 n 无限增大时，一般项 x_n 也是无限逼近一个常数 0，从而 $\lim\limits_{n\to\infty} x_n = 0$ 存在。

一般地，对 $\lim\limits_{n\to\infty} x_n = a$，将常数 a 和数列的通项 x_n 在数轴上用它们的对应点表示出来，对 a 的任一取定的邻域，如 $N(a, \varepsilon)$，n 无限增大时，数列的项 x_n（从某项 x_N 以后的项）最终都要落到该邻域内，如图 1－3 所示。

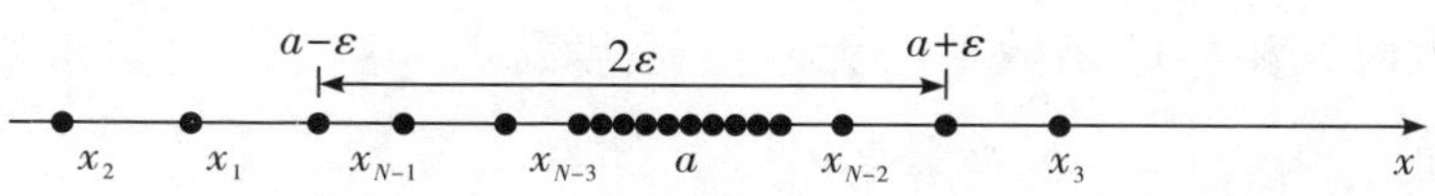

图 1－3

例 2 建立一项奖励基金，每年年终发放一次，资金总额为 1 万元，以年利率 10% 计算，试求：

(1) 奖金发放年限为 10 年，基金 P 应为何值?

(2) 若奖金发放永远继续下去，即奖金发放的年数 $n\to\infty$，此为永远继续奖金，基金 P 应为何值?

解：由本利和公式 $S_n=P(1+R)^n$，其中 $n=1,2,3,\cdots$；P 应为第 n 年末的年金现值 P_n，S_n 为第 n 年末的年金 A（即奖金），年利率为 R。

第一年末年金 A 的现值为：$P_1=\dfrac{A}{1+R}$

第二年末年金 A 的现值为：$P_2=\dfrac{A}{(1+R)^2}$

第三年末年金 A 的现值为：$P_3=\dfrac{A}{(1+R)^3}$

⋮

第 n 年末年金 A 的现值为：$P_n=\dfrac{A}{(1+R)^n}$

由此可见，每年年末的年金 A 与现值 P_n 构成一个公比为$\dfrac{1}{1+R}$的等比数列，所以每年年金现值之和（普通年金现值）：

$$P=\frac{A}{1+R}+\frac{A}{(1+R)^2}+\cdots+\frac{A}{(1+R)^n}=\frac{A}{R}\cdot\left[1-\frac{1}{(1+R)^n}\right]$$

因此，当年金的年数永远继续，即 $n\to\infty$ 时，此为奖金，称为永远基金 P。

(1) 当奖金的发放年限为 10 年，资金总额为 1 万元，以年利率 10% 计算，基金 P 应为：

$$P=\frac{A}{R}\cdot\left[1-\frac{1}{(1+R)^n}\right]=\frac{1}{0.1}\left[1-\frac{1}{(1-0.1)^{10}}\right]=6.1446\text{（万元）}$$

(2) 当奖金发放的年限 $n\to\infty$ 时，此为永远继续奖金的现值，基金 P 应为：

$$P=\lim_{n\to\infty}\frac{A}{R}\cdot\left[1-\frac{1}{(1+R)^n}\right]=\frac{A}{R}=\frac{1}{0.1}=10\text{（万元）}$$

二、$x\to\infty$ 时函数的极限

如反比例函数 $y=\dfrac{1}{x}$，其 x 轴是曲线的一条水平渐近线，即自变量 $|x|$ 无限增大时，相应的函数值 y 无限逼近常数 0。这就是我们将要讨论的 $x\to\pm\infty$ 时，函数 $y=\dfrac{1}{x}$的极限是 0。

定义 2　有常数 $M>0$，当 $|x|>M$ 时，函数 $f(x)$ 有定义。当自变量的绝对值无限增大时，相应的函数值 $f(x)$ 无限逼近常数 A，则称 A 为 $x\to\infty$ 时函数 $f(x)$ 的极限，记作 $\lim\limits_{x\to\infty}f(x)=A$ 或 $f(x)\to A\ (x\to\infty)$。

由定义 2，$\lim\limits_{x\to\infty}\dfrac{1}{x}=0$。

极限 $\lim\limits_{x\to\infty}f(x)=A$ 表示的是自变量 $|x|$ 无限增大时，相应的函数值 $f(x)$ 的一种变化趋势——无限逼近常数 A，即 $|f(x)-A|$ 无限逼近零。

例 3　讨论极限 $\lim\limits_{x\to\infty}\dfrac{2x+1}{x}$。

解：由于 $\dfrac{2x+1}{x}=2+\dfrac{1}{x}$，当 $x\to\infty$ 时，$2+\dfrac{1}{x}$ 无限逼近 2。因此

$$\lim_{x\to\infty}\frac{2x+1}{x}=2$$

$\lim\limits_{x\to\infty}f(x)=A$ 有以下的几何解释：在 xOy 平面的 y 用点 A 表示常数 A，取点 A 的任一邻域 $N(A,\varepsilon)$，当自变量的绝对 $|x|$ 无限增大时，函数 $y=f(x)$ 的图象最终（存在 $X>0$，当 $|x|>X$ 时）都要落到由直线 $y=A-\varepsilon$ 和 $y=A+\varepsilon$ 之间的区域内，如图 1－4 所示。

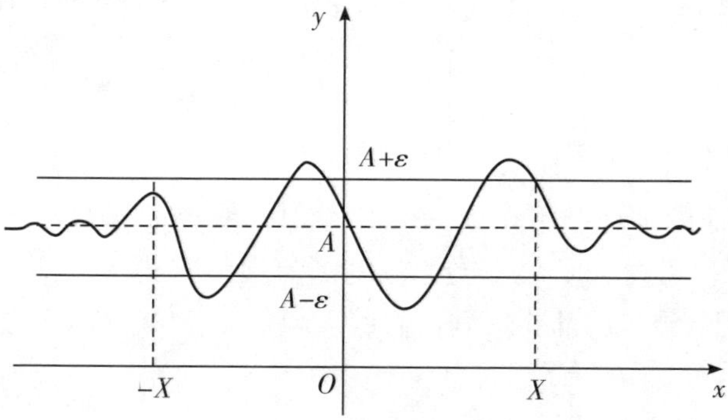

图 1－4

再如，对于函数 $y=2^x$、$y=2^{-x}$，x 轴同为这两个函数图象的水平渐近线，但 x 轴和每一条线只在一个方向上无限接近，而在另一个方向则无限远离，因此极限 $\lim\limits_{x\to-\infty}2^x=0$ 存在，而 $\lim\limits_{x\to\infty}2^{-x}=0$ 存在。为此，下面分别讨论 $x\to+\infty$、$x\to-\infty$ 时函数 $f(x)$ 的极限。

定义 3　有常数 $M>0$，函数 $f(x)$ 在 $x>M$ 或 $-x>M$ 时有定义，当 x 或 $-x$ 无限增大时，相应的函数值 $f(x)$ 无限逼近常数 A，则称 A 为 $x\to+\infty$ 或 $x\to-\infty$。记作：

$$\lim_{x\to\infty} f(x)=A \text{ 或 } f(x)\to A\ (x\to+\infty)$$

$$\lim_{x\to-\infty} f(x)=A \text{ 或 } f(x)\to A\ (x\to-\infty)$$

由定义3，上述函数的极限 $\lim\limits_{x\to-\infty} 2^x=0$；$\lim\limits_{x\to+\infty} 2^{-x}=0$。

对 $\lim\limits_{x\to\infty} f(x)=A$ 或 $\lim\limits_{x\to-\infty} f(x)=A$ 有同样几何解释，留给读者考虑。

由 $x\to\infty$（$x\to+\infty$、$x\to-\infty$）时函数 $f(x)$ 的极限定义，有以下定理：

定理1 $\lim\limits_{x\to\infty} f(x)=A$ 的充要条件是

$$\lim_{x\to+\infty} f(x)=\lim_{x\to-\infty} f(x)=A$$

三、$x\to x_0$ 时函数的极限

当 $x\to x_0$ 时，函数 $f(x)$ 的极限有下列定义：

定义4 设函数 $f(x)$ 在 x_0 的某一去心邻域 $N(\hat{x}_0,\delta)$ 内有定义，当自变量 x 在 $N(\hat{x}_0,\delta)$ 内与 x_0 无限接近时，相应函数值无限逼近常数 A，则称 A 为 $x\to x_0$ 时函数 $f(x)$ 的极限，记作 $\lim\limits_{x\to x_0} f(x)=A$ 或 $f(x)\to A$（$x\to x_0$）。

极限 $\lim\limits_{x\to x_0} f(x)=A$ 表示的是自变量 x 与 x_0 无限接近（$x\neq 0$）时，相应的函数值 $f(x)$ 的一种变化趋势：无限逼近常数 A，即 $|x-x_0|$ 趋于零时，有 $|f(x)-A|$ 无限逼近零。因此，讨论 $x\to x_0$ 时函数 $f(x)$ 的极限，取决于 x_0 临近的 $x(x\neq x_0)$ 处的函数值 $f(x)$，而与 $x=x_0$ 时 $f(x)$ 是否有定义或如何定义无关。

极限 $\lim\limits_{x\to x_0} f(x)=A$ 有以下的几何解释。

在 xOy 平面的 y 轴上用点 A 表示常数 A，取点 A 的任一邻域 $N(A,\varepsilon)$，当 x 与 x_0 无限接近时，函数 $y=f(x)$ 的图象最终（即 x 与 x_0 的距离小于某一个常数 δ，且 $x\neq x_0$）都要落到由直线 $y=A-\varepsilon$ 和 $y=A+\varepsilon$ 之间的区域内，如图1－5所示。

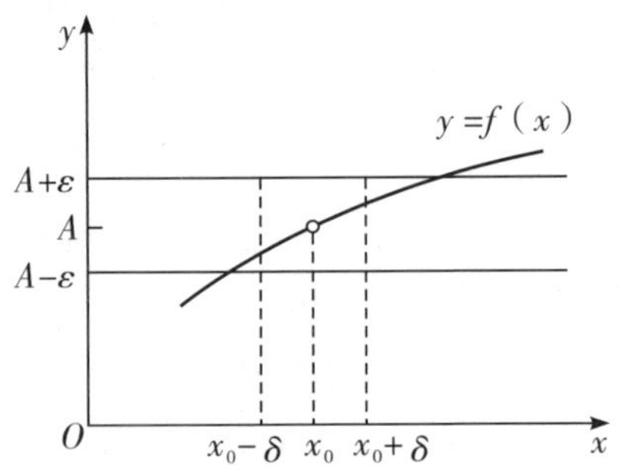

图1－5

如对于函数

$$f(x)=\begin{cases}1-x & (0<x<1)\\ 0 & (x=0)\\ -1-x & (-1\leqslant x<0)\end{cases}$$

如函数 $f(x)$ 在 $N(0,1)$ 内有定义，当自变量 $x(x>0)$ 与 0 无限接近时，相应的函数值 $f(x)$ 无限逼近常数 1，但是当自变量 $x(x<0)$ 与 0 无限接近时，函数值 $f(x)$ 无限逼近 -1。因此，在 $N(0,1)$ 内，当 x 与 0 无限接近时，相应的函数值不能无限逼近某个常数，从而极限 $\lim\limits_{x\to 0}f(x)$ 不存在。对于 $f(x)$ 这样的函数可以在 $x=0$ 处讨论它的单侧极限。

定义 5　设在 x_0 的某个右半邻域 $(x_0,x_0+\delta)$ 或者左半邻域 $(x_0-\delta,x_0)$ 内，函数 $f(x)$ 有定义，且当自变量 x 在此半邻域内与 x_0 无限接近时，相应的函数值 $f(x)$ 无限逼近常数 A，则称 A 为函数 $f(x)$ 在 x_0 处的右极限或左极限，记作：

$$\lim_{x\to x_0^+}f(x)=A \text{ 或 } f(x_0^+)=A \text{ 或 } \lim_{x\to x_0^-}f(x)=A \text{ 或 } f(x_0^-)=A$$

函数 $f(x)$ 在 x_0 的右极限或左极限也有相应的几何解释，留给读者考虑。

由定义 4 和定义 5 可得以下定理：

定理 2　$\lim\limits_{x\to x_0}f(x)=A$ 的充要条件是：

$$\lim_{x\to x_0^+}f(x)=\lim_{x\to x_0^-}f(x)=A$$

习题 1－2

1. 观察下列数列的变化趋势，写出它的极限：

(1) $x_n=\dfrac{1}{2n}$　　(2) $x_n=\dfrac{1}{n+1}$

(3) $x_n=(-1)^{n-1}\dfrac{1}{2n-1}$　　(4) $x_n=(-1)^n n$

2. 函数 $f(x)=\dfrac{|x|}{x}$，回答下列问题：

(1) 函数 $f(x)$ 在 $x=0$ 处的左、右极限是否存在？是否有极限？

(2) 函数 $f(x)$ 在 $x=1$ 处是否有极限？为什么？

3. 选择题：

(1) $\lim\limits_{x\to 1^+}f(x)=2$ 以下结论正确的是（　　）。

A. $f(x)$ 在 $x=1$ 处有定义且 $f(1)=2$

B. $f(x)$ 在 1 某个去心邻域中有定义

C. $f(x)$ 在 1 的右侧邻近，如 $(1,1+\delta)$ 内，有定义

D. $f(x)$在 1 的左侧邻近，如$(1-\delta,1)$内，有定义

（2）$f(x_0^+)=f(x_0^-)=A$ 是 $\lim\limits_{x\to x_0}f(x)=A$ 的（　　）。

A. 充分必要条件　　B. 充分而不必要的条件

C. 必要充分条件　　D. 不必要也不充分的条件

4. 设函数 $g(x)=\begin{cases}\cos x & (x>0)\\ 1+x & (x<0)\end{cases}$。

（1）观察 $g(x)$在 $x=0$ 处的左、右极限。

（2）$\lim\limits_{x\to0}g(x)$ 等式是否存在？

5. 设函数$f(x)=\begin{cases}x-1 & (x\geqslant1)\\ x & (-1<x<1)\end{cases}$。分别讨论：$\lim\limits_{x\to0}(x)$，$\lim\limits_{x\to1}(x)$，$\lim\limits_{x\to2}(x)$。

第三节　无穷小与无穷大

二维码 1－3

扫一扫，获取本节资源

一、无穷小

定义 1　极限为零的变量称为无穷小。

如 $\lim\limits_{x\to x_0}\alpha(x)=0$，则变量 $\alpha(x)$当 $x\to x_0$ 时为无穷小；如 $\lim\limits_{x\to\infty}\beta(x)=0$，则变量$\beta(x)$当 $x\to\infty$ 时为无穷小。类似地，还有 $n\to\infty$ 、$x\to x_0^+$ 、$x\to-\infty$ 等情形下的无穷小。

由定义 1 可见，数零是唯一的可以作为无穷小的常数。一般来说，无穷小都是相对于自变量的某个变化过程而言的。如$\frac{1}{x}$，当 $x\to\infty$ 时为无穷小，但当 $x\to1$ 时不是无穷小。

例 1　自变量 x 取何值时，下列函数为无穷小：

（1）$y=\frac{1}{2x-1}$　　（2）$y=2x-4$　　（3）$y=a^x$ $(a>0,a\neq1)$

解：（1）因为 $\lim\limits_{x\to\infty}\frac{1}{2x-1}=0$，所以当 $x\to\infty$ 时，$\frac{1}{2x-1}$为无穷小。

（2）因为 $\lim\limits_{x\to2}(2x-4)=0$，所以 $x\to2$ 时，$2x-4$ 为无穷小。

（3）$a>1$ 时，当 $x\to-\infty$ 时，a^x 是无穷小；而 $0<a<1$ 时，当 $x\to+\infty$ 时 a^x 为无穷小。

定理 1　$\lim\limits_{x\to x_0}f(x)=A$ 的充要条件是$f(x)=A+\alpha(x)$，其中 $\alpha(x)$当 $x\to x_0$ 时为无穷小。

定理 1 中自变量的变化过程换成其他任何一种情形，如 $x\to x_0^+$，$x\to x_0^-$，$x\to\infty$（$x\to+\infty$，$x\to-\infty$），结论也成立。

无穷小有以下的重要性质：

定理 2　有限无穷的和是无穷小。

必须指出，无穷多个无穷小的和未必是无穷小。如 $n\to\infty$ 时，$\frac{1}{n^2},\frac{2}{n^2},\cdots,\frac{n}{n^2}$都是无穷小，但 $\lim\limits_{n\to\infty}\left(\frac{1}{n^2}+\frac{2}{n^2}+\frac{n}{n^2}\right)=\lim\limits_{n\to\infty}\frac{n(n+1)}{2n^2}=\frac{1}{2}$。

定理 3　无穷小与有界量的积是无穷小。

推论 1　常数与无穷小的积是无穷小。

推论 2　有限无穷小的积是无穷小。

必须指出，两个无穷小的商未必是无穷小。如 $x\to0$ 时，x，$2x$ 都是无穷小，但由 $\lim\limits_{x\to0}\frac{2x}{x}=2$，当 $x\to0$ 时，$\frac{2x}{x}$不是无穷小。

例 2　求 $\lim\limits_{x\to0}\left(x\sin\frac{1}{x}\right)$。

解：因为 $x\to0$ 时，x 为无穷小，$\left|\sin\frac{1}{x}\right|\leqslant1$，所以 $\lim\limits_{x\to0}\left(x\sin\frac{1}{x}\right)=0$。

二、无穷大

从函数 $y=\frac{1}{x}$的图象可以看出，当自变量 x 与零无限接近时，相应的函数值的绝对值$\left|\frac{1}{x}\right|$无限增大，我们称当 $x\to0$ 时$\frac{1}{x}$为无穷大。一般地，有以下定义：

定义 2　函数值的绝对值的极限值为无穷大的变量称为无穷大。这个无穷大则称为$f(x)$自变量变化过程中的正（负）无穷大，如函数$f(x)$是 $x\to x_0$ 时的无穷大，记作 $\lim\limits_{x\to x_0}f(x)=\infty$。

如$f(x)$是 $x\to\infty$ 时的正无穷大，记作 $\lim\limits_{x\to\infty}f(x)=+\infty$；如$f(x)$是 $x\to x_0^+$ 时的负无穷大，记作 $\lim\limits_{x\to x_0^+}f(x)=-\infty$；等等。

由定义 2，$\lim\limits_{x\to0}\frac{1}{x}=\infty$，$\lim\limits_{x\to0^+}\frac{1}{x}=+\infty$，$\lim\limits_{x\to0^-}\frac{1}{x}=-\infty$ 可见，无穷大也是反映自变量 x 在某个变化过程中相应的函数值 $f(x)$ 的一种变化趋势 $|f(x)|$无限增大。

必须指出：无穷大必定是变量，绝对值很大的常数不是无穷大。

由无穷小和无穷大的定义，可得出它们间的关系，有以下定理：

定理 4 在极限运算中，无穷大的倒数是无穷小；无穷小的倒数为无穷大。

例 3 自变量 x 取何值时，下列函数为无穷大：

（1）$y=\dfrac{1}{2x-1}$　（2）$y=\log_2 x$　（3）$y=\left(\dfrac{1}{2}\right)^x$

解：（1）$\lim\limits_{x\to\frac{1}{2}}\dfrac{1}{2x-1}=\infty$；称 $x\to\dfrac{1}{2}$ 时，$\dfrac{1}{2x-1}$ 为无穷大。

（2）$\lim\limits_{x\to\infty}\log_2 x=\infty$；称 $x\to0^+$ 或 $x\to+\infty$ 时，$\log_2 x$ 都是无穷大。

（3）$\lim\limits_{x\to-\infty}\left(\dfrac{1}{2}\right)^x=\infty$；称 $x\to-\infty$ 时，$\left(\dfrac{1}{2}\right)^x$ 为无穷大。

习题 1－3

1. 自变量 x 取何值时，下列函数为无穷小：

（1）$y=\dfrac{1}{x^2}$　（2）$y=2x-1$

（3）$y=2^x$　（4）$y=2^{\frac{1}{x}}$

2. 自变量取何值时，下列函数为无穷大：

（1）$y=\dfrac{1}{x^2}$　（2）$y=2x-1$

（3）$y=2^x$　（4）$y=2^{\frac{1}{x}}$

3. 计算下列极限：

（1）$\lim\limits_{x\to\infty}\dfrac{\arctan x}{x}$　（2）$\lim\limits_{x\to0}x^2\sin\dfrac{1}{x}$

第四节　极限的运算法则

二维码 1－4

扫一扫，获取本节资源

本节讨论极限的运算法则，并用这些法则求一些函数的极限。

定理 1 设 $\lim f(x)=A$，$\lim g(x)=B$，则

$$\lim(f(x)\pm g(x))=\lim f(x)\pm\lim g(x)=A\pm B$$

定理 2 设 $\lim f(x)=A$，$\lim g(x)=B$，则

$$\lim(f(x)g(x))=(\lim f(x))(\lim g(x))=AB$$

定理 3 设 $\lim f(x)=A$，$\lim g(x)=B$，且 $B\neq0$，则

$$\lim\frac{f(x)}{g(x)}=\frac{\lim f(x)}{\lim g(x)}=\frac{A}{B}$$

必须指出：

以上的定理中，符号“lim”下方没有标明自变量的变化过程，意思是指以上定理对自变量的任何一种变化过程都成立。对每个定理，“lim ”表示自变量的同一个变化过程。

以上定理都要求$f(x)$、$g(x)$的极限存在，商的法则还要求分母的极限不为零。

定理 2 还有以下的推论。

推论 1　如果$\lim g(x)$存在，c为常数，则$\lim(c\cdot g(x))=c\cdot\lim g(x)$。

由于$\lim c=c$，由定理 2 即得推论 1，因此求极限时可将常数因子提到极限符号外面。

推论 2　如果$\lim f(x)$ 存在，$n\in\mathbf{N}_+$，则

$$\lim(f(x))^n=(\lim f(x))^n$$

这是因为$\lim(f(x))^n=(\lim f(x))\cdot\cdots\cdot(\lim f(x))=(\lim f(x))^n$

由推论 2，有

$$\lim_{x\to x_0}x^n=(\lim_{x\to x_0}x)^n=x_0^n$$

例 1　求$\lim\limits_{x\to 2}(2x^3-x^2+1)$。

解：$\lim\limits_{x\to 2}(2x^3-x^2+1)=2\times 2^3-2^2+1=13$

例 2　求$\lim\limits_{x\to 2}\dfrac{x^4-3x-8}{2x^3-x^2+1}$。

解：因为$2\times 2^3-2^2+1=13\neq 0$，解得：

$$\lim_{x\to 2}\frac{x^4-3x-8}{2x^3-x^2+1}=\frac{2^4-3\times 2-8}{13}=\frac{2}{13}$$

例 3　求$\lim\limits_{x\to 1}\dfrac{x^2+x-2}{x^2-1}$。

解：$x\to 1$时，$x^2-1\to 0$，$x^2+x-2\to 0$，因此不能用商的极限的运算法则。这种两个非零无穷小的比的极限通常记为$\dfrac{0}{0}$。由于这种形式的极限可能存在，也有可能不存在，因此这种极限常称为不定式。它可以通过因式分解给分式化简的方法来求解如下：

$$\lim_{x\to 1}\frac{x^2+x-2}{x^2-1}=\lim_{x\to 1}\frac{(x-1)(x+2)}{(x+1)(x-1)}=\lim_{x\to 1}\frac{x+2}{x+1}=\frac{1+2}{1+1}=\frac{3}{2}$$

关于$x\to\infty$多项式商的极限有以下规律：

设$P_n(x)$，$Q_m(x)$两个都是关于x的n，m次多项式，满足以下式子：

$$\lim_{x\to\infty}\frac{Q_m(x)}{P_n(x)}=\begin{cases}\infty & (m>n)\\ 0 & (m<n)\\ \text{常数} & (m=n)\end{cases}$$

例 4 求 $\lim\limits_{x\to\infty}\dfrac{x^4+1}{2x^4+x^2-2}$。

解：$x\to\infty$ 时，分子、分母都是无穷大，所以不能直接用商的极限的运算法则。这种两个无穷大的比的极限和两个无穷小的比的极限一样，也是不定式，通常记为$\dfrac{\infty}{\infty}$。因为此例的分子、分母关于 x 的最高次幂是 x^4，所以这时可用 x^4 同时去除分子、分母，然后取极限，得

$$\lim_{x\to\infty}\frac{x^4+1}{2x^4+x^2-2}=\lim_{x\to\infty}\frac{1+(1/x)^4}{2+(1/x)^2-2\cdot(1/x)^4}=\frac{1}{2}$$

例 5 求 $\lim\limits_{x\to\infty}\dfrac{x^3+x}{x^2-2}$。

解：由上述结论，得

$$\lim_{x\to\infty}\frac{x^3+x}{x^2-2}=\infty$$

例 6 求 $\lim\limits_{x\to\infty}\dfrac{x^2+5}{x^3-7x+3}$。

解：

$$\lim_{x\to\infty}\frac{x^2+5}{x^3-7x+3}=0$$

以上介绍的是常规极限的运算方法，以及多项式极限的计算规律。

习题 1－4

计算下列极限：

(1) $\lim\limits_{x\to0}\dfrac{x+5}{x^2-3}$ (2) $\lim\limits_{x\to1}\dfrac{x^2-1}{x^2+1}$

(3) $\lim\limits_{x\to\infty}\dfrac{x^3+1}{x^2-1}$ (4) $\lim\limits_{h\to0}\dfrac{(x+h)^2-x^2}{h}$

(5) $\lim\limits_{x\to\infty}\dfrac{x^2+1}{x^4+1}$ (6) $\lim\limits_{x\to\frac{1}{2}}\dfrac{8x^3-1}{6x^2-5x+1}$

(7) $\lim\limits_{x\to\infty}\dfrac{x+\sin x}{2x}$ (8) $\lim\limits_{x\to1}\left(\dfrac{1}{1-x}+\dfrac{1-3x}{1-x^2}\right)$

(9) $\lim\limits_{n\to\infty}\left(1+\dfrac{1}{2}+\dfrac{1}{2^2}+\cdots+\dfrac{1}{2^n}\right)$ (10) $\lim\limits_{n\to\infty}\left(\dfrac{2}{n^2}+\dfrac{4}{n^2}+\cdots+\dfrac{2n}{n^2}\right)$

(11) $\lim\limits_{x\to\frac{\pi}{4}}\left(\dfrac{\cos 2x}{\cos x-\sin x}\right)$ (12) $\lim\limits_{x\to-1}\left(\dfrac{1}{x+1}-\dfrac{3}{x^3+1}\right)$

第五节　函数的连续性及其应用

二维码 1 - 5

扫一扫，获取本节资源

人们知道经济是发展的也是连续变化的，没有连续变化就没有发展；相反，没有发展就不可能促进各种经济量连续变化。这些变化量如果用函数 $y=f(x)$ 来表示，这类函数就有一种共性：自变量 x 趋势 x_0 时，相应的函数值 $f(x)$ 无限逼近 $f(x_0)$，即 $\lim\limits_{x \to x_0} f(x)=f(x_0)$。这表明函数 $f(x)$ 在 x_0 有极限，而且极限值就是函数值 $f(x_0)$。因此，这类函数具有一些特殊的性质。

一、函数的连续性

定义 1　函数 $f(x)$ 满足 $\lim\limits_{x \to x_0} f(x)=f(x_0)$，则称函数 $f(x)$ 在 x_0 处连续，并称 x_0 为函数 $f(x)$ 的连续点。

为了应用的方便，这里还要介绍函数 $f(x)$ 在 x_0 处连续的等价形式：

函数 $y=f(x)$ 在其定义区间内，当自变量 x 从 x_0 变化到 $x_0+\Delta x$ 时，函数值相应地从 $f(x_0)$ 变化到 $f(x_0+\Delta x)$，称 $\Delta y=f(x_0+\Delta x)-f(x_0)$ 为函数 y 相应于自变量增大 Δx 的增量。

在定义 1 中，记 $\Delta x=x-x_0$，则 $x=x_0+\Delta x$，且 $\lim\limits_{x \to x_0} f(x)=f(x_0)$ 等价于 $\lim\limits_{\Delta x \to 0}[f(x_0+\Delta x)-f(x_0)]=0$，即 $\lim\limits_{\Delta x \to 0}\Delta y=0$，得到函数 $f(x)$ 在 x_0 连续的等价定义如下：

定义 2　函数 $f(x)$ 在 x_0 的某一邻域内定义，如果当自变量的增量 Δx $(\Delta x=x-x_0)$ 趋于零时，函数的相应增量 Δy 无限逼近零，即 $\lim\limits_{\Delta x \to 0}\Delta y=0$，则称函数 $f(x)$ 在点 x_0 处连续。相应于函数 $f(x)$ 在 x_0 处的左（右）极限概念，有如下定义：

定义 3　若函数 $f(x)$ 在 x_0 处有 $f(x_0^+)=f(x_0)$，$f(x_0^-)=f(x_0)$，则称函数 $f(x)$ 在 x_0 处右（左）连续。

由定义 2 和定义 3 可得：函数 $f(x)$ 在 x_0 处连续的充要条件是 $f(x)$ 在 x_0 处左、右连续。

定义 4　如果函数 $f(x)$ 在开区间 (a,b) 内连续，且在 a 点右连续、在 b 点左连续，则称函数 $f(x)$ 在闭区间 $[a,b]$ 上连续。

函数 $f(x)$ 在它的定义域内的每一点都连续，则称 $f(x)$ 为连续函数。

连续函数的判别法：满足有定义、极限存在，函数在某点的极限值等于该点函数值三个条件。

例 1　讨论函数 $f(x)=\begin{cases} x\sin\dfrac{1}{x} & (x\neq 0) \\ 0 & (x=0) \end{cases}$ 在 $x=0$ 处的连续性。

解：因为

$$\lim_{x\to 0} f(x)=\lim_{x\to 0}\left(x\sin\frac{1}{x}\right)=0=f(0)$$

所以$f(x)$在$x=0$处连续。

例2 讨论函数$g(x)=\begin{cases}1+\cos x\left(x<\dfrac{\pi}{2}\right)\\ \sin x\left(x\geqslant\dfrac{\pi}{2}\right)\end{cases}$ 在$x=\dfrac{\pi}{2}$处的连续性。

解：因为$g(x)$在$x=\dfrac{\pi}{2}$的左、右表达不同，所以需要讨论函数$g(x)$在$\dfrac{\pi}{2}$处的左、右连续性。因为

$$\lim_{x\to\frac{\pi}{2}^+} g(x)=\lim_{x\to\frac{\pi}{2}^+}\sin x=\sin\frac{\pi}{2}=g\left(\frac{\pi}{2}\right)$$

$$\lim_{x\to\frac{\pi}{2}^-} g(x)=\lim_{x\to\frac{\pi}{2}^-}(1+\cos x)=1+\cos\frac{\pi}{2}=1=g\left(\frac{\pi}{2}\right)$$

所以，$g(x)$在$x=\dfrac{\pi}{2}$处左、右连续，从而$x=\dfrac{\pi}{2}$处连续。

二、连续函数的运算

1. 连续函数的和差积商的运算

由函数在一点连续的定义、函数的和差积商的极限运算法则，可得以下定理：

定理1 若函数$f(x)$、$g(x)$都在x_0处连续，则函数$f(x)\pm g(x)$，$f(x)\cdot g(x)$也在x_0连续。

定理2 若函数$f(x)$、$g(x)$都在x_0处连续，$g(x_0)\neq 0$，则函数$f(x)/g(x)$在x_0处也连续。

定理1可以推广到有限个函数的情形。

2. 复合函数的连续性

根据函数在一点连续的定义和复合函数的概念，可得以下定理：

定理3 设函数$u=\varphi(x)$在x_0处连续且$u_0=\varphi(x_0)$，函数$y=f(u)$在u_0处连续，则复合函数$f=f[\varphi(x)]$在x_0处连续。

定理4 设$\lim\limits_{x\to x_0}\varphi(x)=u_0$，$\lim\limits_{u\to u_0}f(u)=A$，则

$$\lim_{x\to x_0} f[\varphi(x)]=\lim_{u\to u_0} f(u)=A$$

定理 4 在复合函数的极限计算中有着重要的应用，计算 $\lim\limits_{x \to x_0} f[\varphi(x)]$ 时，只要满足定理 4 的条件，即可通过交换 $u=\varphi(x)$，转化为求 $\lim\limits_{u \to u_0} f(u)$，从而使得计算简化。

顺便指出，定理 4 中 $x \to x_0$ 换成 $x \to \infty$ 等其他情形，结论也成立。

推论 1　如果 $\lim \varphi(x)=u_0$，函数 $y=f(u)$ 在 u_0 处连续，则

$$\lim f[\varphi(x)]=f[\lim \varphi(x)]$$

即极限符号"lim"与连续的函数符号"f"可交换次序。

例 3　求 $\lim\limits_{x \to 1} \sin\left(\pi x-\dfrac{\pi}{2}\right)$。

解：因为 $\lim\limits_{x \to 1}\left(\pi x-\dfrac{\pi}{2}\right)=\dfrac{\pi}{2}$，$y=\sin u$ 在 $u=\dfrac{\pi}{2}$ 处连续，由定理 4 的推论得

$$\lim_{x \to 1} \sin\left(\pi x-\frac{\pi}{2}\right)=\sin\left[\lim_{x \to 1}\left(\pi x-\frac{\pi}{2}\right)\right]=\sin\frac{\pi}{2}=1$$

例 4　求 $\lim\limits_{x \to \infty} \cos\dfrac{(x^2-1)\pi}{x^2+1}$。

解：因为 $\lim\limits_{x \to \infty}\dfrac{(x^2-1)\pi}{x^2+1}=\lim\limits_{x \to \infty}\left[\dfrac{1-(1/x)^2}{1+(1/x)^2}\cdot\pi\right]=\pi$，$y=\cos u$ 在 $u=\pi$ 处连续，由定理 2 的推论得

$$\lim_{x \to \infty} \cos\frac{(x^2-1)\pi}{x^2+1}=\cos\left[\lim_{x \to \infty}\frac{(x^2-1)\pi}{x^2+1}\right]=\cos\pi=-1$$

因此，复合函数求极限时，其极限符号可以去到层函数里的任意位置，可见其灵活性。

三、初等函数的连续性

前面的讨论已经得到，所有基本初等函数在其定义域内都连续，即基本初等函数是连续函数。

由基本初等函数在其定义域内的连续性，函数在任一区间内连续。因此，求初等函数 $f(x)$ 在其定义区间内的点 x_0 处的极限，直接可用 $\lim\limits_{x \to x_0} f(x)=f(x_0)$ 求得。例 3 有以下更简便的解法：

因为 1 是初等函数 $\sin\left(\pi x-\dfrac{\pi}{2}\right)$ 定义区间内的点，所以

$$\lim_{x \to 1}\left(\pi x-\frac{\pi}{2}\right)=\sin\left(\pi\cdot 1-\frac{\pi}{2}\right)=\sin\frac{\pi}{2}=1$$

例 5　求 $\lim\limits_{x \to 0}\dfrac{\sqrt{1+x^2}-1}{x^2}$。

解：由于 $x\to 0$ 时，此极限是 $\frac{0}{0}$ 型，因此要设法约去分子、分母的公共零因式。可用分子有理化的办法：

$$\lim_{x\to 0}\frac{\sqrt{1+x^2}-1}{x^2}=\lim_{x\to 0}\frac{(1+x^2)-1}{x^2(\sqrt{1+x^2}+1)}=\lim_{x\to 0}\frac{1}{\sqrt{1+x^2}+1}$$

注意上式右端，$x=0$ 是初等函数 $\frac{1}{\sqrt{1+x^2}+1}$ 的定义区间内的点，所以

$$\lim_{x\to 0}\frac{\sqrt{1+x^2}-1}{x^2}=\lim_{x\to 0}\frac{1}{\sqrt{1+x^2}+1}=\frac{1}{\sqrt{1+0^2}+1}=\frac{1}{2}$$

四、函数的间断点

定义 5 设函数 $f(x)$ 在 x_0 的某一处去心邻域内无定义，且函数 $f(x)$ 在 x_0 处不连续，则称 x_0 为函数 $f(x)$ 的间断点。

由函数 $f(x)$ 在 x_0 处连续的定义可知，x_0 为函数 $f(x)$ 的间断点，至少属于下列三种情形之一：

(1) $f(x)$ 在 x_0 处无定义；

(2) 极限 $\lim\limits_{x\to 0}f(x)$ 不存在；

(3) 函数 $f(x)$ 在 x_0 处有定义且极限 $\lim\limits_{x\to x_0}f(x)$ 存在，但 $\lim\limits_{x\to x_0}f(x)\neq f(x_0)$。

判别法和函数连续性相反。间断点有两类：可去间断点和不可去间断点（也叫无穷间断点）。

例 6 求函数 $y=\frac{x-1}{x^2-3x+2}$ 的间断点。

解：原函数变为 $y=\frac{x-1}{x^2-3x+2}=\frac{x-1}{(x-1)(x-2)}$，则 $x=1$ 是可去间断点；$x=2$ 是不可去间断点。

例 7 求正切函数 $y=\tan x$ 的间断点。

解：正切函数为基本初等函数，在定义域内处处连续。在 $x=k\pi+\frac{\pi}{2}$ $(k\in\mathbf{Z})$ 处，$\tan x$ 无意义，且 $\lim\limits_{x\to k\pi+\frac{\pi}{2}}\tan x=\infty$，因此 $x=k\pi+\frac{\pi}{2}(k\in\mathbf{Z})$ 为 $\tan x$ 的不可去间断点（也叫无穷间断点）。

从以上的两个问题可见，函数的间断点在间断的程度上有很大差异，为了便于应用，把函数的间断点分为两类。若函数 $f(x)$ 在间断点 x_0 处的左、右极限都存在，则称 x_0 为函数 $f(x)$ 的第一类间断点（可去间断点），其余

的间断点（即左、右极限至少一个不存在）称为函数的第二类间断点（无穷间断点）。

五、闭区间上连续函数性质

闭区间上的连续函数有重要的性质，这些性质说明连续函数在区间上存在极值。

定理 5（最值定理）　闭区间上的连续函数必能取到最大值和最小值。

定理 5 从几何直观上看是明显的，闭区间上的连续函数的图象是包括两端点的一条不间断的曲线（如图 1－6），该曲线上最高点和最低点的纵坐标分别是函数的最大值和最小值。

必须指出，定理 5 中的闭区间和连续的条件不具备时，结论可能不成立。如函数 $y=x$ 在开区间$(0,1)$内连续，但它既无最大值也无最小值。又如函数

$$f(x)\begin{cases}1-x & (0<x\leqslant 1)\\ 0 & (x=0)\\ -1-x & (-1\leqslant x<0)\end{cases}$$

$f(x)$在闭区间 $[-1,1]$ 上有定义，除 $x=0$ 处，处处连续，但函数 $f(x)$既无最大值又无最小值。

由定理 5 可得以下推论（有界定理）：

推论 2（有界定理）　闭区间上的连续函数有界。

定理 6（介值定理）　闭区间上的连续函数必须能取到介于最大值和最小值之间的一切值（如图 1－7）。

定理 6 的几何意义是：设函数$f(x)$在闭区间 $[a,b]$ 上连续，c 是介于 $f(x)$的最大值 M 和最小值 m 之间的任一个值，则连续曲线 $y=(x)$与水平线 $y=c$ 至少有一个交点（如图 1－7）。由定理 6 可得以下零值定理：

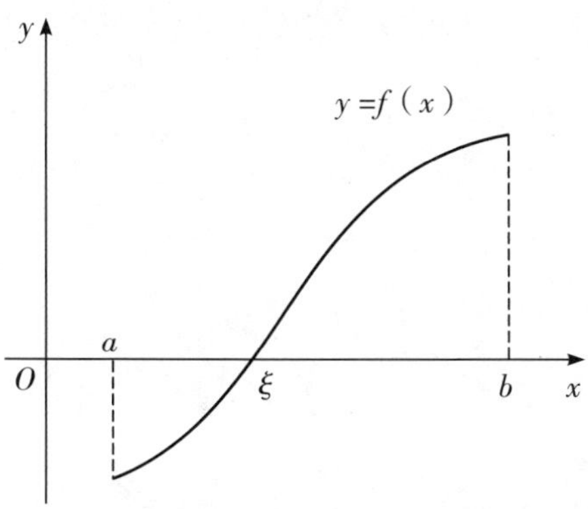

图 1－6

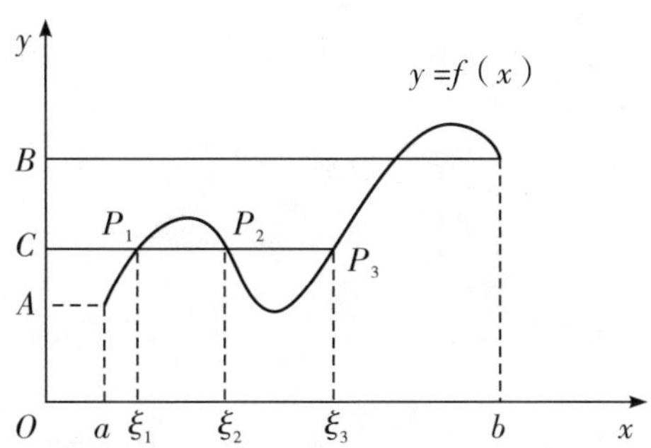

图 1－7

推论 3（零值定理） 函数$f(x)$在闭区间$[a,b]$上连续，$f(a)$与$f(b)$异号，则函数$f(x)$在(a,b)内至少有一个零值点$f(\xi)=0$。

习题 1－5

1. 求下列极限：

(1) $\lim\limits_{x\to 0}\sqrt{x^2-2x+3}$ (2) $\lim\limits_{x\to\frac{\pi}{4}}(\cos 2x)^3$

(3) $\lim\limits_{t\to -1}\dfrac{e^{-2t}-1}{t}$ (4) $\lim\limits_{x\to\frac{\pi}{2}}\dfrac{\sin x}{x}$

(5) $\lim\limits_{x\to 1}\dfrac{\sqrt{5x-4}-\sqrt{x}}{x-1}$ (6) $\lim\limits_{x\to +\infty}(\sqrt{x^2+2x}-x)$

(7) $\lim\limits_{x\to +\infty}x(\sqrt{x^2+1}-x)$ (8) $\lim\limits_{x\to\infty}\cos\left[\ln\left(1+\dfrac{2x-1}{x^2}\right)\right]$

2. 设函数$f(x)=\begin{cases}e^x & (x<0)\\ x+a & (x\geqslant 0)\end{cases}$，常数$a$为何值时，函数$f(x)$在$(-\infty,+\infty)$内连续。

3. 确定a的值，使函数$f(x)=\begin{cases}1-\cos x & (x<0)\\ \ln(a+x) & (x\geqslant 0)\end{cases}$在$(-\infty,+\infty)$内连续。

4. 讨论函数$f(x)=\begin{cases}x^2-1 & (0\leqslant x\leqslant 1)\\ x+1 & (x>1)\end{cases}$的间断点。

第二章　导数与微分及应用

微分就是无限细分。微分是一种数学思想，微分学是微积分理论的基本问题之一。导数与微分运算是微分学的主要内容，导数反映函数的自变量在变化时，相应的函数值变化的快慢程度（即变化率）；微分表示在自变量有微小变化时，相应的函数增量变化多少问题。本章主要学习二者的概念产生、几何意义、运算公式和计算方法。

第一节　导数的概念

二维码 2－1
扫一扫，获取本节资源

一、变化率的两个实例

1. 变化率模型

我们从实际问题中抽象出导数的概念，并利用导数的定义求出部分函数的导函数；还可以使抽象的概念回到具体问题中去，在科学技术上称为导数的变化率。

$$\frac{\Delta y}{\Delta x}=\frac{f(x_0+\Delta x)-f(x_0)}{\Delta x}$$

表示自变量 x 在以 x_0 与（$x_0+\Delta x$）为端点的区间中每改变一个单位时，函数 $y=f(x)$ 的平均变化量，所以把$\frac{\Delta y}{\Delta x}$叫该区间的平均变化率；当 $\Delta x\to 0$ 时极限 $\lim\limits_{\Delta x\to 0}\frac{\Delta y}{\Delta x}$的值称为函数在 x_0 点的变化率。

例 1（推导边际成本模型）　在经济学中，产品总成本的变化率（边际成本）定义。

解：考虑某产品的总成本 C 是产量 q 的函数，简称成本函数 $C(q)$。当产量由 q_0 变到（$q_0+\Delta q$）时，总成本 C 相应的改变量 $\Delta C=C(q_0+\Delta q)-C(q_0)$。总成本函数的平均变化率：

$$\frac{\Delta C}{\Delta q}=\frac{C(q_0+\Delta q)-C(q_0)}{\Delta q}$$

当 $\Delta q\to 0$ 时，总成本平均变化率的极限就是产品总成本的变化率，即边际成本，亦即极限 $\lim\limits_{\Delta q \to 0} \dfrac{\Delta C}{\Delta q} = \lim\limits_{\Delta q \to 0} \dfrac{C(q_0 + \Delta q) - C(q_0)}{\Delta q}$ 值就是产量 q_0 的边际成本。

2. **平面曲线的切线**

定义 1 设 M 是平面曲线 C 上的定点，点 N 是 C 上的动点，当点 N 沿曲线 C 无限趋近点 M 时，如果割线 MN 存在极限位置 MT，则称直线 MT 为曲线 C 在 M 处的切线，如图 2－1 所示。

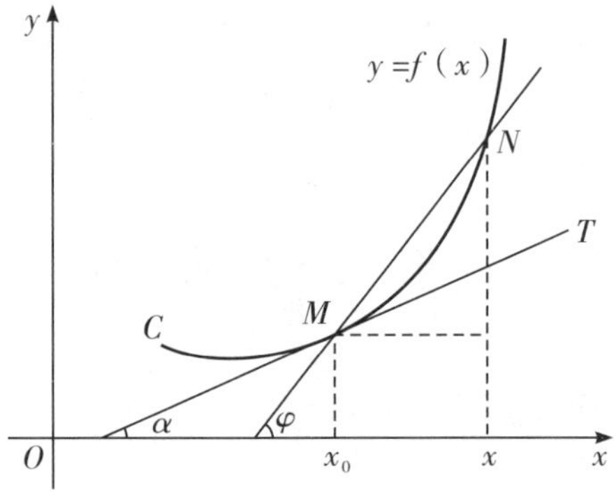

图 2－1

设曲线 C 的方程为 $y=f(x)$，在曲线 C 上点 $M(x_0, y_0)$ 的邻近任取点 $N(x, y)$，设 $x = x_0 + \Delta x$，则 $y_0 = f(x_0)$，$y = f(x_0 + \Delta x)$ 且割线 MN 的斜率是

$$\tan\varphi = \frac{y - y_0}{x - x_0} = \frac{f(x_0 + \Delta x) - f(x_0)}{\Delta x} = \frac{\Delta y}{\Delta x}$$

其中 φ 为割线 MN 的倾角。当点 N 沿曲线 C 无限趋近点 M 即 $\Delta x \to 0$ 时，如果割线 MN 的极限位置 MT 的倾角为 α，则 MT 的斜率

$$\tan\alpha = \lim_{N \to M} \tan\varphi = \lim_{\Delta x \to 0} \frac{\Delta y}{\Delta x} = \lim_{\Delta x \to 0} \frac{f(x_0 + \Delta x) - f(x_0)}{\Delta x} = f'(x_0)$$

二、导数的定义及其几何意义

本节前述两个实例，分别属于经济学、几何学，但从数量关系看，它们都是求已知函数，如 $y=f(x)$ 关于自变量在一点，如 x_0 的函数增量的比的极限 $\left(\lim\limits_{\Delta x \to 0} \dfrac{\Delta y}{\Delta x}\right)$，具体式子为

$$\lim_{\Delta x \to 0} \frac{\Delta y}{\Delta x} = \lim_{\Delta x \to 0} \frac{f(x_0 + \Delta x) - f(x_0)}{\Delta x}$$

此极限通常称为函数 $f(x)$ 在 x_0 处的变化率。必须强调的是其几何意义：属

于经济学几何意义是经济函数变化率；属于几何学的几何意义是函数在该点曲线的斜率。

在自然科学和经济学领域中还有许多关于变化率的问题，现在从这些实例在数量关系上的共性，抽象出函数的导数概念。

定义 2　设函数 $y=f(x)$ 在 x_0 的某个邻域 $N(x_0,\delta)$ 内有定义，自变量在 x_0 处有增量 Δx，相应的函数增量 $\Delta y=f(x_0+\Delta x)-f(x_0)$，如果 $\Delta x\to 0$ 时，增量的比 $\frac{\Delta y}{\Delta x}$ 的极限存在，则称函数 $y=f(x)$ 在 x_0 处可导，并称此极限值为函数 y 在 x_0 处的导数，记作 $f'(x_0)$ 或 $y'\big|_{x=x_0}$ 或 $\frac{\mathrm{d}y}{\mathrm{d}x}\big|_{x=x_0}$ 或 $\frac{\mathrm{d}f}{\mathrm{d}x}\big|_{x=x_0}$。即

$$f'(x_0)=\lim_{\Delta x\to 0}\frac{\Delta y}{\Delta x}=\lim_{\Delta x\to 0}\frac{f(x_0+\Delta x)-f(x_0)}{\Delta x} \tag{①}$$

当增量比 $\frac{\Delta y}{\Delta x}$ 的极限不存在时，则称函数 $f(x)$ 在 x_0 处不可导。

在定义 2 中，记 $x=x_0+\Delta x$，则式①可写成

$$f'(x_0)=\lim_{x\to x_0}\frac{f(x)-f(x_0)}{x-x_0} \tag{②}$$

由定义 2，前面两个实例的结果可分别表示为：

（1）在经济运算中计算边际成本函数的问题。

（2）在曲线 $y=f(x)$ 上点 P_0 处切线的斜率 $\tan\alpha=f'(x_0)$ 就是产生导数的几何意义。

还要指出，如果极限

$$\lim_{\Delta x\to 0^+}\frac{\Delta y}{\Delta x}=\lim_{\Delta x\to 0^+}\frac{f(x_0+\Delta x)-f(x_0)}{\Delta x}$$

存在，称此极限为函数 y 在 x_0 处的右导数，并记为 $f'_+(x_0)$。即

$$f'_+(x_0)=\lim_{\Delta x\to 0^+}\frac{f(x_0+\Delta x)-f(x_0)}{\Delta x}$$

类似地，定义函数 y 在 x_0 处的左导数

$$f'_-(x_0)=\lim_{\Delta x\to 0^-}\frac{f(x_0+\Delta x)-f(x_0)}{\Delta x}$$

由第一章极限的知识可得，函数 $y=f(x)$ 在 x_0 处可导的充要条件为 y 在 x_0 处的左、右极限存在且相等。

如果函数 $y=f(x)$ 在开区间 I 内的每一个点都可导，则称函数 y 在开区间 I 内可导。这时，任意 $x\in I$ 都有一个确定的导数值与之对应，得到 I 内的一个函数，并称为函数 $y=f(x)$ 的导数（简称导数），记作 y' 或 $f'(x)$ 或 $\frac{\mathrm{d}y}{\mathrm{d}x}$ 或 $\frac{\mathrm{d}f}{\mathrm{d}x}$。

在式①中，将 x_0 换成 x，得到导函数的定义式

$$f'(x)=\lim_{\Delta x\to 0}\frac{f(x+\Delta x)-f(x)}{\Delta x} \qquad ③$$

必须指出，式③中尽管 x 可以取区间 I 内的任何数值，但作为极限来说，Δx 是变量，x 是 I 内任意一个取定值，应视为常数。

由式①和式③可见，函数 $f(x)$ 在 x_0 处的导数 $f'(x_0)$ 就是导函数 $f'(x)$ 在 $x=x_0$ 处的函数值，即

$$f'(x_0)=f'(x)\Big|_{x=x_0}$$

例 2 由导数的定义求函数 $f(x)=C$（常数）的导数。

解：任意 $x\in\mathbf{R}$，x 有增量 Δx，则可按以下步骤求函数的导数：

（1）求增量 $\Delta y=f(x+\Delta x)-f(x)=C-C$

（2）定比值 $\dfrac{\Delta y}{\Delta x}=\dfrac{0}{\Delta x}$

（3）取极限 $\lim\limits_{\Delta x\to 0}\dfrac{\Delta y}{\Delta x}=0$

因此，任意 $x\in\mathbf{R}$，$f'(x)=(C)'=0$。

类似地，可得任意 $x\in\mathbf{R}$，$(\cos x)'=-\sin x$。

用导数的定义求导数，都可按例 2 的三个步骤进行，看以下题目：

例 3 由导数的定义求函数 $y=x^2$ 的导数。

解：任意 $x\in\mathbf{R}$

（1）$\Delta y=f(x+\Delta x)-f(x)$
$=(x+\Delta x)^2-x^2$
$=2x\Delta x+(\Delta x)^2$

（2）$\dfrac{\Delta y}{\Delta x}=\dfrac{2x\Delta x+(\Delta x)^2}{\Delta x}=2x+\Delta x$

（3）$\lim\limits_{\Delta x\to 0}\dfrac{\Delta y}{\Delta x}=2x$

$\therefore$ 函数 $y=x^2$ 的导数为 $2x$，

即 $(x^2)'=2x$。

注意：以上为定义式求导法。

例 4 求曲线 $y=\cos x$ 在点 $\left(\dfrac{\pi}{6},\ \dfrac{1}{2}\right)$ 处的切线方程。

解：由导数几何意义可知，$k=(\cos x)'\Big|_{x=\frac{\pi}{6}}=-\sin x\Big|_{x=\frac{\pi}{6}}=-\dfrac{1}{2}$。因

此，切线方程为

$$y-\frac{1}{2}=-\frac{1}{2}\left(x-\frac{\pi}{6}\right)$$

例 5　在经济学当中，边际成本定义为产量增加一个单位时所增加的总成本。

解：设某产品产量为 x 单位时所需的总成本为 $C(x)$，称 $C(x)$ 为总成本函数，简称成本函数。当产量 x 变为 $x+\Delta x$ 时，总成本函数的改变量为

$$\Delta C=C(x+\Delta x)-C(x)$$

这时总成本的平均变化率为

$$\frac{\Delta C}{\Delta x}=\frac{C(x+\Delta x)-C(x)}{\Delta x}$$

它表示产量由 x 变为 $x+\Delta x$ 时，在平均意义下的极限值是边际成本，即 $C'(x)$。

类似地，在经济学中，导出边际收入定义为多销售一个单位产品所增加的销售总收入的导数，即 $R'(x)$ 等。

三、可导与连续的关系

必须指出，函数 $f(x)$ 在 x_0 处连续，但未必在 x_0 处可导，如函数 $y=|x|$ 在 $x=0$ 处连续而不可导。反过来有下面重要关系：

定理 1　如果函数 $f(x)$ 在 x_0 处可导，则 $f(x)$ 在 x_0 处连续。

证：由于 $\lim\limits_{\Delta x\to 0}\frac{\Delta y}{\Delta x}=f'(x_0)$，因此

$$\lim_{\Delta x\to 0}\Delta y=\lim_{\Delta x\to 0}\left(\frac{\Delta y}{\Delta x}\cdot\Delta x\right)=f'(x_0)(\lim_{\Delta x\to 0}\Delta x)=0$$

从而函数 $f(x)$ 在 $x=0$ 处有连续性。

例 6　设函数 $f(x)=\begin{cases}x^2 & (x\geqslant 0)\\ x+1 & (x<0)\end{cases}$，讨论函数 $f(x)$ 在 $x=0$ 处的连续性与可导性。

解：因为 $f(0^-)=\lim\limits_{x\to 0^-}(x+1)=1\neq f(0)$，所以 $f(x)$ 在 $x=0$ 处不连续。由定理 1，$f(x)$ 在 $x=0$ 处不可导。

例 7　设函数 $f(x)=\begin{cases}x\sin\frac{1}{x} & (x\neq 0)\\ 0 & (x=0)\end{cases}$，讨论函数 $f(x)$ 在 $x=0$ 处的连续性与可导性。

解：因为 $\lim\limits_{x\to0}f(x)=\lim\limits_{x\to0}x\sin\dfrac{1}{x}=0=f(0)$，所以函数 $f(x)$ 在 $x=0$ 处连续。由于 $x=0$ 与 $x\neq0$ 时函数的表达式不同，因此要用导数的定义讨论 $f(x)$ 在 $x=0$ 处的可导性。因为

$$\lim_{\Delta x\to0}\frac{f(0+\Delta x)-f(0)}{\Delta x}=\lim_{\Delta x\to0}\frac{(\Delta x)\sin\dfrac{1}{\Delta x}-1}{\Delta x}=\lim_{\Delta x\to0}\sin\frac{1}{\Delta x}$$

不存在，所以函数 $f(x)$ 在 $x=0$ 处不可导。

对函数 $y=x^{1/3}$，容易验证它在 $x=0$ 处不可导。该函数的图象如图 2－2 所示，它在点(0，0)处有切线，是 y 轴。

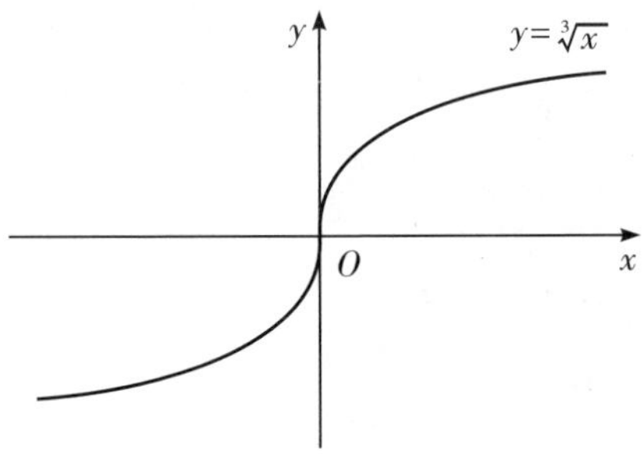

图 2－2

习题 2－1

1. 某厂每月生产产品的固定成本为 1 000 元，当生产 q 个产品的可变成本为 $0.02q^2+5q$ 元，求总成本函数 $C(q)$ 和边际成本 $\dfrac{\mathrm{d}C}{\mathrm{d}q}$。

2. 如果函数 $f(x)$ 在 x_0 处可导，求：

(1) $\lim\limits_{\Delta x\to0}\dfrac{f(x_0-\Delta x)-f(x_0)}{\Delta x}$　　(2) $\lim\limits_{x\to x_0}\dfrac{f(x)-f(x_0)}{\sqrt{x}-\sqrt{x_0}}$ $(x_0>0)$

3. 求下列曲线满足给定条件的切线方程：

(1) $y=\ln x$ 在点$(\mathrm{e},1)$；

(2) $y=x^3$，在点 $(-1,1)$ 的切线方程。

第二节　导数公式与导数的运算法则

二维码 2－2

扫一扫，获取本节资源

上一节以实际问题为背景给出了函数的导数概念，并用导数的定义求得

正弦函数、对数函数的导数公式；对一般的经济函数，利用导数定义求得相应的边际函数等。本节学习基本初等函数的导数公式、求导法则和运算方法，以上一节得到的两个函数的导数公式为基础，推导出基本初等函数求导的公式，再利用求导法则和方法就可以方便地求初等函数的导数。因此求初等函数的导数必须做到：第一，熟记基本初等函数的导数公式；第二，熟练掌握求导法则和运算方法。

一、常数和基本初等函数的导数公式

(1) $C'=0$（C 为常数）　　(2) $(x^n)'=nx^{n-1}$ $(n\in\mathbf{R})$

(3) $(\sin x)'=\cos x$　　(4) $(\cos x)'=-\sin x$

(5) $(\tan x)'=\sec^2 x$　　(6) $(\cot x)'=-\csc^2 x$

(7) $(\sec x)'=\sec x\tan x$　　(8) $(\csc x)'=-\csc x\cot x$

(9) $(\arcsin x)'=\dfrac{1}{\sqrt{1-x^2}}$　　(10) $(\arccos x)'=-\dfrac{1}{\sqrt{1-x^2}}$

(11) $(\arctan x)'=\dfrac{1}{1+x^2}$　　(12) $(\text{arccot}\, x)'=-\dfrac{1}{1+x^2}$

(13) $(\ln x)'=\dfrac{1}{x}$　　(14) $(\log_a x)'=\dfrac{1}{x\ln a}$ $(a>0,\ a\neq 1)$

(15) $(e^x)'=e^x$　　(16) $(a^x)'=a^x\ln a$ $(a>0,\ a\neq 1)$

二、函数的和差积商的导数运算法则

求导法则 1 设函数 $u=u(x)$，$v=v(x)$ 都在 x 处可导，则 $u\pm v$ 在 x 处可导，且

$$(u\pm v)'=u'\pm v'$$

求导法则 2 设函数 $u=u(x)$，$v=v(x)$ 都在 x 处可导，则 $u\cdot v$ 在 x 处也可导，且

$$(u\cdot v)'=u'v+uv'$$

求导法则 3 设函数 $u=u(x)$，$v=v(x)$ 都在 x 处可导，且 $u(x)\neq 0$，则$\dfrac{v(x)}{u(x)}$在 x 处也可导，且

$$\left(\frac{v}{u}\right)'=\frac{v'u-vu'}{u^2}$$

必须注意：$(u\cdot v)'\neq u'v'$；$(\dfrac{v}{u})'\neq\dfrac{v'}{u'}$。

由于常数的导数为零，因此由求导法则 2，得出以下推论：

推论 1 函数 $u=u(x)$ 在 x 处可导，c 为常数，则 $(cu)'=cu'$。即常数因

子可以提到导数符号的外面。

法则 1 和法则 2 都可以归纳推广到有限多个可导函数的和（差）积的情形。

推论 2 设 $u=u(x)$，$v=v(x)$，$w=w(x)$都在 x 处可导，则

$$(u+v+w)'=u'+v'+w'$$

$$(uvw)'=u'vw+uv'w+uvw'$$

例 1 已知 $y=x^2+2x-3$，求 y'。

解：$y'=(x^2+2x-3)'=2x+2$

例 2 已知 $y=(\sin x-2\cos x)\ln x$，求 y'。

解：$y'=(\sin x-2\cos x)'\ln x+(\sin x-2\cos x)(\ln x)'$

$$=(\cos x+2\sin x)\ln x+\frac{1}{x}(\sin x-2\cos x)$$

例 3 已知 $y=\dfrac{1+\tan x}{\tan x}-2\log_2 x+x\sqrt{x}$，求 y'。

解：由于 $y=\cot x+1-2\log_2 x+x^{3/2}$，因此

$$y'=-\csc^2 x-\frac{2}{x\ln 2}+\frac{3}{2}\sqrt{x}$$

例 4 已知 $g(x)=\dfrac{(x^2-1)^2}{x^2}$，求 $g'(x)$。

解：本题先化简得 $g(x)=x^2-2+x^{-2}$，再对化简后的式子求导得

$$g'(x)=2x-2x^{-3}=\frac{2}{x^3}(x^4-1)$$

例 5 $f(x)=\dfrac{\arctan x}{1+\sin x}$，求 $f'(x)$。

解：$f'(x)=\dfrac{(1+\sin x)-(1+x^2)\arctan x\cos x}{(1+x^2)(1+\sin x)^2}$

例 6 已知 $y=2^x\arccos x$，求 y'。

解：$y'=2^x(\ln 2)\arccos x-\dfrac{2^x}{\sqrt{1-x^2}}$

导数的运算规律：（1）对复杂函数先化简后再使用导数公式；（2）对有加、减、乘、除的式子，总是先运用法则后使用导数公式的运算原则。

习题 2-2

1. 求下列函数的导数。

（1）$y=4x-\dfrac{2}{x^2}+\sin 1$　　（2）$y=\sqrt{x\sqrt{x\sqrt{x}}}$

(3) $y = x^3\cos x$　　(4) $y = \tan x\sec x$

(5) $y = \theta e^{\theta}\cot\theta$　　(6) $y = \dfrac{1-\cos t}{1+\sin t}$

(7) $y = 2\sqrt{x} - \dfrac{1}{x} + 3^x$　　(8) $y = (x^2 - 3x + 1)\ln x$

(9) $y = \sqrt{x}\ln x$　　(10) $y = \dfrac{\cot x}{1+\sqrt{x}}$

2. 在括号内填入适当的函数：

(1) $(\quad)' = 6x^2$　　(2) $(\quad)' = 1 + x$

(3) $(\quad)' = \dfrac{\sin x}{\cos^2 x}$　　(4) $(\quad)' = \dfrac{1}{x\ln 3}$

(5) $(\quad)' = \sqrt{x} - \dfrac{1}{x}$　　(6) $(\quad)' = 2^x\ln 8$

3. 求曲线 $y = x^2 + x - 2$ 的切线方程，使该切线平行于直线 $x + y - 3 = 0$。

4. 求成本函数 $C = 200 - \dfrac{50}{x} + \dfrac{1}{20}x^2$ 的边际成本函数。

第三节　反函数和复合函数的导数

二维码 2-3

扫一扫，获取本节资源

本节首先讨论反函数的导数，从而由三角函数和对数函数的求导公式，得到反三角函数和指数函数的求导公式，然后学习非常重要的复合函数求导数运算法，最后解决一般初等函数的求导方法。

一、反函数的导数

求导法则 1　已知原函数 $y = f(x)$，其反函数 $x = \varphi(y)$ 是单调连续函数在点 y 可导，且 $\varphi'(y) \neq 0$，则 $x = \varphi(y)$ 的反函数 $y = f(x)$ 在对应点 x 处可导，且导数

$$f'(x) = \frac{1}{\varphi'(y)} \text{ 或 } \frac{dy}{dx} = 1\Big/\left(\frac{dx}{dy}\right)$$

例 1　函数 $y = a^x$ $(a>0, a\neq 1)$，求 $y' = a^x\ln a$。

解：$y = a^x = f(x)$ 的反函数 $x = \log_a y = \varphi(y)$ 在 $(0, +\infty)$ 内单调，任意 $x \in \mathbf{R}$，相应的 $y = a^x \in (0, +\infty)$，且 $\dfrac{dx}{dy} = \dfrac{1}{y\ln a} \neq 0$。由前述的求导法则 1 可得

$$(a^x)' = \frac{1}{(\log_a x)'} = a^x\ln a$$

特别地，$a=\mathrm{e}$ 时，$(\mathrm{e}^x)'=\mathrm{e}'$。

这就是导数公式的证明。

例 2 设函数 $y=\arcsin x(|x|<1)$，求证 $y'=\dfrac{1}{\sqrt{1-x^2}}$。

证：已知 $y=\arcsin x=f(x)$ $(|x|<1)$，则其反函数 $x=\sin y=\varphi(y)$ 在 $\left(-\dfrac{\pi}{2},\dfrac{\pi}{2}\right)$ 内单调连续，任意 $x\in(-1,1)$，相应的 $y=\arcsin x$ 的 $x\in\left(-\dfrac{\pi}{2},\dfrac{\pi}{2}\right)$，且 $\dfrac{\mathrm{d}x}{\mathrm{d}y}=\cos y>0$。由求导法则 1，得

$$(\arcsin x)'=\frac{1}{(\sin y)'}=\frac{1}{\cos y}=\frac{1}{\sqrt{1-\sin^2 y}}=\frac{1}{\sqrt{1-x^2}}$$

同理可得以下反三角导数公式：

$$(\arccos x)'=-\frac{1}{\sqrt{1-x^2}}$$

$$(\arctan x)'=\frac{1}{1+x^2}$$

$$(\operatorname{arccot} x)'=-\frac{1}{1+x^2}$$

二、复合函数的导数

求导法则 2 设函数 $u=\varphi(x)$ 在 x 处可导，函数 $y=f(u)$ 在相应的点 u 处可导，则复合函数 $y=f[\varphi(x)]$ 在 x 处可导，且

$$(f[\varphi(x)])'=f'(u)\varphi'(x) \text{ 或 } \frac{\mathrm{d}y}{\mathrm{d}x}=\frac{\mathrm{d}y}{\mathrm{d}u}\cdot\frac{\mathrm{d}u}{\mathrm{d}x} \text{ 或 } y'_x=y'_u\cdot u'_x$$

由此，求导法则 2 可归纳地推广有限多个复合函数的形式，如 $y=f(u)$，$u=g(v)$，$v=\varphi(x)$ 满足类似法则 2 的条件，则

$$\frac{\mathrm{d}y}{\mathrm{d}x}=\frac{\mathrm{d}y}{\mathrm{d}u}\cdot\frac{\mathrm{d}u}{\mathrm{d}v}\cdot\frac{\mathrm{d}v}{\mathrm{d}x}$$

例 3 函数 $y=\sin 2x$，求 y'。

解：函数 $y=\sin 2x$ 不符合基本初等函数的导数公式，不能直接用基本初等函数的导数公式求导，而 $y=\sin 2x$ 是 $y=\sin u$，$u=2x$ 的复合函数，由分层法则得到

$$y'=(\sin 2x)'=(\sin u)'\cdot(2x)'=2\cos u=2\cos 2x。$$

例 4 函数 $y=(x-\tan x)^2$，求 y'。

解：由函数 $y=(x-\tan x)^2$ 是 $y=u^2$，$u=x-\tan x$ 的复合函数，用分层法则得

$$y'=(u^2)'(x-\tan x)'=2(x-\tan x)(1-\sec^2 x)$$

求复合函数的导数熟练后，可不写出中间变量，如例 4 中，把 $x-\tan x$ 看作中间变量，可以简化换元的符号，有

$$\begin{aligned}y'&=[(x-\tan x)^2]'=2(x-\tan x)(x-\tan x)'\\&=2(x-\tan x)(1-\sec^2 x)\end{aligned}$$

例 5　函数 $y=\cos^2 3x$，求 y'。

解：先将 $\cos 3x$ 看作中间变量，把中间变量看成一个整体再去求导，有

$$\begin{aligned}y'&=(\cos^2 3x)'=2\cos 3x\cdot(\cos 3x)'(3x)'\\&=-6\cos 3x\sin 3x=-3\sin 6x\end{aligned}$$

例 5 中的函数 $y=\cos^2 3x$，实际上是 $y=u^2$，$u=\cos v$，$v=3x$ 的复合，求导时，为了简单明了，并不写以上的复合过程，只要对 $y=u^2$，$u=\cos v$，$v=3x$ 按分层法则求导后，再用分层法则将求导部分转化成更简单的乘法。这种求导方式可对多层复合的函数使之求导简单化。

例 6　函数 $y=\ln|x|$，求 y'。

解：因为 $\ln|x|=\begin{cases}\ln x & (x>0)\\ \ln(-x) & (x<0)\end{cases}$，所以

当 $x>0$ 时，$(\ln|x|)'=(\ln x)'=\dfrac{1}{x}$；

当 $x<0$ 时，$(\ln|x|)'=[\ln(-x)]=\dfrac{1}{-x}(-x)'=\dfrac{1}{x}$。

综合以上结果，得到

$$(\ln|x|)'=\frac{1}{x} \qquad ④$$

例 7　函数 $f(x)=\sin nx\cos^n x\ (n\in\mathbf{R})$，求 $f'(x)$。

解：首先注意函数 $f(x)$ 是 $\sin nx$ 与 $\cos^n x$ 的乘积，求 $f'(x)$ 时先用积的求导法则，在求 $(\sin nx)'$ 时用分层法则。

$$\begin{aligned}f'(x)&=(\sin nx)'\cos^n x+\sin nx(\cos^n x)'\\&=(\cos nx)(nx)'\cos^n x+(\sin nx)n\cos^{n-1}x(\cos x)'\\&=n\cos^{n-1}x[\cos nx\cos x-\sin nx\sin x]\\&=n\cos^{n-1}x\cos(n+1)x\end{aligned}$$

例 8　$f(x)$ 是可导函数，$y=\ln|f(x)|$，求 y'。这里 $f(x)$ 是已知的可导数，$f'(x)$ 视为已知。

解：由式④，得

$$y'=(\ln|f(x)|)'=\frac{1}{f(x)}f'(x)$$

例 9　函数 $y=\ln|\sec x+\tan x|$，求 y'。

解：由③式，得

$$y'=\frac{1}{\sec x+\tan x}(\sec x+\tan x)'=\frac{\sec x\tan x+\sec^2 x}{\sec x+\tan x}=\sec x$$

例 10 $f(u)$，$g(v)$都是可导函数，$y=f(\sin^2 x)+g(\cos^2 x)$，求 y'。

解：$y_1=f(\sin^2 x)$是 $y_1=f(u)$，$u=\sin^2 x$ 的复合函数，于是

$$\begin{aligned}[f(\sin^2 x)]'&=f'(\sin^2 x)(\sin^2 x)'\\&=f(\sin^2 x)2\sin x(\sin x)'\\&=\sin 2xf'(\sin^2 x)\end{aligned}$$

类似地，$[g(\cos^2 x)]'=-\sin 2xg'(\cos^2 x)$，因此

$$y'=\sin 2x[f'(\sin^2 x)-g'(\cos^2 x)]$$

复合函数求导的一般规律：先对外层函数求导，再对内层函数求导的推进式方法，层与层导数是乘积的关系。

习题 2－3

1. 在以下括弧内填入适当的函数：

(1) $(e^{-\cos x})'=e^{-\cos x}(\quad)'=(\quad)$

(2) $(\ln|\csc x-\cot x|)'=(\quad)(\csc x-\cot x)'=(\quad)$

(3) $(\quad)'=3\sin^2 2x(\sin 2x)'=(\quad)$

(4) $f(u)$可导，则$(\quad)'=2f'(\tan x)(\tan x)'$

2. 求下列函数的导数：

(1) $y=\cos\left(2x+\frac{\pi}{5}\right)$　　(2) $y=(x^2-2x-1)^5$

(3) $y=e^{-x}\tan 3x$　　(4) $y=\ln(1+2^x)$

(5) $y=\sin^2(2x-1)$　　(6) $y=\sqrt{1-x^2}$

(7) $y=(x+x^3)^6$　　(8) $u=\frac{x}{\sqrt{x^2-1}}$

(9) $y=\tan(x^2+1)\sec 2x$　　(10) $y=e^{\tan\frac{1}{x}}$

(11) $y=\sqrt[3]{1+x^3}$　　(12) $y=(\ln x^2)^3$

(13) $y=\sin^n x\cos nx$　　(14) $y=\ln\left|\tan\frac{x}{2}\right|$

(15) $y=3^{\sin x}$　　(16) $y=5\tan\frac{x}{5}+\tan\frac{\pi}{8}$

3. 求下列函数在指定点的导数值：

(1) $y=\cos 2x+x\tan 3x\quad\left(x=\frac{\pi}{4}\right)$

（2）$y=\cot\sqrt{1+x^2}$（$x=0$）

4. 设$f(x)$是可导函数，$f(x)>0$，求下列导数：

（1）$y=\ln f(2x)$　　　　（2）$y=f^2(e^x)$

二维码 2-4
扫一扫，获取本节资源

第四节　隐函数的求导数方法

隐函数也是表示函数的重要形式。隐函数未必能显化，如二次曲线等，因此仅用前面的求导数方法显得麻烦。本节学习隐函数的求导数方法。

一、隐函数的导数

一般地，显函数的形式为 $y=f(x)$；隐函数的形式为 $F(x, y)=0$。由于在隐函数中两个变量同时求导，因此必先明确函数和自变量的项。下面通过例题说明隐函数的求导方法。

例 1　求由方程 $x^2-y^2=1$ 确定的隐函数的导数 $y'\Big|_{(0,1)}$。

解：方程两端分别对 x 求导（注意 y 是 x 的函数），则$(x^2-y^2)'=0$ 有导数 $2x-2yy'=0$，所以

$$y'=\frac{x}{y}\quad 即\quad y'\Big|_{(0,1)}=0$$

例 2　求曲线 $4x^2-xy+y^2=6$ 在点$(1,-1)$处的切线方程。

解：方程的两边分别对 x 求导，有

$$8x-(y+xy')+2yy'=0$$

将 $x=1$，$y=-1$ 代入上式，得 $y'\Big|_{(1,-1)}=3$。则所求切线方程为

$$y+1=3(x-1)\quad 即\quad 3x-y-4=0$$

由以上两例可以看出，隐函数求导的方法是：

设方程 $F(x,y)=0$，确定了可导函数 $y=f(x)$，在方程 $F(x,y)=0$ 的两端分别对 x 求导（注意 y 是 x 的函数），最后解出 y'。

二、隐函数求导方法——取对数法

利用隐函数求导方法，对幂指变量和变量的复合函数 $u(x)^{v(x)}$（$u(x)>0$）或由几个含有变量的式子的乘、除、乘方、开方构成的函数求导，可以得到以下的简便算法——取对数法：

设函数 $y=f(x)$是适用对数求导法的函数，在 $y=f(x)$的两边取绝对值

后再取对数，得到方程 $\ln|y| = \ln|f(x)|$。对等式的右端用对数的性质进行化简，然后用隐函数的求导方法求 y'。

例 3 设 $y = x^{\cos 2x}(x>0)$，求 y'。

解：等式两边取对数，再求导，有：

$$\ln y = (\cos 2x)\ln x$$

$$\frac{y'}{y} = -2(\sin 2x)\ln x + \frac{\cos 2x}{x}$$

于是

$$y' = x^{\cos 2x}\left[\frac{\cos 2x}{x} - 2(\sin 2x)\ln x\right]$$

例 4 设 $y = (3x-1)^{\frac{5}{3}}\sqrt{\frac{x-1}{x-2}}$，求 y'。

解：在等式两边取对数，有：

$$\ln|y| = \frac{5}{3}\ln|3x-1| + \frac{1}{2}\ln|x-1| - \frac{1}{2}\ln|x-2|$$

两边对 x 求导，有

$$\frac{y'}{y} = \frac{5}{3}\cdot\frac{3}{3x-1} + \frac{1}{2}\cdot\frac{1}{x-1} - \frac{1}{2}\cdot\frac{1}{x-2}$$

所以

$$y' = (3x-1)^{\frac{5}{3}}\sqrt{\frac{x-1}{x-2}}\left[\frac{5}{3x-1} + \frac{1}{2(x-1)} - \frac{1}{2(x-2)}\right]$$

容易验证，例 3、例 4 的解法中省略取绝对值一步所得的结果不变，因此习惯上使用对数求导法时，常常省略绝对值符号。请同学们想想这是为什么。以上隐函数的求导规律由同学们自己总结。

习题 2-4

1. 求下列方程确定的隐函数的导数 y' 或在指定点的导数：

(1) $\sqrt{x} + \sqrt{y} = \sqrt{a}$（$a>0$ 的常数）

(2) $\arctan\frac{y}{x} = \ln\sqrt{x^2+y^2}$

(3) $\frac{x^2}{9} + \frac{y^2}{16} = 1$

(4) $x^2 + 2xy - y^2 = 2x$，在点 $(2,0)$

(5) $y\sin x - \cos(x-y) = 0$，在点 $\left(0,\frac{\pi}{2}\right)$

(6) $y = 1 + xe^y$

(7) $xy = x + \ln y$

(8) $\cos(xy) = y$

2. 求曲线 $x^3+y^5+2xy=0$ 在点$(-1,-1)$处的切线方程。

3. 用对数求导法求下列导数。

（1）$y=(\sin x)^{\cos x}\left[x\in\left(0,\dfrac{\pi}{2}\right)\right]$

（2）$y=\dfrac{e^{2x}(x+3)}{\sqrt{(x-4)(x+5)}}$

二维码 2－5
扫一扫，获取本节资源

第五节　高阶导数

一般地，函数 $y=f(x)$的导数仍是 x 的可导函数时，则称 $y'=f'(x)$的一阶导数；依次下去有$(y')'$为函数 $y=f(x)$的二阶导数，记作 y''或$\dfrac{d^2y}{dx^2}$等。

类似地，函数 $y=f(x)$的二阶导数的导数称为$f(x)$的三阶导数。一般地，$f(x)$的$n-1$ 阶导数的导数称为函数$f(x)$的 n 阶导数，并分别记作 y'''，…，$y^{(n)}(x)$或$\dfrac{d^3y}{dx^3}$，…，$\dfrac{d^ny}{dx^n}$等。二阶及二阶以上的导数称为高阶导数。

在实际经济问题中，高阶导数有重要应用，下一章将讨论这方面的内容。求高阶导数就是接连多次求导，因此可用函数的求导方法计算高阶导数，但一般函数的高阶导数的表达式是相当烦琐的，下面只简介常用函数的高阶导数。

例 1　函数 $y=2x^3-x^2+3$，求 $y^{(n)}$。

解：$y'=6x^2-2x$　　$y''=12-2$　　$y'''=12$　　$y^{(n)}=0\ (n\geqslant 4)$

例 2　函数 $y=\sin x$，求 $y^{(n)}$。

解：$y'=\cos x=\sin\left(x+\dfrac{\pi}{2}\right)$

$$y''=\cos\left[\cos\left(x+\frac{\pi}{2}\right)\right]\cdot\left(x+\frac{\pi}{2}\right)'=\sin\left(x+2\cdot\frac{\pi}{2}\right)$$

$$y'''=\cos\left(x+2\cdot\frac{\pi}{2}\right)=\sin\left(x+3\cdot\frac{\pi}{2}\right)$$

一般地，$y^{(n)}=\sin\left(x+n\cdot\dfrac{\pi}{2}\right)$，即$(\sin x)^{(n)}=\sin\left(x+n\cdot\dfrac{\pi}{2}\right)$

类似可得　　$(\cos x)^{(n)}=\cos\left(x+n\cdot\dfrac{\pi}{2}\right)$

例 3　函数 $y=\ln(1+x)$，求 $y^{(n)}$。

解：$y'=\dfrac{1}{1+x}=(1+x)^{-1}$

$$
\begin{aligned}
y^{(n)} &= [(1+x)^{-1}]^{(n-1)} \\
&= (-1)(-2)\cdot\cdots\cdot[-1-(n-1)+1](1+x)^{-1-(n-1)} \\
&= (-1)^{n-1}\frac{(n-1)!}{(1+x)^n}
\end{aligned}
$$

例 4 函数 $y=xe^x$，求 $y^{(n)}$。

解：由于 $y'=(xe^x)'=(x+1)e^x$，$y''=[(x+1)e^x]'=(x+2)e^x$，下面用归纳法证明：

$$(xe^x)^{(k)}=(x+n)e^x$$

（1）当 $n=1$ 时，结论成立。

（2）设 $n=k$ 时，$(xe^x)^{(b)}=(x+k)e^x$；当 $n=k+1$ 时，有

$$(xe^x)^{(k+1)}=[(xe^x)^{(k)}]'=[(x+k)e^x]'=(x+k+1)e^x$$

故结论成立。

由以上（1）（2）的证明，可得 $(xe^x)^{(n)}=(x+n)e^x$。

本节要求学生了解高阶导数的求法，熟练二阶导数的求法。

习题 2－5

求下列函数的二阶导数：

（1）$y=\frac{1}{x}+2^x$　　（2）$y=\sqrt{a^2-x^2}$（a 是常数）

（3）$y=e^{-t}\cos 2t$　　（4）$y=xe^{x^2}$

（5）$y=\ln\sqrt{1-x^2}$　　（6）$y=(\arccos x)^2$

第六节　微分及其应用

二维码 2－6

扫一扫，获取本节资源

前几节学习了函数的导数及一系列求导法则，现在讨论微分学中另一个基本概念——微分。微分是实际事物微小的变化过程中，可以计量出微小的局部变化大小，这就需要考察变量的微小改变量之间的关系。对自变量的微小改变量的函数增量的研究，微分提供了表达这种微小增量的一种简便计算方法。

一、微分的概念产生

先考察以下一个实例。

例 1 一块正方形金属薄片，加热后，其边长由 x_0 变化为 $x_0+\Delta x$，此时，薄片的面积改变了多少？

解：设此薄片的边长为 x_0，面积为 A，则 $A=x_0^2$。当自变量 x 有增量 Δx 时，相应的面积函数的增量为 ΔA，则

$$\Delta A=(x_0+\Delta x)^2-x_0^2=2x_0\Delta x+(\Delta x)^2$$

ΔA 由两部分组成：一部分是 Δx 的线性函数 $2x_0\Delta x$，即图 2－3 中带有单向斜阴影线的两个矩形面积之和；另一部分是 $(\Delta x)^2$，即图 2－3 中带有交叉斜阴影线的小正方形的面积。只要 $|\Delta x|$ 很小，$2x_0\Delta x$ 就是 ΔA 的主要部分，即 $\Delta A\approx 2x_0\Delta x$。特别当 $\Delta x\to 0$ 时，$(\Delta x)^2$ 就是 Δx 的高阶无穷小。

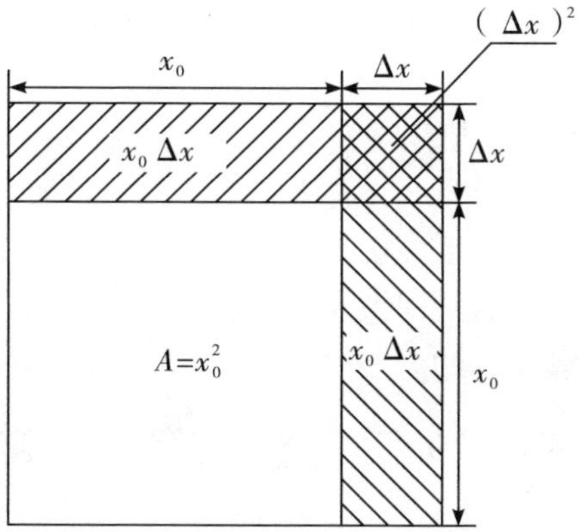

图 2－3

下面给出函数的微分的定义：

定义 1　设函数 $y=f(x)$ 的自变量 x 在 x_0 的某个邻域 $N(x_0,\delta)$ 内有定义，任意的 $x_0+\Delta x\in N(x_0,\delta)$，相应的函数增量 $\Delta y=f(x_0+\Delta x)-f(x_0)$ 可表示为

$$\Delta y=A\Delta x+o(\Delta x) \quad ①$$

其中 A 是与 Δx 无关的量，则称函数 $y=f(x)$ 在 x_0 处可微，且称 $A\Delta x$ 是 $f(x)$ 在 x_0 处的微分，记作 $\mathrm{d}y$，即

$$\mathrm{d}y=A\Delta x$$

当 $A\neq 0$ 时，$A\Delta x$ 是 Δy 的主要部分 $(\Delta x\to 0)$，由于 $A\Delta x$ 是 Δx 的线性式，因此微分 $\mathrm{d}y$ $(A\Delta x)$ 称为 Δy 的线性主部 $(\Delta x\to 0)$；且当 $|\Delta x|$ 很小时，各个变量的微分可以近似认为 $\Delta y\approx \mathrm{d}y$。同理，$\Delta x\approx \mathrm{d}x$。

关于函数在某点可微的等价条件和 A 的简便计算方法，有下面的定理：

定理 1　函数 $y=f(x)$ 在 x_0 处可微的充要条件是 $f(x)$ 在 x_0 处可导且 $A=f'(x_0)$。

由定理 1 可见，函数 $y=f(x)$ 在 x_0 处的微分 $\mathrm{d}y=f'(x_0)\Delta x$，用可导计算微分就很方便了。

由于函数 $y=x$ 的微分 $dy=1\cdot\Delta x$，即 $dx=\Delta x$，因此 dx 又称为自变量的微分，通常把函数 $y=f(x)$ 在 x 处的微分写成

$$dy=f'(x)dx \quad ②$$

如函数 $y=\sin x$ 的微分 $dy=\cos x\,dx$，函数 $y=\ln x$ 的微分 $dy=\frac{1}{x}dx$ 等。

由式②，$f'(x)=\frac{dy}{dx}$。原来 $y'=\frac{dy}{dx}$是一个完整的记号，表示函数 y 对 x 的导数，现在可看成函数的微分与自变量的微分之商，所以导数又叫微商。

例 2 求函数 $y=x^2$ 在 $x=1$ 处，Δx 分别为 0.1 和 0.01 时的增量与微分。

解： 当 $\Delta x=0.1$ 时，

$\Delta y=(1+0.1)^2-1^2=0.21$，$dy=y'(1)\Delta x=0.2$；

当 $\Delta x=0.01$ 时，

$\Delta y=(1+0.01)^2-1^2=0.0201$，$dy=y'(1)\Delta x=0.02$。

综上所述，可知微分的几何意义：任意函数微小的改变量和其微分是近似相等的，且都是可以计算的。

二、常数和基本初等函数的微分公式与微分运算法则

虽然微分可以通过导数来计算，但在微分的应用中，特别是在积分计算中，需要运用微分的基本公式和运算法则。如何学习与理解微分运算？可以通过微分的定义 $dy=f'(x)dx$ 去引导学生掌握微分公式。

1. 常数和基本初等函数的微分公式

由基本初等函数的导数公式、导数与微分的关系，便得基本初等函数的微分公式：

(1) $dc=o$（c 为常数）

(2) $d(x^v)=vx^{v-1}dx$（$v\in\mathbf{R}$）

(3) $d(\sin x)=\cos x\,dx$

(4) $d(\cos x)=-\sin x\,dx$

(5) $d(\tan x)=\sec^2 x\,dx$

(6) $d(\cot x)=-\csc^2 x\,dx$

(7) $d(\sec x)=\sec x\tan x\,dx$

(8) $d(\csc x)=-\csc x\cot x\,dx$

(9) $d(\arcsin x)=\frac{dx}{\sqrt{1-x^2}}$

(10) $d(\arccos x)=-\frac{dx}{\sqrt{1-x^2}}$

(11) $d(\arctan x)=\frac{dx}{1+x^2}$

(12) $d(\text{arccot}\,x)=-\frac{dx}{1+x^2}$

(13) $d(\ln x)=\frac{dx}{x}$

(14) $d(\log_a x)=\frac{dx}{x\ln a}$（$a>0,a\neq 1$）

(15) $d(e^x)=e^x dx$

(16) $d(a^x)=a^x\ln a\,dx$（$a>0,a\neq 1$）

(17) $d(\ln|x|)=\frac{dx}{x}$

2. 函数的和差积商的微分法则

由函数的和差积商的求导法则、导数与微分的关系，便得函数的和差积商的微分法则。

设函数 $u=u(x)$，$v=v(x)$ 可微，则

$$\mathrm{d}(u\pm v)=\mathrm{d}u\pm \mathrm{d}v$$

$$\mathrm{d}(u\cdot v)=v\mathrm{d}u+u\mathrm{d}v,\ \mathrm{d}(cu)=c\mathrm{d}u\ (c\text{ 为常数})$$

$$\mathrm{d}\left(\frac{u}{v}\right)=\frac{v\mathrm{d}u-u\mathrm{d}v}{v^2}\quad(v\neq 0)$$

3. 复合函数的微分法则

定理 2 设函数 $y=f(u)$ 可导，无论 u 是自变量还是另一个变量的可导函数，微分 $\mathrm{d}y=f'(u)\mathrm{d}u$ 总成立。这个法则称为一阶微分形式不变性。

例 3 在商品经济中，商品经营者关心的是，提价 $\Delta p>0$ 或降价 $\Delta p<0$ 对总收益 R 的影响。这里 Q 代表生产量，首先设市场目前处于高弹性商业运营阶段［即弹性函数 $\varepsilon_p=\frac{EQ}{Ep}=\frac{p}{Q(p)}\cdot\frac{\mathrm{d}Q}{\mathrm{d}p}$ 的绝对值大于 1，即 $|\varepsilon_p|>1$，见第三章第三节］。当提价 $\Delta p>0$ 或降价 $\Delta p<0$ 时，商品经营者收益 R 将如何变化？

解：设收益 R 的变化为 ΔR，根据微分的定义有 $\Delta p\approx \mathrm{d}p$，$\Delta R\approx \mathrm{d}R$。

因为收益函数 $R=PQ$，则收益的改变 $\Delta R\approx \mathrm{d}R=\mathrm{d}(Qp)$。

由微分乘法展开

$$\begin{aligned}\Delta R\approx \mathrm{d}R&=\mathrm{d}(Qp)=\mathrm{d}Qp+Q\mathrm{d}p\\&=\left(1+\frac{p}{Q}\cdot\frac{\mathrm{d}Q}{\mathrm{d}p}\right)Q\mathrm{d}p=(1+\varepsilon_p)Q\Delta p\end{aligned}$$

由于是高弹性，这里是 $\varepsilon_p<-1$，则降价 $\Delta p<0$，使总收入增加；提价 $\Delta p>0$，使总收入减少。

例 4 求函数 $y=x\ln x$ 的微分。

解：由于 $(x\ln x)'=1+\ln x$，因此

$$\mathrm{d}y=(1+\ln x)\mathrm{d}x$$

例 5 函数 $y=\cos^2 2x$，求 $\mathrm{d}y$。

解法 1 把 $\cos^2$ 看成中间变量，由一阶微分形式不变性，有

$$\mathrm{d}y=\mathrm{d}(\cos^2 2x)=2\cos 2x\ \mathrm{d}(\cos 2x)$$

求 $\mathrm{d}(\cos 2x)$ 时，再把 $2x$ 看成中间变量，有

$$\mathrm{d}y=2\cos 2x(-\sin 2x)\mathrm{d}(2x)=-2\sin 4x\ \mathrm{d}x;$$

解法 2 由于 $\cos^2 2x=\frac{1}{2}(1+\cos 4x)$，因此

$$\begin{aligned}dy &= d\left[\frac{1}{2}(1+\cos 4x)\right] = \frac{1}{2}d(\cos 4x)\\ &= \frac{1}{2}(-\sin 4x)d(4x)\\ &= -2\sin 4x\, dx\end{aligned}$$

例 6 用一阶微分形式后不变性求第三节例 5 中的函数 $y=e^{\sin\frac{1}{x}}$ 的导数。

解：$d(e^{\sin\frac{1}{x}}) = e^{\sin\frac{1}{x}} d\left(\sin\frac{1}{x}\right) = e^{\sin\frac{1}{x}}\cos\frac{1}{x}d\left(\frac{1}{x}\right) = -\frac{1}{x^2}e^{\sin\frac{1}{x}}\cos\frac{1}{x}dx$

从而
$$y' = -\frac{1}{x^2}e^{\sin\frac{1}{x}}\cos\frac{1}{x}$$

例 7 求由方程 $4x^2-xy-y^2=6$ 所确定的隐函数 $y=y(x)$ 的微分与导数 $(x+2y\neq 0)$。

解：方程两端分别求微分，有

$$8xdx-(ydx+xdy)-2ydy=0$$

故
$$(x+2y)dy=(8x-y)dx$$

当 $x+2y\neq 0$ 时，有

$$dy=\frac{8x-y}{x+2y}dx \qquad y'=\frac{8x-y}{x+2y}$$

例 8 求一个函数微分的应用 $f(x)$，使其微分等于 $\frac{dx}{x\cos^2(\ln x)}$。

解：此题是已知函数 $f(x)$ 的微分，求 $f(x)$。与前面求已知函数的微分是相反的问题，解题的思路也相反。由于

$$\frac{dx}{x\cos^2(\ln x)}=\frac{d(\ln x)}{\cos^2(\ln x)}=\sec^2(\ln x)d(\ln x)=d[\tan(\ln x)]$$

因此可取 $f(x)=\tan(\ln x)+c$（c 为常数）。

注意：在所有导数或微分计算中，学习者都必须遵循的计算规律是先法则后公式，先化简后求导。

三、微分的应用（在近似计算中的应用）

当 $f'(x_0)\neq 0$，$|\Delta x|$ 很小时，$\Delta y\approx dy$，即

$$\Delta y=f(x_0+\Delta x)-f(x_0)\approx f'(x_0)\Delta x \tag{③}$$

记 $x_0+\Delta x=x$，由式③可得

$$f(x)\approx f(x_0)+f'(x_0)(x-x_0)=f(x_0)+f'(x_0)\Delta x \tag{④}$$

式③、式④分别表示了用微分近似计算函数增量与函数值的公式。在式④中，令 $x_0=0$，有

$$f(x)\approx f(0)+f'(0)x \tag{⑤}$$

应用式⑤可得工程上常用的近似公式：当 $|x|$ 很小时，有：

（Ⅰ）$\sqrt[n]{1+x}\approx 1+\frac{x}{n}$　　（Ⅱ）$\sin x\approx x$（x 以弧度为单位）

（Ⅲ）$\ln(1+x)\approx x$　　（Ⅳ）$\tan x\approx x$（x 以弧度为单位）

（Ⅴ）$\ln(1+x)\approx x$

例 9　计算 $\sqrt[6]{65}$ 的近似值。

解法 1　因为用近似公式（Ⅰ），要求 $|x|$ 很小，所以先作恒等变形再用公式（Ⅰ），有

$$\sqrt[6]{65}=\sqrt[6]{1+2^6}=2\cdot\sqrt[6]{1+\frac{1}{64}}\approx 2\left(1+\frac{1}{6}\times\frac{1}{64}\right)=2.0052$$

解法 2　运用公式可分四步：

（1）明确函数 $f(x)=\sqrt[6]{x}$；

（2）求导数 $f'(x)=\frac{1}{6}x^{-\frac{5}{6}}$；

（3）根据特殊点和改变量 $x_0=64$，$\Delta x=1$，分别求特殊点函数值 $\sqrt[6]{64}$ 和导数值 $\frac{1}{6}(64)^{\frac{5}{6}}$；

（4）使用公式 $f(x)\approx f(x_0)+f'(x_0)\Delta x$ 计算，得

$$f(x)\approx f(x_0)+f'(x_0)\Delta x\Rightarrow\sqrt[6]{65}\approx\sqrt[6]{64}+\frac{1}{6}(64)^{-5/6}\cdot 1=2.0052$$

注意：对微分近似公式的有效学习，有利于初学者提高微分运算和应用能力。

习题 2－6

1. 设函数 $y=x^3$，计算在 $x=2$ 处，Δx 分别等于 -0.1，0.01 时的增量 Δy 及微分 dy。

2. 求下列函数的微分 dy：

（1）$y=\frac{x}{1-x}$　　（2）$y=\ln\left(\sin\frac{x}{2}\right)$

（3）$y=\arcsin\sqrt{1-x^2}$　　（4）$y=e^{-x}\cos(3-x)$

（5）$y^2+\ln y=x^4$　　（6）$y=\sin^2 u$，$u=\ln(3x+1)$

3. 将适当的函数填入括号内使等式成立：

（1）$x\,dx=d(\quad)$　　（2）$\frac{dx}{1+x}=d(\quad)$

（3）$\sin 2x\,dx=d(\quad)$　　（4）$e^{-3x}dx=d(\quad)$

(5) $d(\arctan e^{2x}) = (\quad) de^{2x} = (\quad) dx$

(6) $d[\sin(\cos x)] = (\quad) d\cos x = (\quad) dx$

4. 求由方程 $x + y = \arctan(x - y)$ 所确定的函数 $y = y(x)$ 的微分与导数。

5. 利用微分或近似公式求近似值：

(1) $\tan 46^\circ$　　(2) $e^{1.01}$

(3) $\sqrt[3]{996}$　　(4) $\ln 1.001$

第三章　微分学的经济应用

上一章以两个实际问题的平均变化率为背景，抽象出函数的导数概念，讨论了导数和微分的计算方法。这一章学习一元函数微分学在经济中的应用，学习用导数知识来研究经济函数，了解数学在经济学中的应用。学会用数学解决资本投资、生产和销售问题，必先了解导数如何判别函数的单调性和求函数的极值问题。

二维码 3－1

扫一扫，获取本节资源

第一节　函数的单调性

函数的单调性是函数的主要性质之一，判断函数单调性用以下定理：

定理 1　设函数 $f(x)$ 在闭区间 $[a, b]$ 上连续，在开区间 (a, b) 内可导且 $f'(x)>0\ (<0)$，则函数 $f(x)$ 在闭区间 $[a, b]$ 上单调增加（减少），如图 3－1 所示。

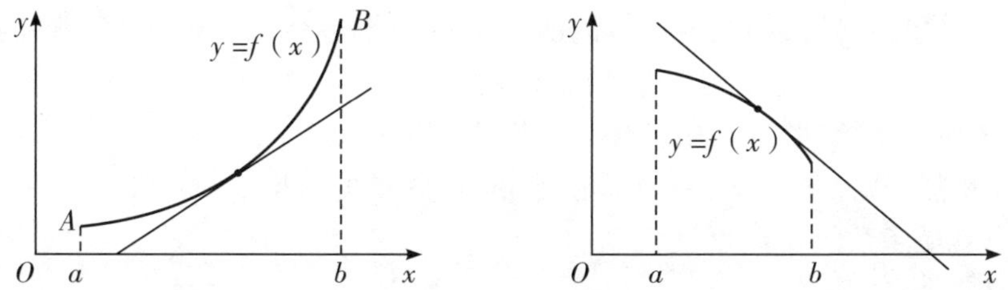

图 3－1

定理 1 中的条件"在开区间 (a,b) 内 $f'(x)>0\ (<0)$"，可以降低为"在开区间 (a,b) 内除个别点导数不存在或导数为零外，都有 $f'(x)>0\ (<0)$"，其他条件不变，则原来的结论仍成立；定理 1 中的区间换成其他各种区间，结论也成立。

例 1　证明函数 $f(x)=x^5+x-1$ 在 $\mathbf{R}$ 上单调增加。

证　任意 $x\in\mathbf{R}$，$f'(x)=5x^4+1>0$，由定理 1，$f(x)$ 在 $\mathbf{R}$ 上单调增加。

用定理 1 求一般函数的单调区间时，可在函数的定义域内用导数为零点和导数不存在的点划分函数的定义域，使 $f'(x)$ 在各个部分区间内保持固定的符号，最后确定函数的单调区间。

例 2 求函数 $y=\frac{(x-2)^3}{x}$ 的单调区间。

解：函数的定义域为 $(-\infty,0)\cup(0,+\infty)$。

任意 $x\neq0$，$y'=\frac{2(x-2)^2(x+1)}{x^2}$，令 $y'=0$，解得 $x_1=2$，$x_2=-1$。

在区间 $(-\infty,-1)$ 内，$y'<0$，由定理 1，$(-\infty,-1]$ 是函数 y 的单调减少区间；

在区间 $(-1,0)$，$(0,2)$，$(2,+\infty)$ 内，$y'>0$，由于函数 y 在 $x=0$ 处无定义，而在 $x=2$ 处连续，所以区间 $(-1,0)$，$(0,+\infty)$ 是函数 y 的单调增加区间。

为了简明、直观地求函数的单调区间，在定义域内求得函数的导数为零的点和导数不存在的点以后，可用表格表示，如例 2 可列表如下：

x	$(-\infty,-1)$	-1	$(-1,0)$	$(0,2)$	2	$(2,+\infty)$
y'	$-$	0	$+$	$+$	0	$+$
y	↘		↗	↗		↗

表中第一行是函数的定义域被导数为零的点和导数不存在的点分割成的各个部分（0 不在定义域内，所以不列在表中）；第二行是对应着第一行的各部分导数的符号，如在定义域内的某个点导数不存在，则在第二行的对应位置用“×”表示（见例 3）；第三行是对应着第一行函数定义域的各部分，函数值的增、减情形分别用箭头“↗”“↘”表示。

由上表可见，$(-\infty,-1)$ 是函数的单调减少区间；$(-1,0)$，$(0,2)$，$(2,+\infty)$ 是函数的单调增加区间。

例 3 求函数 $y=(2x-5)x^{\frac{2}{3}}$ 的单调区间。

解：函数 y 的定义域为 $(-\infty,+\infty)$。

$$y'=(2x^{5/3}-5x^{2/3})'=\frac{10}{3}x^{2/3}-\frac{10}{3}x^{-1/3}=\frac{10(x-1)}{3x^{1/3}}$$

函数 y 在 $x=0$ 处不可导，$y'(1)=0$。列表如下：

x	$(-\infty,0)$	0	$(0,1)$	1	$(1,+\infty)$
y'	$+$	×	$-$	0	$+$
y	↗		↘		↗

由上表可见，$(-\infty,0)$，$(1,+\infty)$ 是函数的单调增加区间；$(0,1)$

是函数的单调减少区间。

习题 3－1

求下列函数的单调区间：

（1）$y=x^3-3x^2$　　（2）$y=2-(x-1)^{\frac{2}{3}}$

（3）$y=(x-1)(x+1)^3$　　（4）$y=x^2e^{-x}$

（5）$y=x-e^x$　　（6）$y=x-2\sin x$　$(x\in[0,2\pi])$

第二节　函数的极值与最值

二维码 3－2
扫一扫，获取本节资源

在生产和科学实验中，要求优质、高产、低消耗，反映在数学上就是优化问题，其中最基本的是求函数的最大（小）值问题。本节讨论闭区间连续函数的极值问题，再利用极值讨论函数的最值和最值点。

一、函数的极值

定义 1　设函数 $f(x)$ 在 x_0 的某邻域 $N(x_0,\delta)$ 内有定义，$x\in N(\hat{x}_0,\delta)$ 时，有 $f(x)<f(x_0)$　$(f(x)>f(x_0))$，则称 $f(x_0)$ 为函数 $f(x)$ 的一个极大（小）值。函数的极大值与极小值统称为函数的极值。使函数取得极值的点称为函数的极值点。

必须指出：函数的极值是局部概念，未必是整个定义域上的最值，且极值点不能是定义区间的端点；而函数的最值是整体概念，是整个定义域上的最大（小）值，且最值点可以是定义区间的端点。

下面讨论连续函数的极值点的求法：

在极值点处，函数的导数为零。通常把函数的导数为零的点称为函数的驻点。关于函数的极值点有下面的必要条件：

定理 1（必要条件）　若点 x_0 是函数 $y=f(x)$ 的极值点，则 x_0 是 $f(x)$ 的驻点或导数不存在的点。

必须指出，定理 1 的逆命题是不成立的。如函数 $y=x^3$ 的驻点 $x=0$ 不是它的极值点，如图3－2 所示。对于导数不存在的点，但不是函数的极值点的反例，请读者自己给出。

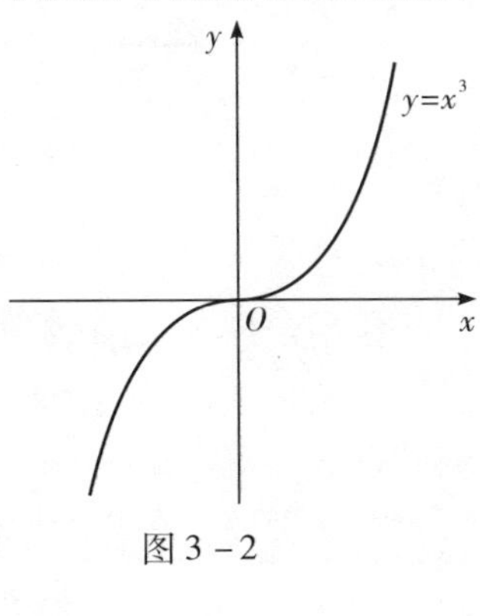

图 3－2

综上所述，函数的极值点是它的驻点或导数不存在的点；反之，函数的驻点和导数不存在的点未必是它的极值点。通常把函数在定义域内的驻点和导数不存在的点，称为函数的可能极值点。

观察图 3－2 中的极值点可知，极值点是函数的单调增加与单调减少区间的分界点。由单调性的判定定理即可得极值点的第一判定定理：

定理 2（第一充分条件） 设函数 $f(x)$ 在 x_0 处连续且在 x_0 的某个去心邻域内可导，则：

(1) 在去心邻域内，如果 $x<x_0$ 时，有 $f'(x)>0$ (<0)，而 $x>x_0$ 时有 $f'(x)<0$ (>0)，那么 x_0 为 $f(x)$ 的极大（小）值点，如图 3－3(a)（b）所示。

(2) 若 $f'(x)$ 在 x_0 的左右同号，那么 x_0 不是 $f(x)$ 的极值点，如图 3－3（c）（d）所示。

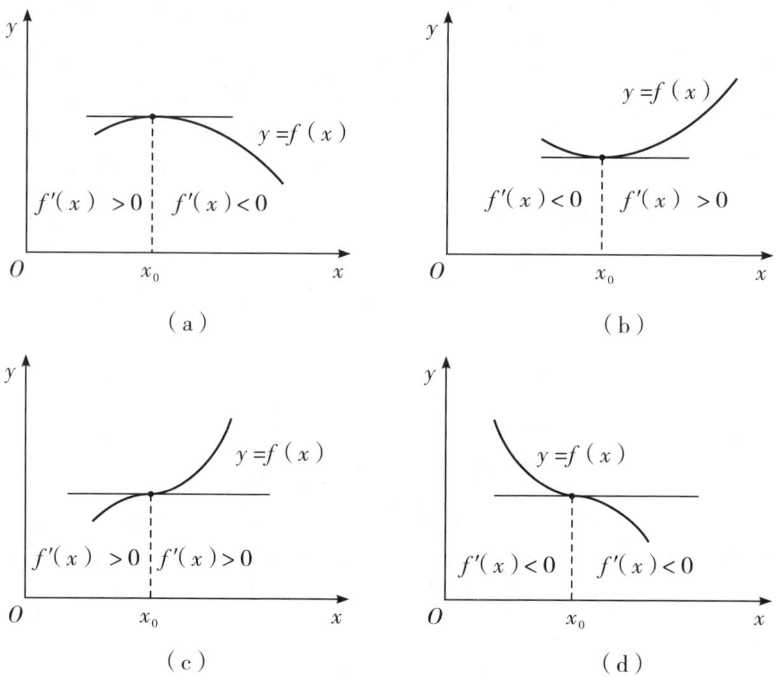

图 3－3

使用定理 2 求函数的极值时，可采用类似上一节求单调区间时的列表法：在定义域内确定函数的单调增加与单调减少区间的分界点，即得函数的极值点。

如果函数存在二阶导数且易于计算，则可直接在函数的驻点处求二阶导数进行判断，一般无须考察函数在驻点左右一阶导数的符号。

定理3（第二充分条件）　设 x_0 是函数 $f(x)$ 的驻点且 $f''(x_0)\neq 0$，如果 $f''(x_0)>0\ (<0)$，则 x_0 是 $f(x)$ 的极小（大）值点。

必须指出：

（1）在应用定理3时，注意检验“x_0 是 $f(x)$ 的驻点”。

（2）若 $f''(x_0)=0$，这时 x_0 可能是极大值点，也可能是极小值点，还可能不是极值点。如 $x=0$ 对函数 $y_1=-x^4$，$y_2=x^4$，$y_3=x^3$ 就分别属于这三种情形。这时必须用定理2（第一充分条件）进行判断。

例1　求函数 $y=(2x-5)x^{\frac{2}{3}}$ 的极值。

解　由上一节例3，$x\in(-\infty,0)\cup(1,+\infty)$ 时，$y'>0$；$x\in(0,1)$ 时，$y'<0$。据定理2，$x=0$ 是 y 的极大值点，$x=1$ 是 y 的极小值点，所以 $y(0)=0$ 是函数的极大值，$y(1)=-3$ 是函数的极小值。

例2　求函数 $y=2x^3-3x^2-12x+25$ 的极值。

解：由于多项式函数易于求二阶导数，因此用定理3求得：

（1）$y'=6x^2-6x-12=6(x+1)(x-2)$，$y$ 有驻点 $x_1=-1$，$x_2=2$。

（2）$y''=12x-6=6(2x-1)$。

（3）$y''(-1)=-18<0$，故 y 有极大值 $y(-1)=32$；

$y''(2)=18>0$，故 y 有极小值 $y(2)=5$。

例3　求函数 $f(x)=(x^2-1)^3+1$ 的极值。

解：由于 $f(x)$ 是偶函数，因此先讨论 $x\geqslant 0$ 的情形：

（1）$f'(x)=6x(x^2-1)^2$，$f(x)$ 有驻点 $x_1=0$，$x_2=1$。

（2）$f''(x)=6(x^2-1)(5x^2-1)$。

（3）$f''(0)=6>0$，故 $f(x)$ 有极小值 $f(0)=0$。

$f''(1)=0$ 不能用定理3判断。由于在 $x=1$ 左右邻近 $f'(x)>0$，由定理2，$x=1$ 不是 $f(x)$ 的极值点。请读者自己列表说明。

综上所述，函数 $f(x)$ 只有一个极小值 $f(0)=0$。

二、函数的最值

随着函数定义域的不同，函数最值的情况有很大的差别。第一章的最值定理说明了闭区间上的连续函数一定有最大值和最小值；而对于开区间，情形就复杂多了。但不管什么情形，函数的最值点如果位于定义区间的内部，则最值点总是函数的可能极值点。下面就几种主要的也是常用的简单情形讨论如下：

（1）函数 $f(x)$ 在闭区间 $[a,b]$ 上连续且至多存在有限个可能极值点。

这时函数$f(x)$的最值点可能是区间的端点也可能是区间内的极值点。求法如下：

在开区间(a,b)内求函数$f(x)$的所有可能极值点，设为$x_1,x_2,\cdots,x_n$。记

$$M=\max\{f(x_1),\ \cdots,\ f(x_n),\ f(a),\ f(b)\}$$

$$m=\min\{f(x_1),\ \cdots,\ f(x_n),\ f(a),\ f(b)\}$$

则M，m分别是$f(x)$在$[a,\ b]$上的最大值、最小值。

（2）函数$f(x)$在一般区间（包括无穷区间）上连续，且有唯一的可能极值点（设为x_0），若x_0是函数$f(x)$的极大（小）值点，可以知道：这时x_0也是$f(x)$的最大（小）值点。

（3）如根据实际问题的性质可断定连续的目标函数$f(x)$在定义区间内一定取得最大（小）值，而在定义区间内$f(x)$有唯一的可能极值点x_0，则可直接断定x_0就是函数$f(x)$的最大（小）值点。

例4 已知函数$y=(2x-5)x^{2/3}$，求其在区间$[-1,2]$上的最大值和最小值。

解：函数y在$[-1,\ 2]$上连续，由于

$$y'=\frac{10(x-1)}{3x^{1/3}}$$

$y'(1)=0$，y在$x=0$不可导，故

$$\begin{aligned}y_{\max}&=\max\{y(-1),\ y(2),\ y(0),\ y(1)\}\\&=\max\{-7,\ -2^{2/3},\ 0,\ -3\}=0\\y_{\min}&=\min\{-7,\ -2^{2/3},\ 0,\ -3\}=-7\end{aligned}$$

例5 某企业上午班（8:00～12:00）工人的工作效率研究表明，一个中等技术水平的工人早上8点开始工作，t小时后共获生产量

$$Q(t)=-t^3+6t^2+45t$$

问：在早上几点钟这些工人工作效率最高？

解：这个工人的工作效率就是生产的产品率，即$Q(t)$的导数。设$R(t)=Q'(t)$，则这些工人工作效率最高的时间（上班以后的工作时间）即函数$R(t)$的最大值点。由于

$$R'(t)=-3t^2+12t+45\quad(t\in[0,4])$$

$$R''(t)=-6t+12\quad(t=2\text{ 时 }R''(t)=0)$$

$$\max\{R'(0),\ R'(4),\ R'(2)\}=\max\{45,\ 45,\ 57\}=57$$

所以，当$t=2$小时，即上午10点这些工人的工作效率最高。

例6 某产品生产q件的生产成本为$C=9\ 000+40q+0.001q^2$（元），试求：

（1）边际成本函数。

（2）产量为 1 000 件时的边际成本，并解释其经济意义。

（3）产量为多少时平均成本最小？

解：（1）边际成本函数

$$C' = 40 + 0.002q$$

（2）产量为 1 000 件时的边际成本：

$$C'\Big|_{q=1\,000} = 40 + 0.002 \times 1\,000 = 42$$

它表示当产量为 1 000 件时，再生产 1 件产品需要的成本为 42 元。

（3）平均成本：

$$\overline{C} = \frac{C}{q} = \frac{9\,000}{q} + 40 + 0.001q$$

$$\overline{C}' = -\frac{9\,000}{q^2} + 0.001$$

令

$$\overline{C}' = -\frac{9\,000}{q^2} + 0.001 = 0$$

得 $q = 3\,000$，故当产量为 3 000 件时平均成本最小。

习题 3－2

1. 求下列函数的极值点与极值：

（1）$y = 2x^3 + 3x^2 - 12x + 5$　　（2）$y = x - 1 + \dfrac{1}{x-1}$

（3）$y = x \ln x$　　（4）$y = x - \arctan x$

2. 设函数 $f(x) = a \ln x + bx^2 + x$，在 $x_1 = 1$，$x_2 = 2$ 处都取得极值，求 a，b 的值并讨论 $f(x)$ 在 x_1，x_2 处取得极大值还是极小值。

3. 求下列函数的最值点和最值：

（1）$f(x) = \sqrt{5-4x}$　$(x \in [-1, 1])$

（2）$f(x) = x^4 - 8x^2 + 2$　$(x \in [-1, 3])$

（3）$f(x) = 1 + \dfrac{36x}{(x+3)^2}$　$(x \in [0, 4])$

（4）$y = \sin 2x - x$　$\left(x \in \left[-\dfrac{\pi}{2}, \dfrac{\pi}{2}\right]\right)$

4. 制造容积为 $16\pi\ m^3$ 的有盖圆柱形容器，问半径与高各为多少时可使用料最省。

5. 某厂生产某种产品 x 个单位的总成本为 $C(x) = ax^3 - bx^2 + dx$，其中 $a > 0$，$b > 0$，$d > 0$，问每批生产多少个单位产品，求边际成本。

第三节　一元函数微分学在经济学上的实践应用

二维码 3-3

扫一扫，获取本节资源

某企业内部的经营效益取决于该企业的成本支出、收入以及二者关于产量变化率等因素。那么导数是怎样应用于经济函数的？我们将从以下经济学实际应用方面入手学习。

一、成本函数和收入函数

成本函数 $C=C(q)$ 给出了生产数量为 q 的某种产品的总成本。能想到 $C(q)$ 是哪类函数吗？一般来说，成本函数初始阶段增长得快，生产趋于稳定时慢下来，所以它的曲线斜率由大到小变化，曲线是下凹的，因此生产产品数量较大时要比数量较小时的效率高，这称为规模经济。当生产量保持较高的水平时，随着资源的不断减少，成本函数再次较快增长，不得不进行产品的更新换代和劳动力的培训，成本函数就再次急速上涨。所以，$C(q)$ 曲线是增函数曲线。

为了讨论问题方便，设成本函数 $C=C(q)$ 对一切非负实数有意义。成本函数再次开始增长，成本函数 $C=C(q)=C_1+C_2(q)$ 的图象如图 3-4 所示。

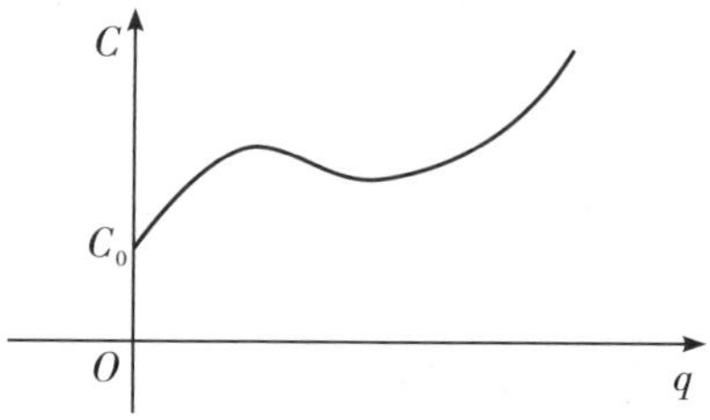

图 3-4

收入函数 $R=R(q)$ 表示企业售出数量为 q 的某种产品所获得总收入。由于售出数量 q 越多，收入 $R=R(q)$ 就越大，$R=R(q)$ 为增函数。$R=R(q)=qP$ 的图象如图 3-5 所示。

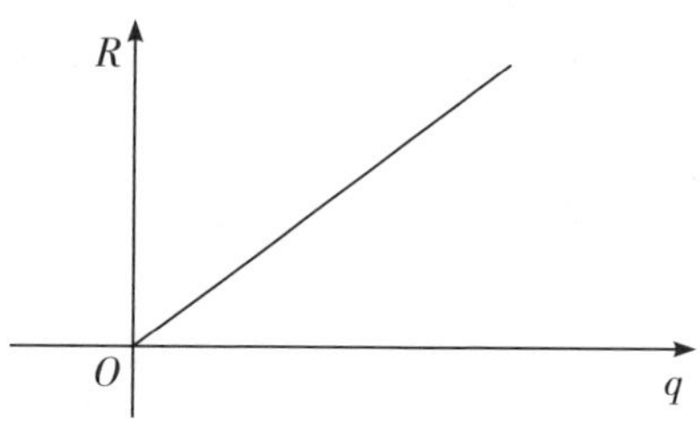

图 3-5

由于任何企业在生产之前都要先期投入，即企业的产量为 $q=0$ 时，成本 $C(0)=C_0$，一般不为零，通常成为固定成本。以几何图象表示，固定成本 C_0 就是成本曲线在 C 轴上的纵截距。

对于收入函数而言，表示企业按某一价格 p 出售产品的数量 q 时，才能获得收入，表示为 $R=pq$。

二、边际分析

边际概念是经济函数学中的重要概念，通常指经济变化率。利用导数研究经济变化量的边际变化方法，即边际分析，是经济理论的重要方法。

（1）边际成本：总成本函数关于产量 q 的导数 $C'(q)$。

（2）边际收入：总收入函数关于产品销售量 q 的导数 $R'(q)$。

（3）边际利润：总利润函数的关于产量的导数 $L'(q)=R'(q)-C'(q)$。

例 1 如果收入函数 $R=R(q)=qP$ 及总成本函数 $C=C(q)$，它们的图象如图 3－4 和图 3－5 所示。画出边际收入 $MR=R'(q)$ 及边际成本 $MC=C'(q)$ 的图象。

解：因为收入函数 $R=R(q)=qP$ 是过原点的直线，故其方程 $R=qP$（P 为常量），所以边际收入 $MR=R'(q)=p$。因此，边际收入 $MR=R'(q)$ 是一条与 q 轴平行的直线，见图 3－6（a），而成本函数 $C=C(q)$ 是递增曲线，则边际成本 $MC=C'(q)>0$，在 $q>200$ 曲线是单增的，而在 $q<200$ 曲线是单减的，所以边际成本 $MC=C'(q)$ 在 $q=200$ 有极小值，如图 3－6(b) 所示。

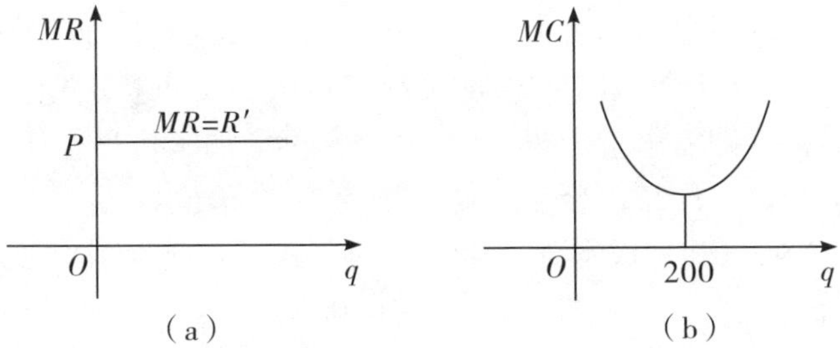

图 3－6

（4）最大利润：已知收入函数 $R=R(q)=qP$ 及总成本函数 $C=C(q)$。如何求最大利润？这是生产商所追求的问题。在数学上当然先求出利润函数 $L=L(q)=R(q)-C(q)$，再利用一阶导数求极值。

例 2 某工厂每月生产固定成本为 1 000 元，生产 x 单位产品成本的可变成本为 $0.01x^2+10x$（元），如果每单位产品销售为 30 元，试求总成本函数、总利润函数、总收入函数、边际成本、边际收入和边际利润为零的产量。

解：依题意，由总成本函数 $C=C(q)=C_1+C_2(q)$，本题的总成本函数

$$C(x)=0.01x^2+10x+1\ 000$$

总收入函数 $R(x)=px=30x$

总利润函数 $L=L(x)=R(x)-C(x)=-0.01x^2+20x-1\ 000$

边际成本 $C'(x)=0.02x+10$

边际收入 $R'(x)=px=30$

边际利润 $L'(x)=-0.02x+20$

令 $L'(x)=-0.02x+20=0$，得 $x=1\ 000$，即每月生产量为 1 000 个单位时，边际利润为零。

例 3 某企业产品的需求函数为 $x=100-5p$，其中 p 为价格，x 为需求量，求边际收入函数，以及 $x=30,50,80$ 时的边际收入，并解释所得结果的经济意义。

解：因为 $x=100-5p$，于是 $p=\frac{1}{5}(100-x)$，所以，

总收入函数 $R(x)=px=\frac{1}{5}(100-x)x$

边际收入函数 $R'(x)=\frac{1}{5}(100-2x)$

因此有：$R'(30)=8$；$R'(50)=0$；$R'(80)=-12$

由所得结果可知道，当销售量即需求量为 30 个单位时，再增加销售量可以使总收入增加，再多销售 1 个单位产品，总收入约增加 8 个单位；当销售量即需求量为 50 个单位时，总收入达到最大值，再扩大销售，总收入不会增加；当销售量即需求量为 80 个单位时，再增加销售量会使总收入减少，如再多销售 1 个单位产品，会使总收入减少 12 个单位。

例 4 设总收入和总成本分别由下列两个式子给出：

$$R(q)=5q-0.003q^2$$

$$C(q)=300+1.1q$$

其中 $0\leqslant q\leqslant 1\ 000$。求获得最大利润时 q 的数量，怎样的生产水平将得最小利润？

解：因为总利润 $L(q)=R(q)-C(q)$，所以

$$L(q)=3.9q-0.003q^2-300$$

边际利润 $L'(q)=3.9-0.006q$

再令 $L'(q)=3.9-0.006q=0$，得 $q=650$，有最大利润；$q=0$，有最小利润。

三、弹性和弹性分析

在数学中的模型思想，通常用某一事实的思想信息去推知另一事实的思想分析。

弹性概念是经济学中的一个重要概念，用来定量描述一个经济变量对另一个经济变量变化的反应程度，或者说，一个经济变量变动的百分之几使另一个经济变量变动的百分之几的影响程度。

1. 弹性函数的产生

定义 1　设函数 $f(x)$ 在 x_0 点的某个邻域内有定义，且 $f(x_0)\neq 0$，如果极限

$$\lim_{\Delta x\to 0}\frac{\Delta y/f(x_0)}{\Delta x/x_0}=\lim_{\Delta x\to 0}\frac{[f(x_0+\Delta x)-f(x_0)]/f(x_0)}{\Delta x/x_0}$$

存在，则称此函数 $y=f(x)$ 在 x_0 点处的点弹性，记为 $\left.\frac{Ey}{Ex}\right|_{x=x_0}$，而称此比值

$$\frac{\Delta y/f(x_0)}{\Delta x/x_0}=\frac{[f(x_0+\Delta x)-f(x_0)]/f(x_0)}{\Delta x/x_0}$$

为函数 $y=f(x)$ 在 x_0 点与点（$x_0+\Delta x$）之间的弧弹性。

由定义可知：$\left.\frac{Ey}{Ex}\right|_{x=x_0}=\frac{x_0}{f(x_0)}\cdot\left.\frac{\mathrm{d}y}{\mathrm{d}x}\right|_{x=x_0}$，当 $|\Delta x|$ 很小时，有

$$\left.\frac{Ey}{Ex}\right|_{x=x_0}\approx\left.\frac{\Delta y/f(x_0)}{\Delta x/x_0}\right|_{x=x_0}=\text{弧弹性}$$

如果函数 $y=f(x)$ 在区间（a,b）内可导，且 $f(x)\neq 0$，则称 $\frac{Ey}{Ex}=\frac{x}{f(x)}\cdot f'(x)$ 为函数 $y=f(x)$ 在区间（a，b）内的点弹性函数，简称为弹性函数。

2. 需求弹性函数

设 Q 为某商品市场需求量，其价格为 p，由弹性定义可推知：$\frac{EQ}{Ep}=\frac{p}{Q(p)}\cdot\frac{\mathrm{d}Q}{\mathrm{d}p}$。常记 $\varepsilon_p=\frac{p}{Q(p)}\cdot\frac{\mathrm{d}Q}{\mathrm{d}p}$ 为商品的需求价格弹性函数，简称需求弹性函数。

需求弹性函数 ε_p 表示某商品需求量 Q 对价格 p 的变动反应程度。由于需求函数为减函数，故需求价格弹性函数为负值。这表明，当商品上涨（或下跌）1%时，其需求量减少（或增加）约 $|\varepsilon_p|$%。因此，在经济学中，比较商品需求弹性大小时，采用绝对值 $|\varepsilon_p|$。当人们说需求弹性大时，是指其绝对值大。

当 $\varepsilon_p=-1$（即 $|\varepsilon_p|=1$）时，称为单位弹性，此时商品需求量变动的百分比$\frac{dQ}{Q}$与价格变动的百分比$\frac{dP}{P}$相等。

当 $\varepsilon_p<-1$（即 $|\varepsilon_p|>1$）时，称为高弹性，此时商品需求量变动的百分比高于价格变动的百分比。价格变动对需求量影响较大。

当 $-1<\varepsilon_p<0$（即 $|\varepsilon_p|<1$）时，称为低弹性，此时商品需求量变动的百分比低于价格变动的百分比。价格变动对需求量影响很小。

例 5 某种商品的需求函数 $q=10-\frac{p}{2}$，求：

（1）需求价格弹性函数；

（2）当 $p=3$ 时的需求价格弹性；

（3）当 $p=3$ 时，若价格上涨 1%，其总收益是增加还是减少？它将变化百分之几？

解：（1）按弹性定义有：

$$\varepsilon_p=\frac{p}{q}\cdot q'=\left(-\frac{1}{2}\right)\cdot\frac{p}{10-\frac{p}{2}}=\frac{p}{p-20}$$

（2）当 $p=3$ 时，需求价格弹性为

$$\varepsilon_p\big|_{p=3}=-\frac{3}{17}\approx-0.18$$

（3）$\varepsilon_{Rp}\big|_{p=3}=\left.\frac{2(10-p)}{20-p}\right|_{p=3}\approx0.82$

故在当 $p=3$ 时，若价格上涨 1%，需求仅减少 0.18%；总收益将增加，总收益约增加 0.82%

例 6 某企业商品的需求量 $Q=600-50p$，求 $p=1,6,8$ 时需求价格弹性，并给以适当的经济解释。

解：因为 $Q=600-50p$，所以$\frac{dQ}{dp}=-50$，而有 $\varepsilon_p=\frac{p}{Q}\cdot\frac{dQ}{dp}=-\frac{50p}{600-50p}$

当 $p=1$ 时，$|\varepsilon_p|=\frac{1}{11}<1$，为低弹性，此时降价将使总收益减小，提价使总收益增加。

当 $p=6$ 时，$|\varepsilon_p|=1$，为单位弹性，此时降价或提价对总收益没有明显影响。

当 $p=8$ 时，$|\varepsilon_p|=2$，为高弹性，此时降价将使总收益增加，提价使总收益减少。

在商品经营中，商品经营者关心的是提价（或降价）Δp 对总收益的影

响。设销售收益 $R=Qp$，当价格 p 有微小改变量 Δp 时，则有：

$$\Delta R \approx \mathrm{d}R=\mathrm{d}(Qp)=Q\mathrm{d}p+p\mathrm{d}Q=\left(1+\frac{p\mathrm{d}Q}{Q\mathrm{d}p}\right)Q\mathrm{d}p$$

即
$$\Delta R \approx (1+\varepsilon_p)Q\mathrm{d}p$$

由于 $\varepsilon_p<0$，知 $\varepsilon_p=-|\varepsilon_p|$，于是有

$$\Delta R \approx (1-|\varepsilon_p|)Q\mathrm{d}p$$

由此可知，当 $|\varepsilon_p|>1$（高弹性）时，降价（$\Delta p<0$）可使总收益增加（$\Delta R>0$），反映薄利多销的理论；提价（$\Delta p>0$）将使总收入减少（$\Delta R<0$）；当 $|\varepsilon_p|<1$（低弹性）时，降价（$\Delta p<0$）可使总收益减少（$\Delta R<0$），提价使总益增加；当 $|\varepsilon_p|=1$ 为单位弹性时，提、降价对总收益无影响。

例 7　已知企业某产品的需求弹性在 1.5～2.4 之间，如果该企业准备明年将价格降低 10%，问这种商品销售量预期会增加多少？总收益会增加多少？

解：因为 $\varepsilon_p=\frac{p}{Q}\cdot\frac{\mathrm{d}Q}{\mathrm{d}p}$，所以 $\frac{\mathrm{d}Q}{Q}=\frac{\mathrm{d}p}{p}\varepsilon_p$，即有

$$\frac{\Delta Q}{Q}\approx\frac{\Delta p}{p}\varepsilon_p$$

当 $\frac{\Delta p}{p}=-0.1$，$\varepsilon_p=-1.5$ 时，有

$$\frac{\Delta Q}{Q}\approx 0.15=\frac{15}{100}$$

当 $\frac{\Delta p}{p}=-0.1$，$\varepsilon_p=-2.4$ 时，有

$$\frac{\Delta Q}{Q}\approx 0.24=\frac{24}{100}$$

因为 $\Delta R\approx(1-|\varepsilon_p|)Q\Delta p$ 时，$R=Qp$，所以

$$\frac{\Delta R}{R}\approx\frac{(1-|\varepsilon_p|)Q\Delta p}{Qp}=(1-|\varepsilon_p|)\frac{\Delta p}{p}$$

当 $\frac{\Delta p}{p}=-0.1$，$\varepsilon_p=-1.5$ 时，有

$$\frac{\Delta R}{R}\approx\frac{5}{100}$$

当 $\frac{\Delta p}{p}=-0.1$，$\varepsilon_p=-2.4$ 时，有

$$\frac{\Delta R}{R}\approx\frac{14}{100}$$

因此，明年降价 10% 时，企业销售量预期将增加 15%～24%；总收益

增加5% ~14%。

四、优化分析

对于生产者，能获得最佳的经营方式的标志，就是用最小成本获得最大利润；对于商品经营者保证最佳库存也是重要的经营决策。

例 8 已知某工厂生产 x 件产品的成本为 $C=25\,000+200x+\frac{1}{40}x^2$，问若使平均成本 $\overline{C(x)}$ 最小，产量应为多少？

解：由成本为 $C=25\,000+200x+\frac{1}{40}x^2$，有

$$\overline{C(x)}=\frac{25\,000}{x}+200+\frac{x}{40}$$

其一阶导数 $\overline{C'(x)}=-\frac{25\,000}{x^2}+\frac{1}{40}=0$，则 $x=1\,000$。

而其二阶导数 $\overline{C''(x)}=\frac{50\,000}{x^3}>0$，其原函数取得最小值。

例 9 某企业产品的需求函数为 $Q=12\,000-80p$（p 为单价），商品的总成本函数为 $C=25\,000+50Q$，每单位商品需纳税 2 元，试求使销售利润最大的商品单价和最大利润额。

解：由题意，收入函数为 $R(p)=(12\,000-80p)(p-2)$，总成本函数为 $C(p)=625\,000-4\,000p$。因此，利润函数为

$$L(p)=-80p^2+16\,160p-649\,000$$

其利润的一阶导数 $L'(p)=-160p+16\,160=0$，得 $p=101$。

因为二阶导数 $L''(p)=-160<0$，则原利润函数取得最大值，最大利润额是：

$$L(101)=-80\times(101)^2+16\,160\times101-649\,000=167\,080\text{（元）}$$

在生产和销售管理中，“最佳库存”是重要的决策问题，库存太多会造成资金积压或货物过期；库存太少，又会出现供不应求，错失良机。

一般规定库存量为每批货量（也叫批量）的一半。对于“最佳库存”有以下结论：使库存量与生产准备费相等的批量是经济批量。

例 10 设某企业每月需要均匀使用零件 4 800 件，且不准缺货，每件每月的库存费为 1.5 元，每次订货费为 100 元，试确定每批订货量为多少时，才能使库存费与订货费之和最小，并求出最小费用？

解：设每批订货量为 x，由题意知：库存费为 $\frac{x}{2}\times1.5$；订货费 $\frac{4\,800}{x}\times100$。用 y 表示库存费与订货费之和，有

$$y=\frac{x}{2}\times 1.5+\frac{4\ 800}{x}\times 100$$

下面求 y 的最小值：$y'=\frac{1.5}{2}-\frac{480\ 000}{x^2}=0$，得 $x=800$（元）。

又
$$y''_{x=800}=\frac{480\ 000}{x^3}>0$$

所以原函数 y 的最小值为

$$y(800)=\frac{800}{2}\times 1.5+\frac{4\ 800}{800}\times 100=1\ 200\text{（元）}$$

习题 3－3

1. 基本经济函数相互之间的关系？对管理、经营、生产的意义是什么？
2. 什么是边际函数？什么是边际分析？
3. 什么是弹性函数？什么是弹性分析？
4. 对于商品生产者和商品经营者为什么进行优化分析？
5. 设某产品的成本函数为 $C(q)=\frac{1}{25}q^2+3q+100$（万元），其中 q 是产量，单位为台。求使平均成本最小的产量，并求最小平均成本是多少？
6. 某厂生产一批产品，其固定成本为 2 000 元，每生产一件产品的变动成本为 60 元，市场对该产品的需求规律为 $q=1\ 000-10p$。求：产量为多少件时利润最大？获得最大利润时每件产品的价格。
7. 已知某商品的需求函数为 $Q=2-0.1P$，求需求弹性函数并讨论需求弹性的变化。

第四章 积 分 学

在第二章我们学了如何求一个函数的导数和微分问题，本章将讨论导数和微分的反问题，将要寻求一个导函数的所有原函数问题和原函数的值计算问题。而原函数的值计算问题也是“无限求和问题”，这是积分学的基本问题之二。本章考虑积分在经济学应用所占比率，只给出不定积分简单的两种基本积分方法、定积分的基本运算公式和方法。

第一节 不定积分

二维码 4－1

扫一扫，获取本节资源

一、函数的原函数与不定积分的定义

定义 1 设 $f(x)$ 为定义在区间 I 内的已知函数，若函数 $F(x)$ 满足 $F'(x)=f(x)(x\in I)$，则称 $F(x)$ 为 $f(x)$ 在 I 内的一个原函数。曲线 $y=F(x)+C$ 称为函数 $f(x)$ 的积分的曲线。

任意 $x\in\mathbf{R}$，$(\sin x)'=\cos x$，因此 $\sin x$ 是 $\cos x$ 在 $\mathbf{R}$ 内的一个原函数，不仅如此，$\sin x+C$（C 为任意常数）也是 $\cos x$ 在 $\mathbf{R}$ 内的所有原函数。

关于函数的原函数，要强调说明两点：

（1）如果函数 $f(x)$ 在区间 I 内连续，则 $f(x)$ 在 I 内存在原函数。

（2）如果函数 $f(x)$ 在区间 I 内有原函数 $F(x)$，则 $f(x)$ 的所有原函数可表示为 $F(x)+C$（其中 C 为任意常数）。

定义 2 求导函数 $f(x)$ 在区间 I 内的一切原函数 $F(x)+C$（C 为任意常数）的过程，称为 $f(x)$ 在 I 内的不定积分，记作 $\int f(x)\mathrm{d}x$，即

$$\int f(x)\mathrm{d}x=F(x)+C$$

其中 $\int$ 为积分号，$f(x)$ 称为被积函数，$f(x)\mathrm{d}x$ 为被积表达式，x 为积分变量，C 为任意常数。

由不定积分的定义，函数 $f(x)$ 的不定积分是一个函数族，$y=F(x)+C$ 是函数 $f(x)$ 的积分曲线族。例如导函数是 $2x$，其原函数有 x^2，$x^2\pm1$，$x^2\pm$

$\frac{1}{2}$，$x^2 \pm 10\cdots$如图 4－1 所示。

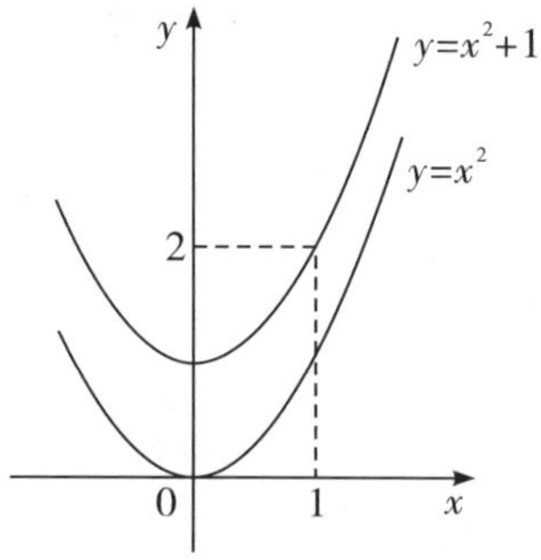

图 4－1

由不定积分的定义，任一个函数$f(x)$的不定积分是一个函数族，$F(x)+C$是函数$f(x)$的积分曲线族，且有：

(1) $\frac{\mathrm{d}}{\mathrm{d}x}\left[\int f(x)\mathrm{d}x\right]=f(x)$ 或 $\mathrm{d}\left[\int f(x)\mathrm{d}x\right]=f(x)\mathrm{d}x$

(2) $\int F'(x)\mathrm{d}x=F(x)+C$ 或 $\int \mathrm{d}[F(x)]=F(x)+C$

由此可见，求导数和微分运算与不定积分的运算是互逆的，从而可通过求导数检验每个不定积分是否正确。

二、基本积分公式

由不定积分的定义，从导数公式可得相应的基本积分公式［见公式(1)～(13)］，另外还有一些常用的积分公式［见公式(14)～(15)］。

(1) $\int k\,\mathrm{d}x=kx+C$（k是常数）　(2) $\int x^{\mu}\mathrm{d}x=\frac{x^{\mu+1}}{\mu+1}+C\ (\mu\neq -1)$

(3) $\int \frac{\mathrm{d}x}{x}=\ln|x|+C$　(4) $\int a^x\mathrm{d}x=\frac{a^x}{\ln a}+C$

(5) $\int \mathrm{e}^x\mathrm{d}x=\mathrm{e}^x+C$　(6) $\int \cos x\,\mathrm{d}x=\sin x+C$

(7) $\int \sin x\,\mathrm{d}x=-\cos x+C$　(8) $\int \sec^2 x\,\mathrm{d}x=\tan x+C$

(9) $\int \csc^2 x\,\mathrm{d}x=-\cot x+C$　(10) $\int \sec x\tan x\,\mathrm{d}x=\sec x+C$

(11) $\int \csc x\cot x\,\mathrm{d}x=-\csc x+C$

(12) $\int \frac{dx}{\sqrt{1-x^2}} = \arcsin x + C = -\arccos x + C_1$

(13) $\int \frac{dx}{1+x^2} = \arctan x + C = -\text{arccot}\, x + C_1$

(14) $\int \tan x\, dx = -\ln|\cos x| + C$

(15) $\int \cot x\, dx = \ln|\sin x| + C$

三、不定积分的运算性质

由不定积分的定义，可得它的性质：

性质1 若函数$f(x)$，$g(x)$都有原函数，则

$$\int [f(x) \pm g(x)]dx = \int f(x)dx \pm \int g(x)dx$$

性质1可以推广有限多个函数的情形。

性质2 若函数$f(x)$有原函数，$k \in \mathbf{R}$，则

$$\int kf(x)dx = k\int f(x)dx$$

以下用不定积分的性质和基本积分公式求函数的不定积分。

例1 求$\int \frac{(1-x)^3}{x^2}dx$。

解：该不定积分不能直接用基本积分公式，需要对被积函数恒等变形，化为幂函数的代数和的形式再逐项积分：

$$\begin{aligned}\int \frac{(1-x)^3}{x^2}dx &= \int \left(\frac{1}{x^2} - \frac{3}{x} + 3 - x\right)dx \\ &= \int x^{-2}dx - 3\int \frac{dx}{x} + 3\int dx - \int xdx \\ &= -\frac{1}{x} - 3\ln|x| + 3x - \frac{x^2}{2} + C\end{aligned}$$

注：几个任意常数相加，只写一个任意常数。

例2 求$\int \sqrt{x\sqrt{x\sqrt{x}}}\,dx$。

解：对被积函数恒等变形，化为基本积分公式中的情形

$$\int \sqrt{x\sqrt{x\sqrt{x}}}\,dx = \int x^{\frac{7}{8}}dx = \frac{8}{15}x^{\frac{15}{8}} + C$$

例3 求$\int \tan^2 x\, dx$。

解：用三角公式把被积函数化为基本积分公式中的情形

$$\int \tan^2 x\,dx = \int (\sec^2 x - 1)\,dx = \int \sec^2 x\,dx - x = \tan x - x + C$$

例 4　求$\int \frac{dx}{\sin^2 x\cos^2 x}$。

解：
$$\int \frac{dx}{\sin^2 x\cos^2 x} = \int \frac{\sin^2 x + \cos^2 x}{\sin^2 x\cos^2 x}dx = \int \frac{dx}{\cos^2 x} + \int \frac{dx}{\sin^2 x} = \tan x - \cot x + C$$

例 5　求$\int \frac{dx}{x^2(x^2+1)}$。

解：被积函数是分式有理函数时，常常将它拆成分母较简单、易于积分的分式之和，即

$$\int \frac{dx}{x^2(x^2+1)} = \int \frac{(x^2+1)-x^2}{x^2(x^2+1)}dx = \int \frac{dx}{x^2} - \int \frac{dx}{x^2+1} = \int x^{-2}dx - \arctan x = -\frac{1}{x} - \arctan x + C$$

从以上的几个例子可以看出，求不定积分时，首先要对被积函数作恒等变形后，先使用积分性质，然后使用相应的本节前例基本积分公式进行积分，其运算有较大的灵活性，这就需要熟记基本积分公式，通过做一定数量的练习，总结经验，才能逐渐掌握求原函数的基本技巧，更好理解不定积分的概念。这种直接利用公式和法则运算的方法就是直接积分法。

习题 4－1

求下列不定积分：

(1) $\int \left(\frac{2}{x} + \frac{x}{3}\right)^2 dx$　　(2) $\int \frac{dx}{x^2\sqrt{x}}$

(3) $\int \frac{x^4}{1+x^2}dx$　　(4) $\int \cos^2 \frac{x}{2}dx$

(5) $\int \cot^2 x\,dx$　　(6) $\int \frac{1+\cos^2 x}{1+\cos 2x}dx$

(7) $\int 3^x \cdot e^x\,dx$　　(8) $\int \sec x(\sec x - \tan x)dx$

(9) $\int \sqrt{1-\sin 2x}\,dx\left(0 < x < \frac{\pi}{4}\right)$　　(10) $\int \frac{e^{2x}-1}{e^x+1}dx$

(11) $\int \sin^2 \frac{x}{2} dx$　　(12) $\int \frac{\sqrt{x} - x^3 e^x + x^2}{x^3} dx$

(13) $\int \frac{x^2 - 2\sqrt{2}x + 2}{x - \sqrt{2}} dx$　　(14) $\int \frac{\sqrt{1 + x^2}}{\sqrt{1 - x^4}} dx$

(15) $\int \frac{1 + 2x^2}{x^2(1 + x^2)} dx$　　(16) $\int \frac{2 \cdot 3^x - 5 \cdot 2^x}{3^x} dx$

(17) $\int \frac{\cos 2x}{\cos^2 x \sin^2 x} dx$　　(18) $\int \frac{\cos 2x}{\cos x - \sin x} dx$

第二节　不定积分的第一类换元法

二维码 4－2

扫一扫，获取本节资源

在第一节已经看到不定积分的运算与求导和微分运算是互逆的，回顾复合函数的求导法则，有

$$\frac{d}{dx}[F(\varphi(x))] = F'(\varphi(x)) \cdot \varphi'(x) \qquad ①$$

被积函数是复合函数与它的下一层函数导数的乘积，对于此类函数，进行以下积分方式：

由原函数与不定积分的定义，从式①有

$$\int F'(\varphi(x))\varphi'(x)dx = F(\varphi(x)) + C$$

如果设 $F'(u) = f(u)$，$u = \varphi(x)$，则 $F'(\varphi(x)) = f(\varphi(x))$。由此得到不定积分的第一换元法"凑微分"。

定理 1　设 $\int f(u)du = F(u) + C$，$u = \varphi(x)$ 可导，则

$$\int f(\varphi(x))\varphi'(x)dx = F(\varphi(x)) + C = \int \left(f(u)du \Big|_{u=\varphi(x)}\right) \qquad ②$$

对以上不定积分的第一换元法，必须指出以下三点：

(1) 从式②可见，作变换 $\varphi(x) = u$ 时，被积表达式从"$f(\varphi(x))\varphi'(x)dx$"换成了"$f(u)du$"，相当于"$\varphi'(x)dx$"换成"$du$"。因此，不定积分的被积表达式 $f(u)du$ 可理解为函数 $f(u)$ 与 $u = \varphi(x)$ 的微分 du 的乘积，从而使用式②作不定积分时可按以下步骤进行：

$$\begin{aligned}\int g(x)dx &= \int f(\varphi(x))\varphi'(x)dx = \int f(\varphi(x))d\varphi(x) \\ &= \int f(u)du \Big|_{u=\varphi(x)} = F(u)\Big|_{u=\varphi(x)} + C \\ &= F(\varphi(x)) + C\end{aligned}$$

在上面的恒等变形中，要将被积表达式分解出 $\varphi'(x)\mathrm{d}x$ 凑成微分 $\mathrm{d}\varphi(x)$，因此不定积分的第一换元法又称为凑微分法。

（2）在凑微分时，要考虑不定积分 $\int f(u)\mathrm{d}u$ 可求。

（3）设 $\int f(u)\mathrm{d}u = F(u) + C$ 是某一个基本积分公式，由式②有

$$\int f(\varphi(x))\varphi'(x)\mathrm{d}x = \int f(\varphi(x))\mathrm{d}\varphi(x) = F(\varphi(x)) + C$$

表明了基本积分公式中的积分变量换成任一个可导函数，公式仍成立，这就大大扩充了基本积分公式的使用范围。

例 1 求 $\int \sin 3x\,\mathrm{d}x$。

解： $\int \sin 3x\,\mathrm{d}x = \frac{1}{3}\int \sin 3x\,\mathrm{d}(3x) = -\frac{1}{3}\cos 3x + C$

例 2 求 $\int x\sqrt{4-x^2}\,\mathrm{d}x$。

解： 令 $u = 4 - x^2$，则 $x\,\mathrm{d}x = -\frac{1}{2}\mathrm{d}(4-x^2) = -\frac{1}{2}\mathrm{d}u$，于是

$$\int x\sqrt{4-x^2}\,\mathrm{d}x = -\frac{1}{2}\int u^{\frac{1}{2}}\mathrm{d}u = -\frac{1}{2}\cdot\frac{2}{3}u^{\frac{3}{2}} + C = -\frac{1}{3}(4-x^2)^{\frac{3}{2}} + C$$

第一换元积分法使用熟练后，常常简化新的积分变量，如例 2 的解可写为

$$\int x\sqrt{4-x^2}\,\mathrm{d}x = -\frac{1}{2}\int (4-x^2)^{\frac{1}{2}}\mathrm{d}(4-x^2) = -\frac{1}{3}(4-x^2)^{\frac{3}{2}} + C$$

例 3 求 $\int \frac{\mathrm{d}x}{x(2+3\ln x)}$。

解： $\int \frac{\mathrm{d}x}{x(2+3\ln x)} = \frac{1}{3}\int \frac{\mathrm{d}(2+3\ln x)}{2+3\ln x} = \frac{1}{3}\ln|2+3\ln x| + C$

例 4 求 $\int \frac{\mathrm{d}x}{\cos^2 x(1+\tan x)}$。

解：

$$\begin{aligned}\int \frac{\mathrm{d}x}{\cos^2 x(1+\tan x)} &= \int \frac{\mathrm{d}(\tan x)}{1+\tan x}\\ &= \int \frac{\mathrm{d}(1+\tan x)}{1+\tan x}\\ &= \ln|1+\tan x| + C\end{aligned}$$

以上几例都是直接用凑微分求积分的。这里熟悉一些“凑微分”是非常有用的。下面介绍几个凑微分的等式供参考（以下 a，b 为常数，$a\neq 0$）：

$$\mathrm{d}x = \frac{1}{a}\mathrm{d}(ax+b)$$

$$x\,dx=\frac{1}{2}d(x^2)=\frac{1}{2a}d(ax^2+b)$$

$$\frac{dx}{x}=\frac{1}{a}d(a\ln|x|+b)$$

$$\frac{dx}{\sqrt{x}}=2d(\sqrt{x})=\frac{2}{a}d(a\sqrt{x}+b)$$

$$\frac{dx}{x^2}=-d\left(\frac{1}{x}\right)$$

$$e^x\,dx=d(e^x)$$

$$\cos x\,dx=d(\sin x)$$

$$\sin x\,dx=-d(\cos x)$$

$$\sec^2 x\,dx=d(\tan x)$$

$$\sec x\tan x\,dx=d(\sec x)$$

$$\frac{dx}{\sqrt{1-x^2}}d(\arcsin x)$$

$$\frac{dx}{1+x^2}=d(\arctan x)$$

例 5 求 $\int \sec^4 x\,dx$。

解：

$$\begin{aligned}\int \sec^4 x\,dx &= \int \sec^2 x\,d(\tan x)\\ &= \int (\tan^2 x+1)\,d(\tan x)=\frac{1}{3}\tan^3 x+\tan x+C\end{aligned}$$

例 6 求 $\int \sin^2 3x\,dx$。

解：此题可看作 $\int \sin mx\sin nx\,dx$ 的特例，由降幂公式

$$\int \sin^2 3x\,dx=\frac{1}{2}\int(1-\cos 6x)\,dx=\frac{x}{2}-\frac{1}{12}\sin 6x+C$$

例 7 求 $\int \sin^3 x\,dx$。

解：由于被积函数 $\sin^3 x$ 是奇次幂，故有 $\sin^3 x\,dx=\sin^2 x\cdot\sin x\,dx=(\cos^2-1)\,d(\cos x)$，于是

$$\int \sin^3 x\,dx=\int(\cos^2 x-1)\,d(\cos x)=\frac{1}{3}\cos^3 x-\cos x+C$$

比较例 6、例 7，读者想一想 $\int \cos^2 x\,dx$，$\int \cos^3 x\,dx$ 应如何求解。

本章上一节列出的基本积分公式中的公式（14）~（15），除了可用求导

运算验证外，还可用第一换元法证明，下面以例 8 为例。

例 8 求 $\int \frac{\mathrm{d}x}{x(x+2)}$。

解： 被积函数是一个真分式的有理函数，可用简化分母的方法求解，即把 $\frac{1}{x(x+2)}$ 拆成 $\frac{a}{x}+\frac{b}{x+2}$ 的形式，确定 a，b 的值，然后逐项积分。

因为 $\frac{1}{x(x+2)}=\frac{1}{2}\left(\frac{1}{x}-\frac{1}{x+2}\right)$，所以

$$\int \frac{\mathrm{d}x}{x(x+2)}=\frac{1}{2}\int \frac{\mathrm{d}x}{x}-\frac{1}{2}\int \frac{\mathrm{d}x}{x+2}=\frac{1}{2}\ln|x|-\frac{1}{2}\int \frac{\mathrm{d}(x+2)}{x+2}$$
$$=\frac{1}{2}\ln|x|-\frac{1}{2}\ln|x+2|+C=\frac{1}{2}\ln\left|\frac{x}{x+2}\right|+C$$

例 9 求 $\int \frac{4x-1}{(2x-1)^{100}}\mathrm{d}x$。

解： 因为 $4x-1=2(2x-1)+1$，所以

$$\int \frac{4x-1}{(2x-1)^{100}}\mathrm{d}x=2\int \frac{\mathrm{d}x}{(2x-1)^{99}}+\int \frac{\mathrm{d}x}{(2x-1)^{100}}$$
$$=\int \frac{\mathrm{d}(2x-1)}{(2x-1)^{99}}+\frac{1}{2}\int \frac{\mathrm{d}(2x-1)}{(2x-1)^{100}}$$
$$=-\frac{1}{98}\cdot\frac{1}{(2x-1)^{98}}-\frac{1}{198}\cdot\frac{1}{(2x-1)^{99}}+C$$

以上复合函数积分换元法是通过对被积函数变形后，遵守先法则后公式进行积分的。

习题 4－2

求下列不定积分：

(1) $\int (2x-3)^3\mathrm{d}x$　　(2) $\int \frac{3}{(1-2x)^2}\mathrm{d}x$

(3) $\int \frac{\mathrm{d}x}{\sqrt[3]{3-2x}}$　　(4) $\int \frac{\mathrm{d}x}{3x-5}$

(5) $\int (a+bx)^k\mathrm{d}x\ (b\neq 0)$　　(6) $\int \cos(\alpha-\beta x)\mathrm{d}x\ (\beta\neq 0)$

(7) $\int \tan 5x\,\mathrm{d}x$　　(8) $\int 10^{2x}\mathrm{d}x$

(9) $\int \frac{\mathrm{d}x}{\sin^2\left(2x+\frac{\pi}{4}\right)}$　　(10) $\int \frac{\mathrm{d}x}{\sqrt{1-25x^2}}$

(11) $\int \frac{dx}{1+9x^2}$　　(12) $\int \frac{\sqrt{\ln x}}{x}dx$

(13) $\int x^2\sqrt{1+x^3}\,dx$　　(14) $\int (2x-1)\cos(x^2-x+1)dx$

(15) $\int \frac{\arctan x}{1+x^2}dx$　　(16) $\int \frac{dx}{\sqrt{e^{2x}-1}}dx$

(17) $\int \tan^3 x\,dx$　　(18) $\int \frac{2x-1}{\sqrt{1-x^2}}dx$

(19) $\int \frac{dx}{(x-1)(x+2)}$　　(20) $\int xe^{-x^2}dx$;

(21) $\int \frac{e^{\arcsin x}}{\sqrt{1-x^2}}dx$　　(22) $\int \frac{2x+1}{(x-1)^8}dx$

第三节　定积分的概念性质公式

二维码 4－3

扫一扫，获取本节资源

一、定积分概念的产生

以求曲边梯形的面积为例。

一般地，由连续曲线 $y=f(x)(f(x)\geqslant 0)$、x 轴、直线 $x=a$、直线 $x=b$ $(a<b)$围成的曲边梯形（见图 4－2）的面积 A 不能直接用矩形面积公式计算，但如果曲边梯形的底边很窄，则 $f(x)$ 变化很小，可以近似地看作不变，从而可以用近似代替的方法来计算一般的曲边梯形的面积 A。其方法与步骤如下：

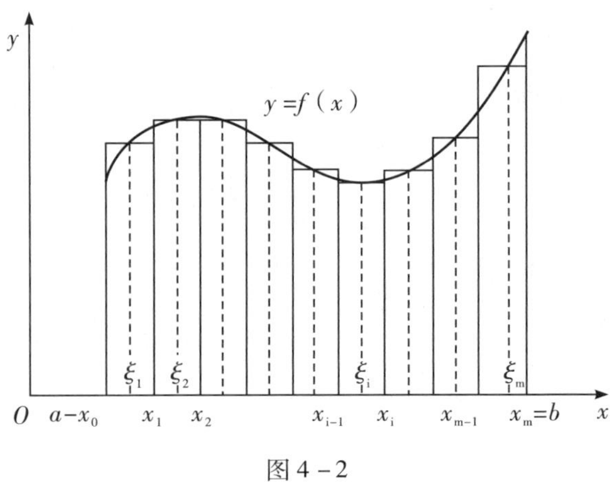

图 4－2

（1）分割。在区间$[a, b]$内任意插入 $n-1$ 个分点，有

$$a=x_0<x_1<x_2<\cdots<x_{n-1}<x_n=b$$

得到 n 个区间 $[x_0,x_1]$，$[x_1,x_2]$，$\cdots$，$[x_{n-1},x_n]$，记 $\Delta x_i=x_i-x_{i-1}$，则 Δx_i 为第 i（$i=1,\cdots,n$）个小区间的长度。过各分点作 x 轴的垂线，把曲边梯形分成 n 个窄曲边梯形。

（2）近似代替。在每个小区间 $[x_{i-1},x_i]$ 上任取一点 ξ_i，则第 i 个窄曲边梯形的面积 ΔA_i 可以用与它同底、高为 $f(\xi_i)$ 的窄矩形面积近似代替，即

$\Delta A_i\approx f(\xi_i)\Delta x_i$ [在 $\Delta x_i\to 0$ 时，$f(\xi_i)\Delta x$ 是 ΔA_i 的线性主部]

（3）求和。n 个窄矩形面积的和是所求曲边梯形的面积 A 的近似值，即

$$A\approx\sum_{i=1}^{n}f(\xi_i)\Delta x_i$$

（4）取极限。为了得到 A 的精确值，必须让每个小区间的长都趋于零。现用 λ 表示 n 个小区间长度的最大值，即 $\lambda=\max\{\Delta x_i\,|\,i=1,\cdots,n\}$，则和式 $\sum\limits_{i=1}^{n}f(\xi_i)\Delta x$ 在 $\lambda\to 0$ 时的极限是面积 A，即

$$A=\lim_{\lambda\to 0}\sum_{i=1}^{n}f(\xi_i)\Delta x_i$$

即定积分 $\int_a^b f(x)\mathrm{d}x$ 是积分和的极限，它是一个数，与函数 $f(x)$、区间 $[a,b]$ 有关，而与积分变量的选择无关，即

$$\int_a^b f(x)\mathrm{d}x=\int_a^b f(t)\mathrm{d}t=\int_a^b f(u)\mathrm{d}u$$

由定积分的定义可得定积分的几何意义：

在闭区间 $[a,b]$ 上，若函数 $f(x)\geqslant 0$，则 $\int_a^b f(x)\mathrm{d}x$ 在几何上表示由曲线 $y=f(x)$、直线 $x=a$、直线 $x=b$ 和 x 轴围成的曲边梯形的面积。

在 $[a,b]$ 上，若函数 $f(x)\leqslant 0$，则 $\int_a^b f(x)\mathrm{d}x$ 在几何上表示由曲线 $y=f(x)$、直线 $x=a$、直线 $x=b$ 和 x 轴围成的曲边梯形（在 x 轴的下方）的面积的相反数。

在 $[a,b]$ 上，$f(x)$有正有负时，如果我们约定位于 x 轴上方的面积为“正”、下方的面积为“负”，这时，$\int_a^b f(x)\mathrm{d}x$ 在几何上表示介于 x 轴及直线 $x=a$、直线 $x=b$ 和曲线 $y=f(x)$之间的各部分面积的代数和，如图 4-3 所示，即

$$\int_a^b f(x)\mathrm{d}x=A_1-A_2+A_3$$

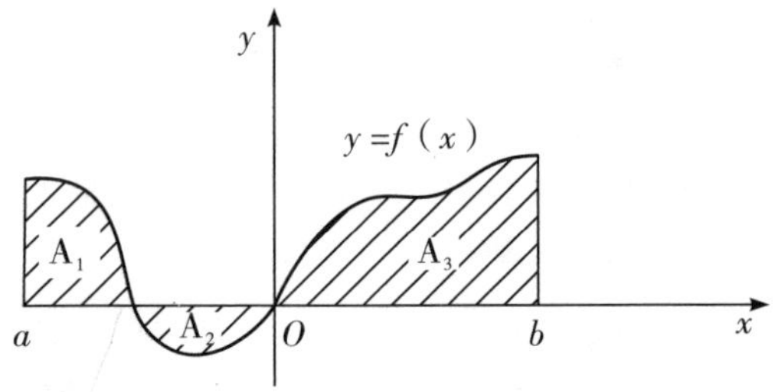

图 4 – 3

二、定积分的性质

下列函数都假设在积分区间上可积，积分下限未必小于积分上限。由定积分的定义、极限的性质和运算法则，可得定积分的性质

性质 1 $\int_a^b k\mathrm{d}x = k(b-a)$ （k 为常数）

性质 2 $\int_a^b [f(x) \pm g(x)]\,\mathrm{d}x = \int_a^b f(x)\mathrm{d}x \pm \int_a^b g(x)\mathrm{d}x$

性质 3 任意 $k \in \mathbf{R}$，$\int_a^b kf(x)\mathrm{d}x = k\int_a^b f(x)\mathrm{d}x$

性质 4 a，b，c 为常数，则

$$\int_a^b f(x)\mathrm{d}x = \int_a^c f(x)\mathrm{d}x + \int_c^b f(x)\mathrm{d}x$$

性质 4 称为定积分对积分区间的可加性。

三、计算定积分的值——微积分基本公式

定理 1 ［微积分基本公式（牛顿—莱布尼茨公式）］ 设 $f(x)$ 在 $[a,b]$ 上连续，$F(x)$ 是 $f(x)$ 在 $[a,b]$ 上的一个原函数，则

$$\int_a^b f(x)\mathrm{d}x = F(x)\Big|_a^b = F(b) - F(a)$$

例 1 求 $\int_0^1 x^3\mathrm{d}x$ 的值。

解： 由牛顿—莱布尼茨公式，得

$$\int_0^1 x^3\mathrm{d}x = \left[\frac{x^4}{4}\right]_0^1 = \frac{1}{4}$$

例 2 求 $\int_0^{\frac{\pi}{4}} \tan x\,\mathrm{d}x$ 的值。

解：$\int_0^{\frac{\pi}{4}} \tan x\,dx = -\left[\ln|\cos x|\right]_0^{\frac{\pi}{4}} = -\left(\ln\frac{\sqrt{2}}{2} - \ln 1\right) = -\frac{\ln 2}{2}$

例 3　计算 $\int_{-2}^{-1}\frac{dx}{x}$。

解：$\int_{-2}^{-1}\frac{dx}{x} = \left[\ln|x|\right]_{-2}^{-1} = -\ln 2$。

例 4　求 $\int_0^2|1-x|dx$ 的值。

解：被积函数是 $|1-x|$，不能直接用基本积分公式。由于 $0\leqslant x\leqslant 2$，$1-x$ 可正可负，因此由性质 4 定积分对积分区间的可加性，有

$$\begin{aligned}\int_0^2|1-x|dx &= \int_0^1(1-x)dx + \int_1^2(x-1)dx \\ &= \left[x-\frac{x^2}{2}\right]_0^1 - \left[\frac{x^2}{2}-x\right]_1^2 = 1\end{aligned}$$

必须指出：如果函数 $f(x)$ 在区间 $[a, b]$ 上除第一类间断点 c（$a<c<b$）外，在其余点都连续，由定积分的定义，则定积分 $\int_a^b f(x)dx$ 可按以下方法计算：

$$\int_a^b f(x)dx = \int_a^c f(x)dx + \int_c^b f(x)dx$$

例 5　函数 $f(x)=\begin{cases}x-1 & (x\leqslant 0)\\ x+1 & (x>0)\end{cases}$，求 $\int_{-1}^2 f(x)dx$ 的值。

解：$f(x)$ 在 $[-1, 2]$ 上除 $x=0$ 是它的第一类间断点外连续，有

$$\begin{aligned}\int_{-1}^2 f(x)dx &= \int_{-1}^0 f(x)dx + \int_0^2 f(x)dx \\ &= \int_{-1}^0(x-1)dx + \int_0^2(x+1)dx \\ &= \left[\frac{x^2}{2}-x\right]_{-1}^0 + \left[\frac{x^2}{2}+x\right]_0^2 = \frac{5}{2}\end{aligned}$$

四、变上限的定积分及其性质

定义 1　设函数 $f(t)$ 在 $[a,b]$ 上可积，$x\in[a,b]$，则变动上限的积分 $\int_a^x f(t)dt$ 是 x 的函数，称为变上限的定积分（也叫积分上限函数），记作 $\varphi(x)$。

必须指出，积分上限函数 $\int_a^x f(t)dt$ 对取定的 x，有确定的值（定积分的值），与积分变量 t 无关。

定理 2 设函数 $f(x)$ 在 $[a,b]$ 上连续，则积分上限函数 $\varphi(x)=\int_a^x f(t)\cdot dt$ 在 $[a,b]$ 上可导，且

$$\varphi'(x)=\int_a^x[f(t)dt]'=f(x)$$

例 6 $\varphi(x)=\int_a^x e^{t^2}dt$，求 $\varphi'(0)$。

解：由定理 2，$\varphi'(x)=e^{x^2}$，所以 $\varphi'(0)=1$。

读者经过练习，可以用积分法写出导数的含义。这对后续的求概率密度非常重要。

习题 4 - 3

1. 计算下列定积分：

(1) $\int_1^2\left(x+\frac{1}{x}\right)^2dx$　　(2) $\int_0^{\frac{\pi}{4}}\frac{1}{\cos^2 x}dx$

(3) $\int_1^{\sqrt{3}}\frac{dx}{1+x^2}$　　(4) $\int_0^{\frac{1}{2}}\frac{dx}{\sqrt{1-x^2}}$

(5) $\int_{-1}^0\frac{3x^4+3x^2+1}{x^2+1}dx$　　(6) $\int_1^{\sqrt{3}}\frac{dx}{x^2(x^2+1)}$

(7) $\int_0^{2\pi}\sqrt{1-\cos 2x}\,dx$　　(8) $\int_0^{\frac{\pi}{4}}\tan^2\theta\,d\theta$

(9) $\int_0^{\frac{\pi}{2}}\cos^2\frac{x}{2}dx$　　(10) $\int_1^4\sqrt{x}(1-\sqrt{x})dx$

(11) $\int_0^2\frac{dx}{x^2+4}$　　(12) $\int_0^1\frac{dx}{\sqrt{4-x^2}}$

(13) $\int_0^{\frac{\pi}{2}}|\sin x-\cos x|dx$　　(14) $\int_0^{\pi}\sqrt{1+\cos 2x}\,dx$

(15) $\int_0^{\pi}|\cos x|dx$　　(16) $\int_1^4|x-2|dx$

2. 求下列函数对 x 的导数：

(1) $y=\int_0^x\sqrt{1+t^2}\,dt$，求 $\left.\frac{dy}{dx}\right|_{x-1}$。

(2) $y=\int_{-x}^1\sin(t^2)dt$，求 $\frac{dy}{dx}$。

(3) $x=\int_0^t\cos u\,du$，$y=\int_0^t\sin u\,du$，求 $\frac{dy}{dx}$。

第四节 定积分的换元法

二维码 4－4

扫一扫，获取本节资源

牛顿—莱布尼茨公式提供了求定积分的简便而有效的直接方法，但是，有的定积分无法直接用基本积分公式计算，因此需要讨论积分计算的常用方法——换元法。

例 1 求 $\int_0^{\frac{\pi}{2}}\cos^3 t\sin t\,\mathrm{d}t$ 的值。

解：$\int_0^{\frac{\pi}{2}}\cos^3 t\sin t\,\mathrm{d}t=-\int_0^{\frac{\pi}{2}}\cos^3 t\,\mathrm{d}(\cos t)=-\frac{\cos^4 t}{4}\Big|_0^{\frac{\pi}{2}}=\frac{1}{4}$

例 2 计算 $\int_{-1}^{\sqrt{7}}2t\cdot\sqrt[3]{1+t^2}\,\mathrm{d}t$ 的值。

解：
$$\int_{-1}^{\sqrt{7}}2t\cdot\sqrt[3]{1+t^2}\,\mathrm{d}t=\int_{-1}^{\sqrt{7}}(1+t^2)^{\frac{1}{3}}\mathrm{d}(1+t^2)$$
$$=\frac{3}{4}\left[(1+t^2)^{\frac{4}{3}}\right]_{-1}^{\sqrt{7}}=\frac{3}{2}(8-\sqrt[3]{2})$$

以上积分方法和不定积分一致。

习题 4－4

计算下列定积分：

(1) $\int_{-2}^{-1}\frac{\mathrm{d}x}{(11+5x)^3}$ (2) $\int_2^{-13}\frac{\mathrm{d}x}{\sqrt[5]{(3-x)^4}}$

(3) $\int_0^{\frac{\pi}{2}}\cos^5 x\sin x\,\mathrm{d}x$ (4) $\int_{\frac{1}{\pi}}^{\frac{2}{\pi}}\frac{1}{y^2}\sin\frac{1}{y}\,\mathrm{d}y$

(5) $\int_1^{\mathrm{e}}\frac{1+\ln x}{x}\mathrm{d}x$ (6) $\int_0^1\frac{\mathrm{d}x}{\mathrm{e}^x+\mathrm{e}^{-x}}$

第五节 简介无穷积分

前面讨论的定积分是以积分区间为有限区间、被积函数有界为前提的，但有些实际问题需要突破这两条限制，需要在这两个方面推广定积分的概念，这就是本节要讨论的反常积分。

一、无穷区间上的反常积分

定义 1 设 a 为常数，对任意的实数 $b>a$，函数 $f(x)$ 在 $[a,b]$ 上连续，

则称式子 $\lim\limits_{b\to+\infty}\int_a^b f(x)\mathrm{d}x$ 为函数 $f(x)$ 在无穷区间 $[a,+\infty)$ 上的反常积分，记作 $\int_a^{+\infty}f(x)\mathrm{d}x$，即

$$\int_a^{+\infty}f(x)\mathrm{d}x=\lim_{b\to+\infty}\int_a^b f(x)\mathrm{d}x \quad ①$$

若式①中右边的极限存在，则称反常积分 $\int_a^{+\infty}f(x)\mathrm{d}x$ 收敛，极限值称为反常积分 $\int_a^{+\infty}f(x)\mathrm{d}x$ 的值；若式①中的极限不存在，则称反常积分 $\int_a^{+\infty}f(x)\mathrm{d}x$ 发散。

类似地，定义函数 $f(x)$ 在无穷区间 $(-\infty,b]$ 上的反常积分

$$\int_{-\infty}^b f(x)\mathrm{d}x=\lim_{a\to-\infty}\int_a^b f(x)\mathrm{d}x \quad ②$$

以及反常积分 $\int_{-\infty}^b f(x)\mathrm{d}x$ 收敛与发散的概念。

设函数 $f(x)$ 在 $(-\infty,+\infty)$ 上连续，用加号连接反常积分 $\int_{-\infty}^a f(x)\mathrm{d}x$，$\int_a^{+\infty}f(x)\mathrm{d}x$（$a$ 为常数）所成的式子，称为函数 $f(x)$ 在 $(-\infty,+\infty)$ 上的反常积分，记作 $\int_{-\infty}^{+\infty}f(x)\mathrm{d}x$，即

$$\int_{-\infty}^{+\infty}f(x)\mathrm{d}x=\int_{-\infty}^a f(x)\mathrm{d}x+\int_a^{+\infty}f(x)\mathrm{d}x\text{（}a\text{ 为任一取定的实数）} \quad ③$$

当式③右端的两个反常积分同时收敛，则称反常积分 $\int_{-\infty}^{+\infty}f(x)\mathrm{d}x$ 收敛。这时，$\int_{-\infty}^{+\infty}f(x)\mathrm{d}x$ 有值且为 $\int_{-\infty}^a f(x)\mathrm{d}x$ 与 $\int_a^{+\infty}f(x)\mathrm{d}x$ 的和。当式③右端的两个反常积分至少有一个发散，则称反常积分 $\int_{-\infty}^{+\infty}f(x)\mathrm{d}x$ 发散。

以上三种反常积分统称无穷区间上的反常积分。讨论它们的敛散性关键是讨论 $\int_a^{+\infty}f(x)\mathrm{d}x$ 与 $\int_{-\infty}^a f(x)\mathrm{d}x$ 的敛散性，由式①、式②分别先求定积分，再看相应的极限是否存在，就可以判断它们的敛散性了。

例 1 讨论反常积分 $\int_0^{+\infty}\mathrm{e}^{-x}\mathrm{d}x$ 的敛散性。

解： $\int_0^{+\infty}\mathrm{e}^{-x}\mathrm{d}x=\lim\limits_{b\to+\infty}\int_0^b\mathrm{e}^{-x}\mathrm{d}x=\lim\limits_{b\to+\infty}-[\mathrm{e}^{-x}]_0^b=\lim\limits_{b\to+\infty}(1-\mathrm{e}^{-b})=1$

因此，$\int_0^{+\infty}\mathrm{e}^{-x}\mathrm{d}x$ 收敛。例 1 的几何意义，就是由曲线 $y=\mathrm{e}^{-x}$、x 轴、y 轴围

成的图形面积为1。

计算无穷区间上的反常积分时，为了书写方便，实际运算中常常略去极限符号，形式上直接利用牛顿—莱布尼茨公式的计算格式（注意是形式上）。

设 $F(x)$ 为连续函数 $f(x)$ 的一个原函数，记

$$F(+\infty)=\lim_{x\to+\infty}F(x),\quad F(-\infty)=\lim_{x\to-\infty}F(x)$$

则

$$\int_a^{+\infty}f(x)\mathrm{d}x=F(x)\Big|_a^{+\infty}=F(+\infty)-F(a)$$

$$\int_{-\infty}^{b}f(x)\mathrm{d}x=F(x)\Big|_{-\infty}^{b}=F(b)-F(-\infty)$$

$$\int_{-\infty}^{+\infty}f(x)\mathrm{d}x=F(x)\Big|_{-\infty}^{+\infty}=F(+\infty)-F(-\infty)$$

以上反常积分的收敛与发散分别取决于极限 $F(+\infty)$、$F(-\infty)$ 是否存在或是否同时存在。

例 2 计算反常积分：(1) $\int_{-\infty}^{+\infty}\frac{\mathrm{d}x}{1+x^2}$；(2) $\int_{\mathrm{e}}^{+\infty}\frac{\mathrm{d}x}{x\ln x}$。

解：(1) $\int_{-\infty}^{+\infty}\frac{\mathrm{d}x}{1+x^2}=(\arctan x)\Big|_{-\infty}^{+\infty}=\frac{\pi}{2}-\left(-\frac{\pi}{2}\right)=\pi$

(2) $\int_{\mathrm{e}}^{+\infty}\frac{\mathrm{d}x}{x\ln x}=\int_{\mathrm{e}}^{+\infty}\frac{\mathrm{d}(\ln x)}{x\ln x}=[\ln(\ln x)]_{\mathrm{e}}^{+\infty}=+\infty$

反常积分 $\int_{\mathrm{e}}^{+\infty}\frac{\mathrm{d}x}{x\ln x}$ 发散。

二、无界函数的反常积分

定义 2 设函数 $f(x)$ 在 $(a,b]$ 上连续，$\lim_{x\to a^+}f(x)=\infty$，取 $\varepsilon>0$，则称式子 $\lim_{\varepsilon\to0^+}\int_{a+\varepsilon}^{b}f(x)\mathrm{d}x$ 为函数 $f(x)$ 在 $(a,b]$ 上的反常积分，记作 $\int_{a^+}^{b}f(x)\mathrm{d}x$［或 $\int_a^b f(x)\mathrm{d}x$］，即

$$\int_{a^+}^{b}f(x)=\lim_{\varepsilon\to0^+}\int_{a+\varepsilon}^{b}f(x)\mathrm{d}x \qquad ④$$

若式④中右边的极限存在，则称反常积分 $\int_{a^+}^{b}f(x)\mathrm{d}x$ 收敛，极限值为反常积分 $\int_{a^+}^{b}f(x)\mathrm{d}x$ 的值，否则称反常积分 $\int_{a^+}^{b}f(x)\mathrm{d}x$ 发散。

类似地，设函数 $f(x)$ 在 $[a,b)$ 上连续，$\lim_{x\to b^-}f(x)=\infty$，可以定义函数 $f(x)$ 在 $(a,b]$ 上的反常积分

$$\int_a^{b^-} f(x)\,\mathrm{d}x = \lim_{\varepsilon \to 0^+}\int_a^{b-\varepsilon} f(x)\,\mathrm{d}x \quad ⑤$$

以及它的收敛与发散的概念。

若函数$f(x)$在闭区间$[a,b]$上除点c $(a<c<b)$外处处连续，c为$f(x)$的无穷间断点。用加号连接反常积分$\int_a^{c^-} f(x)\,\mathrm{d}x$，$\int_{c^+}^b f(x)\,\mathrm{d}x$的式子称为$f(x)$在$[a, b]$上的反常积分，记作$\int_a^b f(x)\,\mathrm{d}x$，即

$$\int_a^b f(x)\,\mathrm{d}x = \int_a^{c^-} f(x)\,\mathrm{d}x + \int_{c^+}^b f(x)\,\mathrm{d}x \quad ⑥$$

若式⑥右端的两个反常积分同时收敛，则称反常积分$\int_a^b f(x)\,\mathrm{d}x$收敛。这时$\int_a^b f(x)\,\mathrm{d}x$有值，且为$\int_a^{c^-} f(x)\,\mathrm{d}x$与$\int_{c^+}^b f(x)\,\mathrm{d}x$的和；若式⑥右端的两个反常积分至少有一个发散，则称反常积分$\int_a^b f(x)\,\mathrm{d}x$发散。

式④～⑥表示的三种反常积分统称无界函数的反常积分，这类反常积分又称为瑕积分；式④～⑥的无穷间断点a,b,c都称为$f(x)$的瑕点。

讨论无界函数的反常积分的敛散性与无穷区间上的反常积分一样，首先在挖去瑕点的区间上求定积分，然后看极限是否存在，以判断它们的敛散性。

计算无界函数的反常积分时，为了书写的方便，也常常略去极限符号，形式上直接利用牛顿—莱布尼茨公式的计算格式。

设$F(x)$为$f(x)$在挖去瑕点的区间上的一个原函数。则有

（1）仅a为瑕点时，$\int_{a^+}^b f(x)\,\mathrm{d}x = F(x)\Big|_{a^+}^{b} = F(b) - F(a^+)$。

（2）仅b为瑕点时，$\int_a^{b^-} f(x)\,\mathrm{d}x = F(x)\Big|_a^{b^-} = F(b^-) - F(a)$。

以上$F(a^+) = \lim\limits_{x\to a^+} F(x)$，$F(b^-) = \lim\limits_{x\to b^-} F(x)$。这些极限是否存在，就决定了相应的反常积分是收敛还是发散。

例 3 计算$\int_0^a \frac{\mathrm{d}x}{\sqrt{a^2-x^2}}$ $(a>0)$。

解： $\lim\limits_{x\to a^+}\frac{1}{\sqrt{a^2-x^2}} = \infty$，$a$是它的一个瑕点。于是，

$$\int_0^a \frac{\mathrm{d}x}{\sqrt{a^2-x^2}} = \arcsin\frac{x}{a}\Big|_0^a = \frac{\pi}{2}$$

例 3 的几何意义如图 4－4 所示，即位于曲线$y=\frac{1}{\sqrt{a^2-x^2}}$之下，$x$轴之

上，直线 $x=a$ 及与 y 轴之间所围图形的面积。

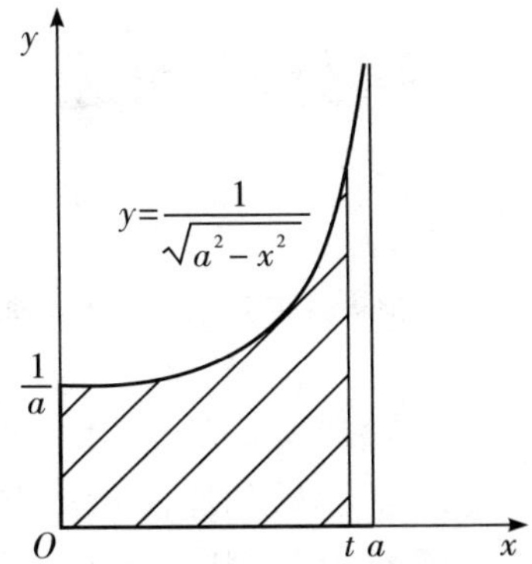

图 4－4

定积分运用在经济函数中，投资理财会用这方面的知识。

这部分知识对连续函数概率运算有帮助。

第五章　积分学的经济应用

本章以不定积分和定积分的基本运算知识为基础，主要表现下列两部分知识应用：

第一部分，讨论积分学在经济函数中的应用。积分学在经济方面的应用主要表现在以下三个方面：求边际函数的原函数；求边际函数的原函数总经济量的极值；研究资本投资和经营及规划问题。

第二部分，积分学在解微分方程的理论应用和微分方程的在经济学中的实际应用。

第一节　定积分的经济实践应用

二维码 5-1
扫一扫，获取本节资源

定积分在经济上有广泛的应用，以下解决一些经济方面常见的应用实例，让学员体验数学在现实生活中的应用，加强学生用积分思想建立积分表达式来解决实际经济问题的基本能力。

一、由边际函数求总函数

由于总量函数（如总成本、总收益、总利润）的导数就是边际函数，则边际函数的定积分就能分别求出总量函数。如：

总成本函数　$C(x)=\int_0^x C'(x)\mathrm{d}x+C_0$

总收益函数　$R(x)=\int_0^x R'(x)\mathrm{d}x$

总利润函数　$L(x)=\int_0^x [R'(x)-C'(x)]\mathrm{d}x-C_0$

例 1　某工厂生产商品的边际成本 $C'(q)=25+30q-9q^2$，固定成本 55 元，试求总成本函数 $C(q)$、平均成本函数和变动成本函数。

解：总成本函数　$C(q)=55+\int_0^q (25+30x-9x^2)\mathrm{d}x$

$=55+25q+15q^2-3q^3$

平均成本函数　$\overline{C}(q)=\dfrac{C(q)}{q}=\dfrac{55}{q}+25+15q-3q^2$

变动成本函数　　　$C(q)=25q+15q^2-3q^3$

例 2　设某地区的当地消费者个人收入为 x 时，消费者的个人消费支出变化率为 $Q'(x)=\frac{15}{\sqrt{x}}$，当消费者的个人收入由 900 元增加到 1 600 元时，问消费者的消费支出增加多少？

解：$Q=\int_{900}^{1\,600}Q'(x)\mathrm{d}x=\int_{900}^{1\,600}\frac{15}{\sqrt{x}}\mathrm{d}x=30\times\sqrt{x}\Big|_{900}^{1\,600}=300$（元）。

例 3　某企业的边际收益为 $R'(q)=3-0.2q$，q 为销售量，求企业的总收益函数 $R(q)$，并确定最高收益的大小。

解：假定产销量为 0 时总收益为 0，那么总收益函数为：

$$R(q)=\int_0^q R'(x)\mathrm{d}x=\int_0^q(3-0.2x)\mathrm{d}x=3q-0.1q^2$$

令 $R'(q)=3-0.2q=0$，得驻点 $q=15$，由驻点唯一知道，当 $q=15$ 时最高收益为

$$(3q-0.1q^2)\big|_{q=15}=22.5$$

二、由边际函数求总量函数的极值

设边际收益 $R'(x)$，边际成本 $C'(x)$，固定成本 C_0。已知 $R'(x)=C'(x)$，即 $x=x_0$ 时利润最大，则最大利润

$$L(x_0)=\int_0^{X_0}[R'(x)-C'(x)]\mathrm{d}x-C_0$$

例 4　已知某石油公司经营一块油田的边际收益和边际成本分别为$R'(t)=q-t^{\frac{1}{3}}$（百万元/年），$C'(t)=1+3t^{\frac{1}{3}}$（百万元/年）。求该油田的最佳经营时间，以及在经营终止时获得的总利润（已知固定成本为 4 百万元，q 为实数）。

解：由最大利润原理，$R'(x)=C'(x)$，则 $q-t^{\frac{1}{3}}=1+3t^{\frac{1}{3}}$，得 $t=\frac{(q-1)^3}{64}$，所以总利润为

$$\begin{aligned}L&=\int_0^{\frac{(q-1)^3}{64}}(R'(t)-C'(t))\mathrm{d}t-4\\&=\int_0^{\frac{(q-1)^3}{64}}(q-t^{\frac{1}{3}}-1-3t^{\frac{1}{3}})\mathrm{d}t-4\\&=\left[(q-1)t-3t^{\frac{4}{3}}\right]\Big|_0^{\frac{(q-1)^3}{64}}-4=\frac{(q-1)^4}{256}-4\end{aligned}$$

所以，油田的最佳经营时间 $t=\frac{(q-1)^3}{64}$（年），经营终止时获得的总利润

$\frac{(q-1)^4}{256}-4$（百万元）。

例5 设企业生产某种产品每天生产用 x 单位时的固定成本 $C_0=100$ 元，边际成本 $C'(x)=0.6x+20$（元/单位），边际收益 $R'(x)=38$（元/单位），求：

（1）每天生产多少个单位利润最大？利润最大是多少？

（2）从利润最大时的产量又生产了10个单位产品，总利润是多少？

解：（1）由最大利润的原则知，当 $R'(x)=C'(x)$ 时利润最大，即 $38=0.6x+20$。从而得 $x_0=30$，即 $x_0=30$ 利润最大，这时最大利润为

$$L(30)=\int_0^{30}(R'(x)-C'(x))\mathrm{d}x-C_0$$

$$=\int_0^{30}(38-0.6x-20)\mathrm{d}x-100=170\text{（元）}$$

（2）$L=\int_{30}^{40}(R'(x)-C'(x))\mathrm{d}x=(-0.3x^2+18x)\Big|_{30}^{40}=-30$（元）

三、资本现值与投资问题

现有本金为 p_0 元，以年利率 r 的连续复利计算，t 年后的本利和 $A(t)=P_0\mathrm{e}^{rt}$。反之，若某项投资资本金 t 年后的本利和 A 已知，则按连续复利计算，现在应有资本金 $P_0=A\mathrm{e}^{-rt}$。称 p_0 为资本现值。

在时间区间 $[0,T]$ 内，t 时刻的单位时间收入为 $A(t)$，称此为收入率，按年利率 r 的连续复利计算，则在时间区间 $[t,t+\mathrm{d}t]$ 内的收入现值为 $A(t)\mathrm{e}^{-rt}\mathrm{d}t$，在 $[0,T]$ 内得到总收入现值为：

$$P=\int_0^T A(t)\mathrm{e}^{-rt}\mathrm{d}t$$

特别地：当收入率为常数 A 时，有

$$P=\int_0^T A\mathrm{e}^{-rt}\mathrm{d}t=\frac{A}{r}(1-\mathrm{e}^{-rT})$$

纯收入的贴现值 = 总收入现值 − 总投资

例6 设某企业给出一笔投资 B，经测算该企业可按每天 a 元的均匀率获得收入，若干年利率为 r，试求该投资的纯收入贴现值及收回该笔投资的时间。

解：因收入率为 a，年利率为 r，故投资 T 年后总收入的现值为

$$P=\int_0^T a\mathrm{e}^{-rt}\mathrm{d}t=\frac{a}{r}(1-\mathrm{e}^{-rT})$$

从而投资所得纯收入的贴现值为

$$R = P - B = \frac{a}{r}(1 - e^{-rT}) - B$$

收回投资所用的时间，也即总收入现值等于投资，故有$\frac{a}{r}(1 - e^{-rT}) = B$。由此解得收回投资的时间

$$T = \frac{1}{r}\ln\frac{a}{a - Br}$$

例 7　已知某企业投资 1 000 万元，年利率为 5%，设 20 年内均收入为 $a = 200$ 万元。问：总收入的现值？投资所得纯收入？收回投资的时间？

解：总收入的现值　$P = \frac{a}{r}(1 - e^{-rT}) = \frac{200}{0.05}(1 - e^{-0.05 \times 20})$

$$= 4\,000\,(1 - e^{-1}) \approx 2\,528.48\ (\text{万元})$$

投资所得的纯收入　$R = P - B = 2\,528.48 - 1\,000 = 1\,528.5$（万元）

收回投资的时间　$T = \frac{1}{r}\ln\frac{a}{a - Br} = \frac{1}{0.05}\ln\frac{200}{200 - 1\,000 \times 0.05}$

$$= 20\ln\frac{4}{3} \approx 5.75\ (\text{年})$$

习题 5 - 1

1. 设某大型投资项目，其投资成本为 $B = 10\,000$（万元），投资年利率为 5%，每年的收入率为 $a = 2\,000$（万元），求该投资为无限期时的纯收入贴现值。

2. 已知某种产品每天生产 x 个单位时的固定成本为 20 元，其边际成本函数为 $C'(x) = 0.4x + 2$（元/单位），求总成本函数 $C(x)$。如果这种产品规定每单位的销售收入 18 元，且产品全部售出，求总利润函数 $L(x)$，并求每天生产多少单位才能获得最大利润？

3. 设工厂生产某种产品的边际成本函数 $C'(x) = x + 24$，固定成本为 1 000元，求总成本函数 $C(x)$。

第二节　积分学解微分方程和微分方程的解及应用

二维码 5 - 2

扫一扫，获取本节资源

在管理和工程技术中，表示客观事物的变量之间的函数关系，经常不能直接得到所求的函数关系，只能得到含有未知函数的导数或微分的关系式，即微分方程。因此，微分方程是描述客观事物数量关系的一种重要的数学模

型。本节主要介绍积分学的理论应用——解微分方程，再学习微分方程的基本概念、几种常用的一阶微分方程的解法和微分方程解实际问题。

一、一阶微分方程的基本概念

什么是微分方程？什么是一阶微分方程？什么是微分方程的阶？什么是微分方程的解、通解、特解？

例1 曲线过点（1，2），曲线上各点处的切线斜率等于该点横坐标的平方，求此曲线方程。

解：设 $M(x, y)$ 为所求曲线 $y=f(x)$ 上的任意点，在该点曲线的切线斜率为 y'。依题意有：

$$y'=x^2 \quad ①$$

两边积分，得

$$y=\frac{1}{3}x^3+C \quad ②$$

上式表示的是曲线上任意一点的切线的斜率为 x^2 的所有曲线。但要求的是过点(1,2)的曲线，即 $x=1$，$y=2$，将其代入上式，得 $C=\frac{5}{3}$，所以

$$y=\frac{1}{3}x^3+\frac{5}{3} \quad ③$$

为所求的曲线方程。

定义1 含有未知函数的导数或微分的方程称为微分方程。特别地，当未知函数为一元函数时，该微分方程称为常微分方程。微分方程中出现的未知函数各阶导数的最高阶数称为微分方程的阶。如上例中的 $y'=x^2$（或$\frac{\mathrm{d}y}{\mathrm{d}x}=x^2$）为一阶微分方程。此外有 $y'+xy^2=0$，$x\mathrm{d}y+y\mathrm{d}x=0$，$y''+2y'+y=3x^2+1$，…也都是微分方程。

定义2 如果一个已知函数代替微分方程中未知函数后，使该方程成为恒等式，则称这个已知函数为该微分方程的解。

例如上例中的式②和式③表示的函数都是方程①的解。

对于一阶微分方程的初始条件是 $y|_{x=x_0}=y_0$；对于二阶微分方程 $y''=f(x,y,y')$ 的初始条件通常是 $y|_{x=x_0}=y_0$，$y'|_{x=x_0}=y'_0$。

从上面的例题中可以看出，微分方程的解有两种形式：微分方程的解中含有任意常数，且独立的任意常数的个数与微分方程的阶数相同，这样的解称为微分方程的通解或一般解。由于方程①是一阶的，且式②中有一个独立的任意常数，因此式②是方程①的通解。

由于通解是含有任意常数，它还不完全确定，要得到完全确定地反映客

观事物的规律曲线，必须根据具体问题给定的初始条件，从初始条件得到通解中任意常数的值，从而得到微分方程不含任意常数的解。这种不含任意常数的解称为微分方程的特解。如式③是方程②的特解。

微分方程特解的图形是一条曲线，称为微分方程的积分曲线。通解的图形是一族积分曲线。

例 2　验证 $y=C_1\sin x+C_2\cos x$ 是微分方程 $y''+y=0$ 的通解，并求满足初始条件 $y(0)=0$，$y'(0)=1$ 的特解。

解：因为 $y'=C_1\cos x-C_2\sin x$，$y''=-C_1\sin x-C_2\cos x$，把 y 和 y'' 代入微分方程左端得

$$y''+y=-C_1\sin x-C_2\cos x+C_1\sin x+C_2\cos x=0$$

又 $y=C_1\sin x+C_2\cos x$ 中有两个独立的任意常数，方程 $y''+y=0$ 是二阶的，所以 $y=C_1\sin x+C_2\cos x$ 是该微分方程的通解。

由初始条件 $y(0)=0$，$y'(0)=1$，解得 $C_1=1$，$C_2=0$，于是满足所给初始条件的特解是 $y=\sin x$。

二、一阶微分方程的基本类型和解

一阶微分方程的一般形式为

$$y'=F(x,y) \qquad ①$$

1. 可分离变量的一阶微分方程

如果一阶微分方程式①可以化为形如

$$g(y)\mathrm{d}y=f(x)\mathrm{d}x \qquad ②$$

的形式，则称式②为可离变量的一阶微分方程。

这类方程的特点是：方程经过适当变形，可以将含有同一变量的函数与微分分离到等式的同一端。这类方程的具体解法如下：

（1）分离变量，将方程变形为式②。

（2）可以证明，式②两边分别对各自的变量积分，即 $\int g(y)\mathrm{d}y=\int f(x)\mathrm{d}x$，得方程的通解

$$G(y)=F(x)+C \qquad ③$$

其中，$G(y)$，$F(x)$ 分别是 $g(y)$，$f(x)$ 的一个原函数。

例 3　求微分方程 $y'-\mathrm{e}^y\sin x=0$ 的通解。

解：将方程分离变量，得

$$\mathrm{e}^{-y}\mathrm{d}y=\sin x\,\mathrm{d}x$$

两边积分 $\int\mathrm{e}^{-y}\mathrm{d}y=\int\sin x\,\mathrm{d}x$，得方程的通解

$$\cos x - e^{-y} = C$$

其中 C 为任意常数。

这个通解是以隐函数形式给出的，也可以显化为 $y = -\ln(\cos x - C)$。解方程中，如果积分后出现对数，都应做类似上述的讨论。

例 4 求微分方程 $(1+e^x)yy' = e^x$ 满足初值条件 $y|_{x=0}=1$ 的特解。

解：方程变形后分离变量得 $y\mathrm{d}y = \dfrac{e^x}{1+e^x}\mathrm{d}x$，两边积分得方程通解

$$\frac{1}{2}y^2 = \ln(1+e^x) + C$$

由初值条件 $y|_{x=0}=1$，得 $C=\dfrac{1}{2}-\ln 2$，故所求特解为

$$y^2 = 2\ln(1+e^x) + 1 - 2\ln 2$$

有的微分方程不是可分离变量的，但通过适当的变换，使新变量是可分离变量的方程，然后再用以上的方法求解这些方程。

2. 一阶线性微分方程

形如

$$\frac{\mathrm{d}y}{\mathrm{d}x} + P(x)y = Q(x) \quad ①$$

的方程（其中 $P(x)$，$Q(x)$ 是 x 是已知函数），称为一阶线性微分方程，$Q(x)$ 称为自由项。

如果 $Q(x)=0$，方程①变为

$$\frac{\mathrm{d}y}{\mathrm{d}x} + P(x)y = 0 \quad ②$$

方程②称为一阶线性齐次微分方程；如果 $Q(x)$ 不恒为零时，方程①称为一阶线性非齐次微分方程，并称方程②是可分离变量的方程。

分离变量得

$$\frac{\mathrm{d}y}{y} = -P(x)\mathrm{d}x$$

两边积分得

$$\ln y = -\int P(x)\mathrm{d}x + \ln C$$

故

$$y = Ce^{-\int P(x)\mathrm{d}x} \quad ③$$

式③是一阶线性齐次微分方程②的通解。为了书写方便，约定以后不定积分只表示被积函数的一个原函数，如 $\int P(x)\mathrm{d}x$ 是 $P(x)$ 的一个原函数。

比较式①、式②两个方程，可以设想方程①的解具有

$$y = C(x)e^{-\int P(x)dx} \quad ④$$

的形式，其中 $C(x)$ 是 C 的常数变异法［或待定系数设 $C = C(x)$］。

要使式④是方程①的解，将式④求导后代入方程①，得

$$C'(x)e^{-\int P(x)dx} - P(x)C(x)e^{-\int P(x)dx} + P(x)C(x)e^{-\int P(x)dx} = Q(x)$$

即
$$C'(x) = Q(x)e^{\int P(x)dx}$$

两边积分，得
$$C(x) = \int Q(x)e^{\int P(x)dx}dx + C$$

因此，一阶线性非齐次微分方程①的通解为

$$y = e^{-\int P(x)dx}\left[\int Q(x)e^{\int P(x)dx}dx + C\right] \quad ⑤$$

不难看出，式③是对应的一阶线性齐次微分方程②的通解，而式⑤是一阶线性非齐次微分方程①的通解。

例 5　求微分方程 $(\cos x)y' + (\sin x)y = 1$ 的通解。

解法 1　原方程即 $y' + (\tan x)y = \sec x$。用常数变易法：

先求 $y' + (\tan x)y = 0$ 的通解，分离变量得

$$\frac{dy}{y} = -\tan x\,dx,$$

两边积分，得
$$\ln y = \ln\cos x + \ln C_1$$

故
$$y = C_1\cos x$$

变换常数 C_1，令 $C_1 = C(x)$，有 $y = C(x)\cos x$，则

$$y' = C'(x)\cos x - C(x)\sin x$$

把 y，y' 代入原方程，得

$$[C'(x)\cos x - C(x)\sin x] + C(x)\cos x\tan x = \sec x$$

整理得
$$C'(x) = \sec^2 x$$

于是
$$C(x) = \tan x + C$$

把 $C(x) = \tan x + C$ 代入 $y = C(x)\cos x$ 中，得到该非齐次方程的通解

$$y = (\tan x + C)\cos x$$

解法 2　利用通解公式⑤求解，这时必须把方程化成式①的形式。$P(x) = \tan x$，$Q(x) = \sec x$，故

$$\begin{aligned} y &= e^{-\int P(x)dx}\left[\int Q(x)e^{\int P(x)dx}dx + C\right] \\ &= e^{-\int \tan x\,dx}\left[\int \sec x\,e^{\int \tan x\,dx}dx + C\right] \\ &= e^{\ln\cos x}\left[\int \sec x\,e^{-\ln\cos x}dx + C\right] \end{aligned}$$

$$= \cos x\left(\int \sec^2 x \, \mathrm{d}x + C\right)$$

$$= (\tan x + C)\cos x$$

例 6 求微分方程式 $x^2\mathrm{d}y + (2xy - x + 1)\mathrm{d}x = 0$ 满足初值条件 $y|_{x=1} = 0$ 的特解。

解：将原方程变形为

$$\frac{\mathrm{d}y}{\mathrm{d}x} + \frac{2}{x}y = \frac{x-1}{x^2}$$

直接利用公式，有 $P(x) = \frac{2}{x}$，$Q(x) = \frac{x-1}{x^2}$，故

$$y = \mathrm{e}^{-\int P(x)\mathrm{d}x}\left[\int Q(x)\mathrm{e}^{\int P(x)\mathrm{d}x}\mathrm{d}x + C\right]$$

$$= \mathrm{e}^{-\int \frac{2}{x}\mathrm{d}x}\left(\int \frac{x-1}{x^2}\mathrm{e}^{\int \frac{2}{x}\mathrm{d}x}\mathrm{d}x + C\right)$$

$$= \frac{1}{x^2}\left(\int \frac{x-1}{x^2} \cdot x^2\mathrm{d}x + C\right)$$

$$= \frac{1}{x^2}\left(\int (x-1)\mathrm{d}x + C\right)$$

$$= \frac{1}{x^2}\left(\frac{x^2}{2} - x + C\right)$$

所以原方程的通解为

$$y = \frac{1}{x^2}\left(\frac{1}{2}x^2 - x + C\right) = \frac{1}{2} - \frac{1}{x} + \frac{C}{x^2}$$

把初值条件 $y|_{x=1} = 0$ 代入上式，得 $C = \frac{1}{2}$。故所求方程的特解为

$$y = \frac{1}{2} - \frac{1}{x} + \frac{1}{2x^2}$$

3. 一阶微分方程在经济学中的应用

例 7 设某广告公司的纯利润 L 对广告费 x 的变化率 $\frac{\mathrm{d}L}{\mathrm{d}x}$ 与常数 A 和纯利润 L 之差成正比，当 $x = 0$，$L = L_0$ 时，试求纯利润 L 与广告费 x 之间的函数关系。

解：由题义列方程为

$$\begin{cases} \frac{\mathrm{d}L}{\mathrm{d}x} = k(A - L) \\ L|_{x=0} = L_0 \end{cases}$$

分离变量积分得

$$\int \frac{\mathrm{d}L}{A-L}=\int k\mathrm{d}x$$

$$-\ln(A-L)=kx+\ln C_1$$

即
$$A-L=C\mathrm{e}^{-kx}\quad\left(其中\ C=\frac{1}{C_1}\right)$$

$$L=A-C\mathrm{e}^{-kx}$$

将上式代入初始条件得：

$$L=A-(A-L_0)\mathrm{e}^{-kx}$$

例 8　在商品市场中，设某商品的市场价格 $P=P(t)$ 随时间 t 变动，其需求函数为 $D_d=b-aP\ (a,b>0)$，供给函数为 $D_s=-d+cP\ (c,d>0)$，又设价格 P 随时间 t 的变化率与超额需求（D_d-D_s）成正比，求价格函数 $P=P(t)$。

解：由题意，价格函数 $P=P(t)$ 满足微分方程：

$$\begin{cases}\dfrac{\mathrm{d}P}{\mathrm{d}t}=A(D_d-D_s)=-A(a+c)P+A(b+d)\\ P|_{t=0}=P(0)\end{cases}$$

利用一阶线性微分方程的通解公式可得

$$\begin{aligned}P&=\mathrm{e}^{-\int A(a+c)\mathrm{d}t}\left[\int A(b+d)\mathrm{e}^{\int A(a+c)\mathrm{d}t}\mathrm{d}t+C_1\right]\\&=\mathrm{e}^{-A(a+c)t}\left[\frac{A(b+d)}{A(a+c)}\mathrm{e}^{A(a+c)t}+C_1\right]\\&=\frac{b+d}{a+c}+C_1\mathrm{e}^{-A(a+c)t}\end{aligned}$$

由初始条件得 $t=0$，$P=P(0)$，得 $C_1=P(0)-\dfrac{b+d}{a+c}$，代入上式得

$$P=\left[P(0)-\frac{b+d}{a+c}\right]\mathrm{e}^{-A(a+c)t}+\frac{b+d}{a+c}$$

由解的表达式可得，当 $t\to\infty$ 时，$P(t)\to\dfrac{b+d}{a+c}$，称 $\dfrac{b+d}{a+c}$ 为均衡价格，即当 $t\to\infty$ 时，价格将趋向均衡价格。

习题 5-2

1. 指出下列各微分方程的阶数：

（1）$x^2\mathrm{d}x+y\mathrm{d}y=0$　　（2）$(y')^2+y=0$

（3）$xy'''-y'+x=0$　　（4）$y''y'+x^2y'+y=1$

2. 验证下列各题中所给的函数或隐函数是否为所给微分方程的解，若是，指出是通解还是特解。（其中 C_1，C_2 均为任意常数）

(1) $y=e^{-3x}+\frac{1}{3}$，$\frac{dy}{dx}+3y=1$

(2) $y=e^{x}+e^{-x}$，$y''-2y'+y=0$

(3) $x^2-xy+y^2=0$，$(x-2y)y'=2x-y$

3. 求下列微分方程的通解：

(1) $(1+x^2)y'=\arctan x$　　(2) $(y+x^2y)dy=(1+y^2)dx$

(3) $yy'-e^{y^2+3x}=0$　　(4) $y^2dx+xdy=0$

4. 求下列微分方程的特解：

(1) $ydx=(x-1)dy$，$y|_{x=2}=1$

(2) $\sec^2 x\tan y\,dx+\sec^2 y\tan x\,dy=0$，$y|_{x=\frac{\pi}{4}}=\frac{\pi}{4}$

5. 求下列一阶线性微分方程的通解：

(1) $y'-2xy=e^{x^2}\cos x$　　(2) $xy'=y+\frac{x}{\ln x}$

6. 求下列一阶线性微分方程的特解：

(1) $2y'+y=3$，$y|_{x=0}=10$

(2) $\cos x\frac{dy}{dx}+y\sin x=\cos^2 x$，$y|_{x=\pi}=1$

第六章　行列式与矩阵

行列式与矩阵均是高等线性代数中的重要概念，二者均与解高阶线性方程组有关，在许多经济计算和计算机专业出现高阶线性方程组的解法，应用其行列式与矩阵的相应理论知识才有能力解决。本章将分别介绍行列式与矩阵的概念、性质及其相关知识的运算和理论应用。

二维码 6-1

扫一扫，获取本节资源

第一节　行　列　式

行列式是为了求解线性方程组而引入的。为了研究较高阶的线性方程组，需要把二阶行列式加以推广。本章通过简单行列式给出 n 阶行列式概念、几个常用的基本性质和应用，并介绍常用高阶行列式的计算方法，最后介绍用行列式解线性方程组的一种重要方法——克莱姆(Cramer)法则推广到一般的情况；再引出高阶行列式简化计算法——拉普拉斯定理等。

一、行列式的基本概念

二阶与三阶行列式的表示式及它们的展开式分别为：

$$\det A = |A| = \begin{vmatrix} a_{11} & a_{12} \\ a_{21} & a_{22} \end{vmatrix} = a_{11}a_{22} - a_{12}a_{21} \qquad ①$$

$$\det B = |B| = \begin{vmatrix} a_{11} & a_{12} & a_{13} \\ a_{21} & a_{22} & a_{23} \\ a_{31} & a_{32} & a_{33} \end{vmatrix} \qquad ②$$

$$= a_{11}a_{22}a_{33} + a_{12}a_{23}a_{31} + a_{13}a_{21}a_{32} - a_{13}a_{22}a_{31} - a_{11}a_{23}a_{32} - a_{12}a_{21}a_{33}$$

例 1　求下列二、三阶行列式的值：

(1) $\begin{vmatrix} 1 & 3 \\ 6 & 8 \end{vmatrix} = 8 - 18 = -10$

(2) $\begin{vmatrix} 1 & 2 & 3 \\ -1 & 6 & 9 \\ 5 & 1 & 2 \end{vmatrix} = (12 + 90 - 3) - (90 + 9 - 4) = 4$

其中元素 a_{ij}的两个下标 i 与 j 分别表示 a_{ij}所在的行与列的序数。以下可以推广出 n 阶行列的一般形式。

定义 1 将 n^2 个数排列成 n 行 n 列，记为

$$D_n = \begin{vmatrix} a_{11} & a_{12} & \cdots & a_{1n} \\ a_{21} & a_{22} & \cdots & a_{2n} \\ \vdots & \vdots & \vdots & \vdots \\ a_{n1} & a_{n2} & \cdots & a_{nn} \end{vmatrix}$$

叫 n 阶行列式。

(1) 当 $n=2$ 和 $n=3$ 时，分别称为二阶行列式和三阶行列式。

(2) 当 $n>3$ 时，行列式的值为

$$D_n = a_{11}A_{11} + a_{12}A_{12} + \cdots + a_{1n}A_{1n} = \sum_{j=1}^{n} a_{1j}A_{1j}$$

在 D_n 式子中，A_{11}，A_{12}，A_{13}，…，A_{1n}表示对应行元素 a_{11}，a_{12}，a_{13}，…，a_{1n}的代数余子式；同理可推出其列元素的代数余子式。

在 n 阶行列式中，其中数 a_{ij}称为第 i 行和第 j 列的元素；划去 a_{ij}所在的行和列的元素，余下的元素按原来位置排列构成的一个二阶行列式叫作元素 a_{ij}的余子式，记作 M_{ij}。我们把$(-1)^{i+j}M_{ij}$叫作 a_{ij}的代数余子式，记作 A_{ij}。例如在三阶行列式中元素 a_{23}的代数余子式是

$$A_{23} = (-1)^{2+3}\begin{vmatrix} a_{11} & a_{12} \\ a_{31} & a_{32} \end{vmatrix} = -\begin{vmatrix} a_{11} & a_{12} \\ a_{31} & a_{32} \end{vmatrix}$$

二、行列式的性质与克莱姆法则

1. 行列式的性质

为了简化高阶行列式的计算，下面我们将进一步讨论行列式的一些基本性质。

定义 2 如果把行列式

$$D = \begin{vmatrix} a_{11} & a_{12} & a_{13} \\ a_{21} & a_{22} & a_{23} \\ a_{31} & a_{32} & a_{33} \end{vmatrix}$$

的行列互换而不改变各行、各列的顺序，得到的行列式

$$D^{\mathrm{T}} = \begin{vmatrix} a_{11} & a_{21} & a_{31} \\ a_{12} & a_{22} & a_{32} \\ a_{13} & a_{23} & a_{33} \end{vmatrix}$$

称 D^{T} 为行列式 D 的转置行列式。

利用二阶、三阶行列式的展开式，容易得出下面几个关键性质。

性质 1　行列式与它的转置行列式相等，即 $D^{\mathrm{T}}=D$。

性质 2　交换行列式的任意两行或两列，行列式仅改变符号。例如

$$\begin{vmatrix} a_{11} & a_{12} & a_{13} \\ a_{21} & a_{22} & a_{23} \\ a_{31} & a_{32} & a_{33} \end{vmatrix} = -\begin{vmatrix} a_{31} & a_{32} & a_{33} \\ a_{21} & a_{22} & a_{23} \\ a_{11} & a_{12} & a_{13} \end{vmatrix}$$

推论　行列式中有两行（列）的对应元素相同（成比例），则行列式值等于零。

性质 3　把一个行列式的某行（列）的所有元素乘上某数 λ，等于用 λ 乘行列式。例如：

$$\lambda\begin{vmatrix} a_{11} & a_{12} & \cdots & a_{1n} \\ \vdots & \vdots & \vdots & \vdots \\ a_{k1} & a_{k2} & \cdots & a_{kn} \\ \vdots & \vdots & \vdots & \vdots \\ a_{n1} & a_{n2} & \cdots & a_{nn} \end{vmatrix} = \begin{vmatrix} a_{11} & a_{12} & \cdots & a_{1n} \\ \vdots & \vdots & \vdots & \vdots \\ \lambda a_{k1} & \lambda a_{k2} & \cdots & \lambda a_{kn} \\ \vdots & \vdots & \vdots & \vdots \\ a_{n1} & a_{n2} & \cdots & a_{nn} \end{vmatrix}$$

性质 4　把行列式的任一行（列）的元素乘以同一个常数后，加到另一行（列）的对应元素上去，行列式值不变。即：

$$\begin{vmatrix} a_{11} & a_{12} & \cdots & a_{1n} \\ \vdots & \vdots & \vdots & \vdots \\ a_{k1} & a_{k2} & \cdots & a_{kn} \\ \vdots & \vdots & \vdots & \vdots \\ a_{n1} & a_{n2} & \cdots & a_{nn} \end{vmatrix} = \begin{vmatrix} a_{11} & a_{12} & \cdots & a_{1n} \\ \vdots & \vdots & \vdots & \vdots \\ a_{k1}+\lambda a_{11} & a_{k2}+\lambda a_{12} & \cdots & a_{kn}+\lambda a_{1n} \\ \vdots & \vdots & \vdots & \vdots \\ a_{n1} & a_{n2} & \cdots & a_{nn} \end{vmatrix}$$

性质 5　n 阶行列 D_n 中任一行（列）中各元素与其代数余子式的乘积之和等于该行列式的值。即

$$a_{i1}A_{i1}+a_{i2}A_{i2}+\cdots+a_{in}A_{in}=\sum_{k=1}^{n}a_{ik}A_{ik}=D_n\quad(i=1,2,3,\cdots,\ n) \qquad ③$$

$$a_{1i}A_{1j}+a_{2i}A_{2j}+\cdots+a_{ni}A_{nj}=\sum_{k=1}^{n}a_{ij}A_{kj}=D_n\quad(j=1,2,3,\cdots,\ n) \qquad ④$$

式③与式④分别叫作行列式 D 按第 i 行的展开式及按第 j 列的展开式。

2. 高阶行列式的计算

例 2　计算四阶行列式：

$$\begin{vmatrix} 3 & 1 & -1 & 2 \\ -5 & 1 & 3 & -4 \\ 2 & 0 & 1 & -1 \\ 1 & -5 & 3 & -3 \end{vmatrix}$$

解：把第三列加到第四列上去，然后把第三列的 -2 倍加到第一列上去，就得到

$$\begin{vmatrix} 3 & 1 & -1 & 2 \\ -5 & 1 & 3 & -4 \\ 2 & 0 & 1 & -1 \\ 1 & -5 & 3 & -3 \end{vmatrix} = \begin{vmatrix} 5 & 1 & -1 & 1 \\ -11 & 1 & 3 & -1 \\ 0 & 0 & 1 & 0 \\ -5 & -5 & 3 & 0 \end{vmatrix}$$

$$= (-1)^{3+3}\begin{vmatrix} 5 & 1 & 1 \\ -11 & 1 & -1 \\ -5 & -5 & 0 \end{vmatrix} = \begin{vmatrix} 5 & 1 & 1 \\ -11 & 1 & -1 \\ -5 & -5 & 0 \end{vmatrix}$$

$$= \begin{vmatrix} 5 & 1 & 1 \\ -6 & 2 & 0 \\ -5 & -5 & 0 \end{vmatrix} = \begin{vmatrix} -6 & 2 \\ -5 & -5 \end{vmatrix} = 40$$

3. **克莱姆法则**

初中数学有解决二元、三元线性方程组的解法——加减消元法和代入消元法两种，现在也可以用二元、三元线性方程组的克莱姆法则来解决。这使人会想到当元数大于三元的线性方程组，其解法用以上方法就显得困难了。对于任意的 $n\geqslant 4$ 元线性方程组能否有类似的公式？为此用计算 n 阶行列式的方法，最后将它应用到求解 $n\geqslant 4$ 元的线性方程组中去。

讨论了几个基本行列式的性质之后，我们就可以将二元、三元线性方程组的克莱姆法则推广到 n 元线性方程组的情形。

设有 n 个未知数的线性方程组

$$\begin{cases} a_{11}x_1 + a_{12}x_2 + \cdots + a_{1n}x_n = b_1 \\ a_{21}x_1 + a_{22}x_2 + \cdots + a_{2n}x_n = b_2 \\ \quad\vdots \qquad\quad \vdots \qquad\quad \vdots \qquad\quad \vdots \qquad \vdots \\ a_{n1}x_1 + a_{n2}x_2 + \cdots + a_{nn}x_n = b_n \end{cases} \qquad ⑤$$

把 $x_1, x_2, \cdots, x_n$ 的系数行列式记作 D。

上面有 n 个方程的右边的行列式依次为

$$\begin{vmatrix} b_1 & a_{12} & \cdots & a_{1n} \\ b_2 & a_{22} & \cdots & a_{2n} \\ \vdots & \vdots & \vdots & \vdots \\ b_n & a_{n2} & \cdots & a_{nn} \end{vmatrix}, \begin{vmatrix} a_{11} & b_1 & \cdots & a_{1n} \\ a_{21} & b_2 & \cdots & a_{2n} \\ \vdots & \vdots & \vdots & \vdots \\ a_{n1} & b_n & \cdots & a_{nn} \end{vmatrix}, \cdots$$

将这 n 个行列式分别记作 D_1，D_2，$\cdots$，D_n，并设 $D\neq 0$，则所给方程组有唯一解：

$$x_1=\frac{D_1}{D},\ x_2=\frac{D_2}{D},\cdots,x_n=\frac{D_n}{D} \qquad ⑥$$

另一方面，假设 $D\neq 0$，可以作一组数⑥。根据行列式的性质可以验证方程组的解。这样我们便得到了 n 元线性方程组的克莱姆法则。

一个 n 元线性方程组⑤，当它的系数行列式不为零时，那么它就有唯一解，且这个解可以用式⑥表示。

例 3　用克莱姆法则解方程组

$$\begin{cases}x-y+z+2t=1\\x+y-2z+t=1\\x+y+t=2\\x+z-t=1\end{cases}$$

解：先求下面几个行列式：

$$D=\begin{vmatrix}1&-1&1&2\\1&1&-2&1\\1&1&0&1\\1&0&1&-1\end{vmatrix}=-10 \qquad D_1=\begin{vmatrix}1&-1&1&2\\1&1&-2&1\\2&1&0&1\\1&0&1&-1\end{vmatrix}=-8$$

$$D_2=\begin{vmatrix}1&1&1&2\\1&1&-2&1\\1&2&0&1\\1&1&1&-1\end{vmatrix}=-9 \qquad D_3=\begin{vmatrix}1&-1&1&2\\1&1&1&1\\1&1&2&1\\1&0&1&-1\end{vmatrix}=-5$$

$$D_4=\begin{vmatrix}1&-1&1&1\\1&1&-2&1\\1&1&0&2\\1&0&1&1\end{vmatrix}=-3$$

由此得 $x=\frac{-8}{-10}=\frac{4}{5}$，$y=\frac{9}{10}$，$z=\frac{1}{2}$，$t=\frac{3}{10}$。

在方程组⑤中常数项均为 0 时，即

$$\begin{cases}a_{11}x_1+a_{12}x_2+\cdots+a_{1n}x_n=0\\a_{21}x_1+a_{22}x_2+\cdots+a_{2n}x_n=0\\\ \vdots\qquad\ \vdots\qquad\ \vdots\qquad\ \vdots\qquad\ \vdots\\a_{n1}x_1+a_{n2}x_2+\cdots+a_{nn}x_n=0\end{cases} \qquad ⑦$$

称为齐次线性方程组。$x_1=x_2=\cdots=x_n=0$ 显然是方程组⑦的解，叫作零解。如果方程组⑦除了零解外，还有 x_1，x_2，…，x_n 不全为 0 的解，就叫作非零解。当方程组⑦的系数行列式

$$D=\begin{vmatrix} a_{11} & a_{12} & \cdots & a_{1n} \\ a_{21} & a_{22} & \cdots & a_{2n} \\ \vdots & \vdots & \vdots & \vdots \\ a_{n1} & a_{n2} & \cdots & a_{nn} \end{vmatrix} \neq 0$$

时，按克莱姆法则，方程组有唯一解——零解。因此我们可得到以下推论。

推论 齐次线性方程组⑦有非零解的必要条件为系数行列式 $D=0$。

三、高阶行列式与拉普拉斯(Laplace)定理

其实更高阶的行列式计算中，人们可以用 k 阶子式代替单个元素，计算 k 阶子式的代数余子式，即拉普拉斯定理的内容。

拉普拉斯定理是行列式按一行（列）展开式的推广，首先把元素的余子式与代数余子式的概念加以推广。

在行列式 D 中任选 k 行、k 列，位于这些行与列的交点处的 k^2 个元素按原来的位置组成的 k 阶行列式 M 叫作 D 的一个 k 阶子式。在 D 中划去 M 所在的行与列，剩下的元素按原来的位置组成的 $n-k$ 阶子式 N 叫作 M 的余子式。设 M 所在的行数与列数依次为 $i_1<i_2<\cdots<i_k$，$j_1<j_2<\cdots<j_k$，M 的余子式 N 乘以 $(-1)^{(i_1+i_2+\cdots+i_k)+(j_1+j_2+\cdots+j_k)}$ 叫作 M 的代数余子式。例如在五阶行列式 $D=|a_{ij}|$ 中取第 2、第 4 两行，第 1、第 3 两列，得到一个二阶子式

$$M=\begin{vmatrix} a_{21} & a_{23} \\ a_{41} & a_{43} \end{vmatrix}$$

在 D 中划去第 2、第 4 两行，第 1、第 3 两列，得到 M 的余子式

$$N=\begin{vmatrix} a_{12} & a_{14} & a_{15} \\ a_{32} & a_{34} & a_{35} \\ a_{52} & a_{54} & a_{55} \end{vmatrix}$$

M 的代数余子式就是

$$(-1)^{(2+4)+(1+3)}N=N$$

下面仅叙述拉普拉斯定理而不予证明。

定理 1（拉普拉斯定理） 在行列式 D 中任选 k 行（或 k 列）（$k<n$），由这 k 行（或 k 列）元素组成的一切 k 阶子式（一共可组成 C_n^k 个 k 阶子式）与它们的代数余子式的乘积之和等于行列式 D。

设由这 k 行元素组成的 k 阶子式分别为 M_1，M_2，…，M_t（$t=C_n^k$），它们的代数余子式对应为 A_1，A_2，…，A_t，则

$$D=M_1A_1+M_2A_2+\cdots+M_tA_t \qquad ⑧$$

式⑧叫作 D 的值。

例 4　按第 1、2 两行展开

$$D=\begin{vmatrix}2&1&0&0\\1&2&1&0\\0&1&2&1\\0&0&1&2\end{vmatrix}$$

解：两行元素共可组成 $C_4^2=6$ 个二阶行列式：

$$M_1=\begin{vmatrix}2&1\\1&2\end{vmatrix}=3\qquad M_2=\begin{vmatrix}2&0\\1&1\end{vmatrix}=2\qquad M_3=\begin{vmatrix}2&0\\1&0\end{vmatrix}=0$$

$$M_4=\begin{vmatrix}1&0\\2&1\end{vmatrix}=1\qquad M_5=\begin{vmatrix}1&0\\2&0\end{vmatrix}=0\qquad M_6=\begin{vmatrix}0&0\\1&0\end{vmatrix}=0$$

由于 $M_3=M_5=M_6=0$，所以只要求出 M_1，M_2，M_4 的代数余子式。得

$$A_1=(-1)^{(1+2)+(1+2)}\begin{vmatrix}2&1\\1&2\end{vmatrix}=3$$

$$A_2=(-1)^{(1+2)+(1+3)}\begin{vmatrix}1&1\\0&2\end{vmatrix}=-2$$

$$A_4=(-1)^{(1+2)+(2+3)}\begin{vmatrix}0&1\\0&2\end{vmatrix}=0$$

所以　　$D=M_1A_1+M_2A_2+M_4A_4=3\times3+2\times(-2)=5$

实际上拉普拉斯定理就是前述行列式性质 5 的推广应用，它是细分每个小行列式与其求得代数余子式的乘积，读者自己可以继续推广使用。

习题 6－1

1. 计算下列行列式：

(1) $\begin{vmatrix}6&42&27\\8&-28&36\\20&35&135\end{vmatrix}$　　(2) $\begin{vmatrix}10&8&2\\15&12&3\\20&32&12\end{vmatrix}$

(3) $\begin{vmatrix}-ab&ac&ae\\bd&-cd&de\\bf&cf&-ef\end{vmatrix}$

2. 用克莱姆法则解下列三元线性方程组：

(1) $\begin{cases}x+2y+z=0\\2x-y+z=1\\x-y+2z=3\end{cases}$　　(2) $\begin{cases}x+y+z=1\\2x-y-z=1\\x-y+z=2\end{cases}$

3. 用克莱姆法则解下列四元线性方程组：

(1) $\begin{cases} x+y+z=5 \\ 2x+y-z+w=1 \\ x+2y-z+w=2 \\ y+2z+3w=3 \end{cases}$　　(2) $\begin{cases} x+y+z=1 \\ x+2y+z-w=8 \\ 2x-y-3w=3 \\ 3x+3y+5z-6w=5 \end{cases}$

4. 利用拉普拉斯定理计算:

(1) $\begin{vmatrix} 3 & 2 & 0 & 0 & 0 & 0 \\ 4 & 3 & 0 & 0 & 0 & 0 \\ 0 & 0 & 2 & 1 & 0 & 0 \\ 0 & 0 & 3 & 2 & 0 & 0 \\ 0 & 0 & 0 & 0 & 3 & 2 \\ 0 & 0 & 0 & 0 & 5 & 4 \end{vmatrix}$　　(2) $\begin{vmatrix} 3 & 0 & 0 & 2 \\ 0 & 3 & 4 & 0 \\ 4 & 0 & 0 & 3 \\ 0 & 5 & 6 & 0 \end{vmatrix}$

第二节　矩阵的概念与运算

二维码 6-2

扫一扫，获取本节资源

一、矩阵的概念

对于齐次线性方程组

$$\begin{cases} a_{11}x_1+a_{12}x_2+\cdots+a_{1n}x_n=0 \\ a_{21}x_1+a_{22}x_2+\cdots+a_{2n}x_n=0 \\ \quad\vdots \qquad\quad \vdots \qquad\quad \vdots \qquad\quad \vdots \qquad \vdots \\ a_{n1}x_1+a_{n2}x_2+\cdots+a_{nn}x_n=0 \end{cases}$$

的系数可以写成下列形式:

$$\boldsymbol{A}=\begin{pmatrix} a_{11} & a_{12} & \cdots & a_{1n} \\ a_{21} & a_{22} & \cdots & a_{2n} \\ \vdots & \vdots & \vdots & \vdots \\ a_{n1} & a_{n2} & \cdots & a_{nn} \end{pmatrix}$$

此式叫 n 阶矩阵（方阵）。

定义 1　给出 $m\times n$ 个数，排成 m 行 n 列的数表

$$\boldsymbol{A}=\begin{pmatrix} a_{11} & a_{12} & \cdots & a_{1n} \\ a_{21} & a_{22} & \cdots & a_{2n} \\ \vdots & \vdots & \vdots & \vdots \\ a_{m1} & a_{m2} & \cdots & a_{mn} \end{pmatrix}$$

叫 $m\times n$ 型矩阵。记为$(a_{ij})_{m\times n}$。

首先定义矩阵相等，如果两个同型矩阵的对应元素相等，则称这两个矩阵是相等的；由此产生矩阵的类型有：行矩阵，列矩阵，上三角矩阵，下三角矩阵，单位矩阵 E 和方阵等。

二、矩阵的线性运算

1. 矩阵的加法

定义 2 两个同型的矩阵 $\boldsymbol{A}$，$\boldsymbol{B}$ 的和仍是一个同型的矩阵 $\boldsymbol{C}$，记作 $\boldsymbol{A}+\boldsymbol{B}=\boldsymbol{C}$，$\boldsymbol{C}$ 中每个元素 c_{ij} 是 $\boldsymbol{A}$，$\boldsymbol{B}$ 中对应元素 a_{ij} 与 b_{ij} 的和，即 $c_{ij}=a_{ij}+b_{ij}$。对应的矩阵为

$$\boldsymbol{A}=\begin{pmatrix} a_{11} & a_{12} & \cdots & a_{1n} \\ a_{21} & a_{22} & \cdots & a_{2n} \\ \vdots & \vdots & \vdots & \vdots \\ a_{m1} & a_{m2} & \cdots & a_{mn} \end{pmatrix} \quad \boldsymbol{B}=\begin{pmatrix} b_{11} & b_{12} & \cdots & b_{1n} \\ b_{21} & b_{22} & \cdots & b_{2n} \\ \vdots & \vdots & \vdots & \vdots \\ b_{m1} & b_{m2} & \cdots & b_{mn} \end{pmatrix}$$

$$\boldsymbol{A}\pm\boldsymbol{B}=\begin{pmatrix} a_{11}\pm b_{11} & a_{12}\pm b_{12} & \cdots & a_{1n}\pm b_{1n} \\ a_{21}\pm b_{21} & a_{22}\pm b_{22} & \cdots & a_{2n}\pm b_{2n} \\ \vdots & \vdots & \vdots & \vdots \\ a_{m1}\pm b_{m1} & a_{m2}\pm b_{m2} & \cdots & a_{mn}\pm b_{mn} \end{pmatrix}$$

例 1

$$\begin{pmatrix} 1 & 2 & 3 \\ 2 & 9 & 4 \end{pmatrix}+\begin{pmatrix} 4 & 5 & 6 \\ 5 & 6 & 7 \end{pmatrix}=\begin{pmatrix} 5 & 7 & 9 \\ 7 & 15 & 11 \end{pmatrix}$$

2. 矩阵的数乘

定义 3 设 λ 为实数，$\boldsymbol{A}$ 为矩阵，则矩阵 $\boldsymbol{A}$ 乘以数 λ 等于矩阵 $\boldsymbol{A}$ 的每一元素乘以 λ。$\lambda\boldsymbol{A}$ 对应的矩阵为

$$\begin{pmatrix} \lambda a_1 & \lambda b_1 \\ \lambda a_2 & \lambda b_2 \end{pmatrix}=\lambda\begin{pmatrix} a_1 & b_1 \\ a_2 & b_2 \end{pmatrix}$$

例 2 $3\begin{pmatrix} 4 & 1 \\ 5 & 2 \end{pmatrix}=\begin{pmatrix} 12 & 3 \\ 15 & 6 \end{pmatrix}$

3. 矩阵的乘法

设两个矩阵 $\boldsymbol{A}$、$\boldsymbol{B}$ 分别为 $\boldsymbol{A}=\begin{pmatrix} a_{11} & a_{12} & a_{13} \\ a_{21} & a_{22} & a_{23} \\ a_{31} & a_{32} & a_{33} \end{pmatrix}$，$\boldsymbol{B}=\begin{pmatrix} b_{11} & b_{12} & b_{13} \\ b_{21} & b_{22} & b_{23} \\ b_{31} & b_{32} & b_{33} \end{pmatrix}$，

则两个矩阵的乘积 $\boldsymbol{A}\cdot\boldsymbol{B}$ 可示为

$$A\cdot B=\begin{pmatrix}a_{11}&a_{12}&a_{13}\\a_{21}&a_{22}&a_{23}\\a_{31}&a_{32}&a_{33}\end{pmatrix}\cdot\begin{pmatrix}b_{11}&b_{12}&b_{13}\\b_{21}&b_{22}&b_{23}\\b_{31}&b_{32}&b_{33}\end{pmatrix}=\begin{pmatrix}c_{11}&c_{12}&c_{13}\\c_{21}&c_{22}&c_{23}\\c_{31}&c_{32}&c_{33}\end{pmatrix}$$

结论：$\boldsymbol{A}$ 矩阵的行元素与矩阵 $\boldsymbol{B}$ 的列对应元素依次相乘的和，得矩阵 $\boldsymbol{C}$ 的一个元素。

例 3 $\begin{pmatrix}1&0&2\\0&-1&1\\2&3&-4\end{pmatrix}\cdot\begin{pmatrix}2&-2&3\\1&1&1\\1&3&-1\end{pmatrix}=\begin{pmatrix}4&4&1\\0&2&-2\\3&-13&13\end{pmatrix}$

定义 4 设 $\boldsymbol{A}$ 是 $m\times s$ 型矩阵，$\boldsymbol{B}$ 是 $s\times n$ 型矩阵。这样，$\boldsymbol{A}\cdot\boldsymbol{B}$ 是一个 $m\times n$ 型矩阵。将它记为 $\boldsymbol{C}$。

其中三个矩阵相乘，满足乘法结合律，即$(\boldsymbol{A}\cdot\boldsymbol{B})\cdot\boldsymbol{C}=\boldsymbol{A}(\boldsymbol{B}\cdot\boldsymbol{C})=\boldsymbol{A}\cdot\boldsymbol{B}\cdot\boldsymbol{C}$。但要注意矩阵乘法不满足 $AB\neq BA$ 交换率。

例 4 设 $\boldsymbol{A}=\begin{pmatrix}0&0&0\\a&b&c\end{pmatrix}$，$\boldsymbol{B}=\begin{pmatrix}a_1&0\\b_1&0\\c_1&0\end{pmatrix}$，则

$$\boldsymbol{A}\cdot\boldsymbol{B}=\begin{pmatrix}0&0\\aa_1+bb_1+cc_1&0\end{pmatrix}\qquad \boldsymbol{B}\cdot\boldsymbol{A}=\begin{pmatrix}0&0&0\\0&0&0\\0&0&0\end{pmatrix}$$

注意：对于两个不是方阵的矩阵，只有前面一个矩阵（左矩阵）的行元素的个数与后面一个矩阵（右矩阵）的列元素的个数相等，才能对应相乘后再相加，得到新矩阵的一个相应的元素，以此类推得到新元素。以上方法为左行乘右列法。

例 5 $\begin{pmatrix}2&1&-1\\1&0&2\\0&1&2\end{pmatrix}\cdot\begin{pmatrix}1\\2\\0\end{pmatrix}=\begin{pmatrix}4\\1\\2\end{pmatrix}$

例 6 $(2\quad -1\quad 1)\cdot\begin{pmatrix}1&2&-1&0\\0&2&0&0\\1&0&1&1\end{pmatrix}=(3\quad 2\quad -1\quad 1)$。

习题 6-2

1. 计算下列矩阵的乘积：

(1) $\begin{pmatrix}1\\-1\\2\\3\end{pmatrix}\cdot(3\quad 2\quad -1\quad 0)$　　(2) $\begin{pmatrix}8&0&-1\\2&4&1\\-3&-2&1\end{pmatrix}\cdot\begin{pmatrix}1\\-2\\3\end{pmatrix}$

(3) $(1\quad 2\quad 3)\cdot\begin{pmatrix}3\\2\\1\end{pmatrix}$　　(4) $\begin{pmatrix}1&2&3\\2&4&6\\3&6&9\end{pmatrix}\cdot\begin{pmatrix}-1&-2&-4\\-1&-2&-4\\1&2&4\end{pmatrix}$

(5) $(x_1\quad x_2\quad x_3)\cdot\begin{pmatrix}a_{11}&a_{12}&a_{13}\\a_{21}&a_{22}&a_{23}\\a_{31}&a_{32}&a_{33}\end{pmatrix}\cdot\begin{pmatrix}x_1\\x_2\\x_3\end{pmatrix}$（其中 $a_{ij}=a_{ji}$）

(6) $\begin{pmatrix}1&2&1&1\\0&1&-1&2\\0&0&2&1\\0&0&0&3\end{pmatrix}\cdot\begin{pmatrix}1&1&3&1\\0&1&2&-1\\0&0&-2&3\\0&0&0&-3\end{pmatrix}$

第三节　矩阵的应用

二维码 6－3
扫一扫，获取本节资源

数学知识应用分两部分：一部分是处理数学知识本身的问题叫理论应用；另一部分是用数学知识去解决实际问题叫实际应用。本节主要讲述其理论应用。

一、行列式与方阵之间的关系

定义 1　如果 $\boldsymbol{A}$ 是一个已知方阵，以 $\boldsymbol{A}$ 矩阵中的元素按原次序构成的行列式，记作 $|A|$。

定理 1　设 $\boldsymbol{A}$、$\boldsymbol{B}$ 是两个 n 阶方阵，则 $|\boldsymbol{A}\cdot\boldsymbol{B}|=|\boldsymbol{B}\cdot\boldsymbol{A}|$。

注意：在 n 阶方阵 $\boldsymbol{A}$、$\boldsymbol{B}$ 中不满足 $\boldsymbol{A}\cdot\boldsymbol{B}\neq\boldsymbol{B}\cdot\boldsymbol{A}$，但总有 $|\boldsymbol{A}\cdot\boldsymbol{B}|=|\boldsymbol{B}\cdot\boldsymbol{A}|$。

读者可以自己验证方阵 $\boldsymbol{A}=\begin{pmatrix}1&0\\2&-2\end{pmatrix}$，$\boldsymbol{B}=\begin{pmatrix}2&4\\3&5\end{pmatrix}$。

二、逆矩阵的求法

定义 2　若 n 阶方阵 $\boldsymbol{A}$ 的行列式 $|A|\neq 0$，称方阵 $\boldsymbol{A}$ 为非奇异矩阵，且方阵 $\boldsymbol{A}$ 有逆矩阵 $\boldsymbol{A}^{-1}$ 存在。

定义 3　设方阵

$$\boldsymbol{A}=\begin{pmatrix}a_{11}&a_{12}&\cdots&a_{1n}\\a_{21}&a_{22}&\cdots&a_{2n}\\\vdots&\vdots&\vdots&\vdots\\a_{n1}&a_{n2}&\cdots&a_{nn}\end{pmatrix}$$

所对应的行列式$|A|\neq 0$，这里的A_{ij}项是矩阵$\boldsymbol{A}$中的所有元素（每个元素）的代数余子式组成的矩阵，称为“伴随矩阵”。表示为

$$\boldsymbol{A}^{*}=\begin{pmatrix} A_{11} & A_{12} & \cdots & A_{1n} \\ A_{21} & A_{22} & \cdots & A_{2n} \\ \vdots & \vdots & \vdots & \vdots \\ A_{n1} & A_{n2} & \cdots & A_{nn} \end{pmatrix}$$

而矩阵$\boldsymbol{A}^{*}$的转置矩阵表示为$[\boldsymbol{A}^{*}]^{\mathrm{T}}$，叫伴随矩阵。

注意：这里要求学员要明确什么是代数余子式，什么是转置矩阵。

定理 2 若n阶方阵$\boldsymbol{A}$可逆的充要条件是矩阵$\boldsymbol{A}$为非奇异矩阵，则其逆矩阵$\boldsymbol{A}^{-1}$满足下列关系式

$$\boldsymbol{A}^{-1}=\frac{1}{|A|}(\boldsymbol{A}^{*})^{\mathrm{T}}=\frac{1}{|A|}\begin{vmatrix} A_{11} & A_{21} & \cdots & A_{n1} \\ A_{12} & A_{22} & \cdots & A_{n2} \\ \vdots & \vdots & \vdots & \vdots \\ A_{1n} & A_{2n} & \cdots & A_{nn} \end{vmatrix}$$

例 1 求矩阵$\boldsymbol{A}=\begin{pmatrix} 1 & -2 \\ 3 & 4 \end{pmatrix}$的逆矩阵$\boldsymbol{A}^{-1}$。

解： $|A|=\begin{vmatrix} 1 & -2 \\ 3 & 4 \end{vmatrix}=10\neq 0$为非奇异矩阵，因此可求逆矩阵$\boldsymbol{A}^{-1}$。

$\boldsymbol{A}$中的四个元素各自对应的代数余子式$A_{11}=4$，$A_{12}=-3$，$A_{21}=2$，$A_{22}=1$。由这些元素的代数余子式组成伴随矩阵$\boldsymbol{A}^{*}=\begin{pmatrix} 4 & -3 \\ 2 & 1 \end{pmatrix}$

则矩阵$\boldsymbol{A}$的逆矩阵

$$\boldsymbol{A}^{-1}=\frac{1}{|A|}(\boldsymbol{A}^{*})^{\mathrm{T}}=\frac{1}{10}\begin{pmatrix} 4 & 2 \\ -3 & 1 \end{pmatrix}=\begin{pmatrix} \frac{2}{5} & \frac{1}{5} \\ -\frac{3}{10} & \frac{1}{10} \end{pmatrix}$$

读者可以总结：逆矩阵的求法可分四步走。

三、解矩阵方程

如果一个矩阵方程$\boldsymbol{A}X=\boldsymbol{B}$存在，其中$\boldsymbol{A}$与$\boldsymbol{B}$是已知方阵，怎样求$X$?

定义 4 对于n阶方阵$\boldsymbol{A}$，如果存在n阶方阵$\boldsymbol{A}$的逆矩阵$\boldsymbol{A}^{-1}$，使得$\boldsymbol{A}\boldsymbol{A}^{-1}=E$，可以导出以下$X$形式：

（1）$\boldsymbol{A}X=\boldsymbol{B}\Rightarrow\boldsymbol{A}^{-1}\boldsymbol{A}X=\boldsymbol{A}^{-1}\boldsymbol{B}$

（2）$X\boldsymbol{A}=\boldsymbol{B}\Rightarrow X\boldsymbol{A}\boldsymbol{A}^{-1}=\boldsymbol{B}\boldsymbol{A}^{-1}$

(3) $\boldsymbol{AXB}=C\Rightarrow \boldsymbol{A}^{-1}\boldsymbol{AXBB}^{-1}=\boldsymbol{A}^{-1}\boldsymbol{CB}^{-1}$

例 2 解矩阵方程$\begin{pmatrix}2&5\\1&3\end{pmatrix}X=\begin{pmatrix}4&-6\\2&1\end{pmatrix}$。

解：此矩阵方程是型为 $\boldsymbol{A}^{-1}\boldsymbol{A}X=\boldsymbol{A}^{-1}\boldsymbol{B}$ 的方程，设 $\boldsymbol{A}=\begin{pmatrix}2&5\\1&3\end{pmatrix}$。

第一步，先求 $\boldsymbol{A}$ 的逆矩阵 $\boldsymbol{A}^{-1}$，可应用行列式代数余子式概念。它的方阵行列式 $|A|=\begin{pmatrix}2&5\\1&3\end{pmatrix}=1\neq 0$ 为非奇异矩阵，因此求 $\boldsymbol{A}^{-1}$要先求 $\boldsymbol{A}=\begin{pmatrix}2&5\\1&3\end{pmatrix}$的伴随矩阵，是 $\boldsymbol{A}^{*}=\begin{pmatrix}3&-1\\-5&2\end{pmatrix}$。所以 $\boldsymbol{A}$ 的逆矩阵是

$$\boldsymbol{A}^{-1}=\frac{1}{|A|}(\boldsymbol{A}^{*})^{\mathrm{T}}=\begin{pmatrix}3&-5\\-1&2\end{pmatrix}$$

第二步，解矩阵方程 $\boldsymbol{A}^{-1}\boldsymbol{A}X=\boldsymbol{A}^{-1}\boldsymbol{B}$，可应用矩阵乘法：

$$X=\boldsymbol{A}^{-1}\boldsymbol{B}=\begin{pmatrix}3&-5\\-1&2\end{pmatrix}\cdot\begin{pmatrix}4&-6\\2&1\end{pmatrix}=\begin{pmatrix}2&-23\\0&8\end{pmatrix}$$

四、矩阵的初等变换求逆矩阵

矩阵的初等变换在解线性方程组等问题上有重要应用。初等变换的规则：

(1) 互换变换。任意调换两个方程的行位置。

(2) 倍法变换。用非零的数乘以方程某行。

(3) 消去变换。把非零的数乘以方程某行，再加到方程另一行上去（行列式性质4）。

注意：以上都是行变换。容易验证：线性方程组经过初等变换后其解不变。

定义 5 对矩阵实施以上三种变换叫矩阵的初等变换。

定理 3 任何非奇异方阵都可以经过有限次的初等变换化为单位矩阵。

$$(\boldsymbol{A}|E)\xrightarrow{\text{初等变换}}(E|\boldsymbol{A}^{-1})$$

例 3 已知 $\boldsymbol{A}=\begin{pmatrix}1&3&3\\1&4&3\\1&3&4\end{pmatrix}$，求 $\boldsymbol{A}^{-1}$。

解：

$$(\boldsymbol{A}\mid E)=\left(\begin{array}{ccc|ccc}1&3&3&1&0&0\\1&4&3&0&1&0\\1&3&4&0&0&1\end{array}\right)\xrightarrow[\text{第一行}\times(-1)\text{加到第三行}]{\text{第一行}\times(-1)\text{加到第二行}}$$

$$\left(\begin{array}{ccc|ccc}1&3&3&1&0&0\\0&1&0&-1&1&0\\0&0&1&-1&0&1\end{array}\right)\xrightarrow{\text{第二行}\times(-3)\text{加到第一行}}$$

$$\left(\begin{array}{ccc|ccc}1&0&3&4&-3&0\\0&1&0&-1&1&0\\0&0&1&-1&0&1\end{array}\right)\xrightarrow{\text{第三行}\times(-3)\text{加到第一行}}$$

$$\left(\begin{array}{ccc|ccc}1&0&0&7&-3&-3\\0&1&0&-1&1&0\\0&0&1&-1&0&1\end{array}\right)\to(E\,|\boldsymbol{A}^{-1})$$

故 $\boldsymbol{A}^{-1}=\begin{pmatrix}7&-3&-3\\-1&1&0\\-1&0&1\end{pmatrix}$

五、初等变换解线性方程组

分解以下线性方程组所得到的矩阵：如奇次线性方程组对应的矩阵叫系数矩阵，非奇次线性方程组对应的矩阵叫增广矩阵。

$$\begin{cases}a_{11}x_1+a_{12}x_2+\cdots+a_{1n}x_n=0\\a_{21}x_1+a_{22}x_2+\cdots+a_{2n}x_n=0\\\vdots\quad\quad\vdots\quad\quad\vdots\quad\quad\vdots\quad\quad\vdots\\a_{m1}x_1+a_{m2}x_2+\cdots+a_{mn}x_n=0\end{cases}\Leftrightarrow\begin{pmatrix}a_{11}&a_{12}&\cdots&a_{1n}\\a_{21}&a_{22}&\cdots&a_{2n}\\\vdots&\vdots&\vdots&\vdots\\a_{m1}&a_{m2}&\cdots&a_{mn}\end{pmatrix}=\boldsymbol{A}$$

叫系数矩阵。

$$\begin{cases}a_{11}x_1+a_{12}x_2+\cdots+a_{1n}x_n=b_1\\a_{21}x_1+a_{22}x_2+\cdots+a_{2n}x_n=b_2\\\vdots\quad\quad\vdots\quad\quad\vdots\quad\quad\vdots\quad\quad\vdots\\a_{m1}x_1+a_{m2}x_2+\cdots+a_{mn}x_n=b_m\end{cases}\Leftrightarrow\begin{pmatrix}a_{11}&a_{12}&\cdots&a_{1n}&b_1\\a_{21}&a_{22}&\cdots&a_{2n}&b_2\\\vdots&\vdots&\vdots&\vdots&\vdots\\a_{m1}&a_{m2}&\cdots&a_{mn}&b_m\end{pmatrix}=\boldsymbol{B}$$

叫增广矩阵。

定义 6 一个矩阵经过初等变换后，其秩等于非零行的行数。

定理 4 非奇次线性方程组有解的充要条件是它的系数矩阵 $\boldsymbol{A}$ 的秩与它的增广矩阵 $\boldsymbol{B}$ 的秩相等。

例 4 判断下列方程组是否有解？若有解求其解。

$$\begin{cases}x_1+x_2-2x_3+x_4+3x_5=1\\2x_1-x_2+2x_3+2x_4+6x_5=2\\3x_1+2x_2-4x_3-3x_4-9x_5=3\end{cases}$$

解：对增广矩阵施行初等变换，判断系数矩阵 $\boldsymbol{A}$ 的秩是否等于增广矩阵

B 的秩。

$$\begin{pmatrix}1 & 1 & -2 & 1 & 3 & 1\\ 2 & -1 & 2 & 2 & 6 & 2\\ 3 & 2 & -4 & -3 & -9 & 3\end{pmatrix}\xrightarrow[\text{第一行乘（-3）加到第三行}]{\text{第一行乘（-2）加到第二行}}$$

$$\begin{pmatrix}1 & 1 & -2 & 1 & 3 & 1\\ 0 & -3 & 6 & 0 & 0 & 0\\ 0 & -1 & 2 & -6 & -18 & 0\end{pmatrix}\xrightarrow{\text{第二行乘}\left(-\frac{1}{3}\right)}$$

$$\begin{pmatrix}1 & 1 & -2 & 1 & 3 & 1\\ 0 & 1 & -2 & 0 & 0 & 0\\ 0 & -1 & 2 & -6 & -18 & 0\end{pmatrix}\xrightarrow[\text{第二行乘（-1）加到第一行}]{\text{第二行加到第三行}}$$

$$\begin{pmatrix}1 & 0 & 0 & 1 & 3 & 1\\ 0 & 1 & -2 & 0 & 0 & 0\\ 0 & 0 & 0 & -6 & -18 & 0\end{pmatrix}\xrightarrow{\text{第三行乘}\left(-\frac{1}{6}\right)}$$

$$\begin{pmatrix}1 & 0 & 0 & 1 & 3 & 1\\ 0 & 1 & -2 & 0 & 0 & 0\\ 0 & 0 & 0 & 1 & 3 & 0\end{pmatrix}\xrightarrow{\text{第三行}\times(-1)\text{加在第一行}}$$

$$\begin{pmatrix}1 & 0 & 0 & 0 & 0 & 1\\ 0 & 1 & -2 & 0 & 0 & 0\\ 0 & 0 & 0 & 1 & 3 & 0\end{pmatrix}$$

最后的结果表明：系数矩阵 A 的秩为 3 等于增广矩阵 B 的秩为 3，则上述非奇次线性方程组有解。其解为：

$$x_1=1,\ x_2-2x_3=0,\ x_4+3x_5=0$$

若令 $x_3=C_1$，$x_5=C_2$，便得到原方程的一组解：

$$x_1=1,\ x_2=2C_1,\ x_3=C_1,\ x_4=-3C_2,\ x_5=C_2\ （C_1,\ C_2\ 为常数）$$

注意：进行初等变换仅是行变换，其过程相当于不断对方程组进行组合，最后所得结果是一同解方程组的通解。

注意：本节“四”和“五”的内容主要是为第八章经济学的线性规划内容服务的。

习题 6-3

1. 计算下列方阵的逆矩阵：

（1）$\begin{pmatrix}1 & 2\\ 2 & 5\end{pmatrix}$ （2）$\begin{pmatrix}2 & 2 & 2\\ 1 & 2 & 3\\ 1 & 3 & 6\end{pmatrix}$

2. 解下列矩阵方程：

(1) $X\begin{pmatrix}2 & 1 & -1\\2 & 1 & 0\\1 & -1 & 1\end{pmatrix}=\begin{pmatrix}1 & -1 & 3\\4 & 3 & 2\\1 & -2 & 5\end{pmatrix}$

(2) $\begin{pmatrix}1 & 4\\-1 & 2\end{pmatrix}X\begin{pmatrix}2 & 0\\-1 & 1\end{pmatrix}=\begin{pmatrix}3 & 1\\0 & -1\end{pmatrix}$

3. 用初等变换法，求下列非齐次线性方程组的通解。

$$\begin{cases}x_1+x_2+x_3+x_4+x_5=2\\x_1+2x_2-4x_5=-2\\x_1+2x_3+2x_4+6x_5=6\\4x_1+5x_2+3x_3+3x_4-x_5=4\end{cases}$$

4. 某线性方程组的增广矩阵 **B** 对应的行简化阶梯形矩阵为

$$\boldsymbol{B}=\begin{pmatrix}1 & 0 & 0 & -1 & -8\\0 & 1 & 0 & -2 & 4\\0 & 0 & 1 & -3 & 7\\0 & 0 & 0 & 0 & 0\end{pmatrix}$$

判断该线性方程组解的情况，若有解，写出该方程组的解。

第七章　多元函数微分学与经济应用

前面讨论的函数都是只有一个自变量的函数（又称一元函数），但在工业生产中，当企业同时生产几种产品时，经常会遇到含有两个或更多自变量的函数，即多元函数。本章将在一元函数微积分学的基础上，介绍二元函数微积分学。从一元函数过渡到二元函数会出现一些质的差别，但从二元函数到二元以上的函数只是量的变化，许多概念和结论都可以类推。

在研究多元函数之前，先介绍一些空间向量的概念，理解概念之间的内在关系和意义等。

第一节　空间直角坐标

二维码 7－1

扫一扫，获取本节资源

一、空间直角坐标系

定义 1　在空间取一个平面，并建立平面直角坐标系 xOy。在原点 O 作一条与 x 轴、y 轴有相同长度单位且垂直于 xOy 平面的数轴（z 轴），称为竖轴；x 轴、y 轴分别称为横轴、纵轴，三条数轴统称为坐标轴，它们的方向由右手法则确定，即右手握住 z 轴，并拢的四指从 x 轴的正向旋转，指向 y 轴的正向，这时大拇指所指的方向就是 z 轴的正向，如图 7－1 所示。这三条坐标轴组成一个空间直角坐标系，O 称为坐标原点（简称原点）。

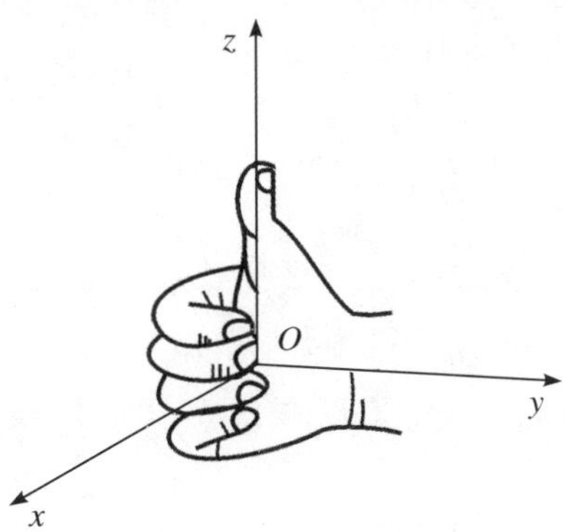

图 7－1

在空间直角坐标系中，每两条坐标轴确定的平面称为坐标平面（简称坐标面）。由 x 轴与 y 轴确定的平面称为 xOy 坐标面（简称 xOy）。类似地有 yOz 坐标面（简称 yOz 面）、xOz 坐标面（简称 xOz 面）。三个两两相互垂直的坐标面把空间分成八个部分，每一部分称为一个卦限，八个卦限分别用Ⅰ，Ⅱ，…，Ⅷ表示，如图 7－2 所示。

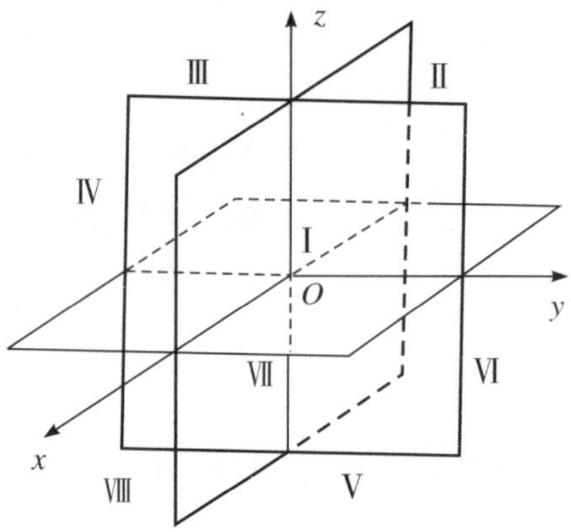

图 7－2

二、三元有序实数组与点空间直角坐标的对应关系

在空间直角坐标系 $Oxyz$ 中，设 M 为空间的已知点，如图 7－3 所示，过点 M 作三个平面分别垂直于 x 轴、y 轴、z 轴，与坐标轴的交点分别为 P、Q、R，设这三个点在 x 轴、y 轴、z 轴上的坐标依次为 x、y、z，则点 M 唯一地确定了一个三元有序实数组 (x,y,z)；反之，任给一个三元有序实数组 (x,y,z)，即在 x 轴、y 轴、z 轴上分别取坐标依次为 x、y、z 的点 P、Q、R，然后过 P、Q、R 分别作 x 轴、y 轴、z 轴的垂直平面，这三个平面相交于一点，设为 M（如图 7－3 所示），则一个三元有序实数组 (x,y,z) 就唯一地确定了空间的一点 M。

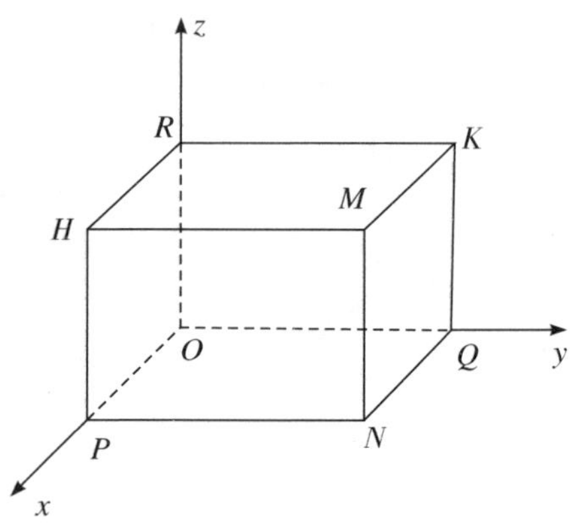

图 7－3

于是，空间中任意一点 M 和一个三元有序实数组 (x,y,z) 之间建立了一一对应关系，称这个三元有序实数组为点 M 的空间直角坐标，并依次称

x、y 和 z 为点 M 的横坐标、纵坐标和竖坐标。坐标为 (x,y,z) 的点 M，记作 $M(x,y,z)$。

第二节　多元函数的基本概念、极限和连续性

二维码 7－2
扫一扫，获取本节资源

一、多元函数的概念

1. 区域

由于一元函数中自变量 x 是在 x 轴上变化，因此讨论一元函数时，经常用到 x 轴上点的邻域和区间的概念。为了讨论多元函数，需要把点的邻域和区间的概念推广到平面上或空间中。

设 $P_0(x_0,y_0)$ 是 xOy 面上的一点，δ 是某一正数，与点 $P_0(x_0,y_0)$ 的距离小于 δ 的点 $P(x,y)$ 所成的集合，称为点 P_0 的 δ 邻域，记作 $N(P_0,\delta)$［或简记为 $N(P_0)$］。点 P_0 和数 δ 分别称为这邻域的中心和半径。于是

$$N(P_0,\delta)=\{P\mid |P_0P|<\delta\}$$

或

$$N(P_0,\delta)=\left\{(x,y)\,\middle|\,\sqrt{(x-x_0)^2+(y-y_0)^2}<\delta\right\}$$

$N(P_0,\delta)$ 是 xOy 面上以点 $P_0(x_0,y_0)$ 为圆心、δ 为半径的圆内点的集合，如图 7－4 所示。

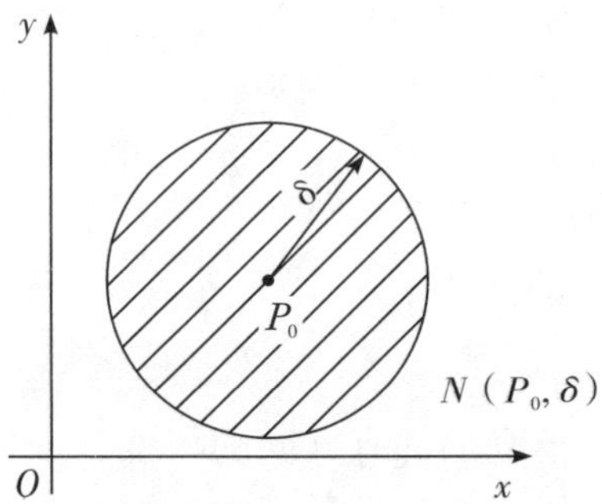

图 7－4

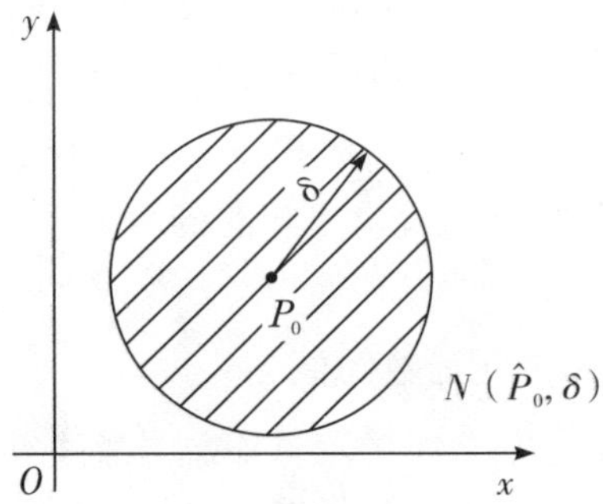

图 7－5

集合 $\left\{(x,y)\,\middle|\,0<\sqrt{(x-x_0)^2+(y-y_0)^2}<\delta\right\}$ 称为点 P_0 的去心 δ 邻域，如图 7－5 所示，记作 $N(\hat{P}_0,\delta)$。它与 $N(P_0,\delta)$ 相比，$N(\hat{P}_0,\delta)$ 少了点 P_0。

设 D 是平面上的一个点集，如果对 D 内的任意两点都可用包含于 D 内的一条折线相联结，则称点集 D 是连通的，并称连通的点集为区域。如图 7－4 所示的点集 $N(P_0,\delta)$ 和图 7－5 所示的点集 $N(\hat{P}_0,\delta)$，以及如图 7－6 所示的点集 $D=\{(x,y)\mid x^2+y^2\geqslant 1\}$ 和图 7－7 所示的点集 $D=\{(x,y)\mid x+y>0\}$，都是区域。

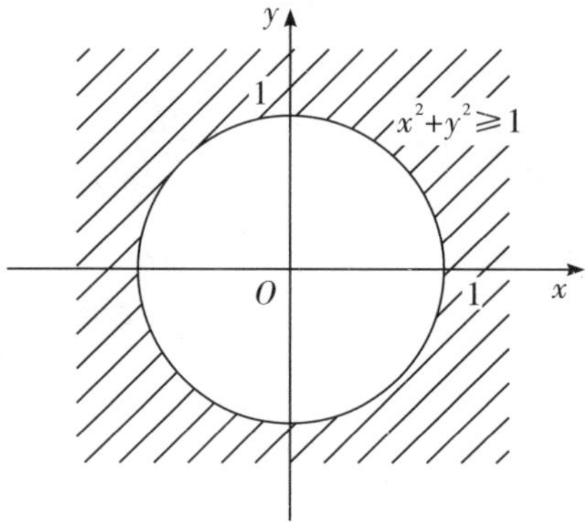

图 7-6

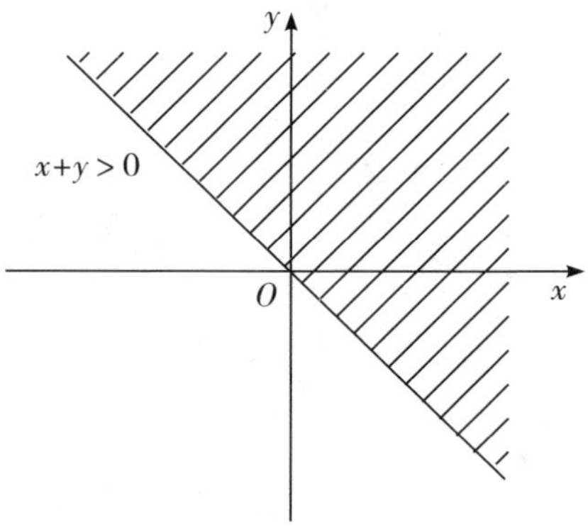

图 7-7

2. **多元函数的几个实例**

在许多实际问题中，常常会遇到多个变量相互依赖的情形。

例 1 已知长方形的周长 C 和它的长 x、宽 y 之间的关系式

$$C=2(x+y)$$

当 x、y 在一定范围（$x>0,y>0$）内取定一对数值（x_0,y_0）时，就有唯一确定的数值 C_0 与之对应。

例 2 企业销售某种产品所得收入 R 依赖于销量 Q 和销售价格 P，即

$$R=f(PQ)$$

当价格 P 与销量 Q 一定时，就有唯一确定的收入与之对应。

例 3 设某商店销售三种肉类食品的价格分别为 p_1，p_2，p_3，则人们对其需求量 Q 与价格之间的函数关系表示为

$$Q=f(p_1,p_2,p_3)$$

3. **多元函数的概念**

上面几个例子的具体意义各不相同，但它们都有共同的特性，抽象出它们的共性，仅从数量关系上进行研究，可以概括出多元函数的概念。下面给出二元函数的概念，至于二元以上的多元函数的概念可以类似给出。

定义 1 设 D 是 xOy 面上的一个点集，对任意的点（x，y）$\in D$，变量 z 按某个对应关系 f 总有唯一确定的数值与之对应，则称 z 是 x、y 的二元函数，记作

$$z=f(x,y)$$

同时称 x 和 y 为自变量，z 为因变量，点集 D 为该函数的定义域，数集

$$\{z\,|\,z=f(x,y),\ (x,y)\in D\}$$

为该函数的值域。

和一元函数一样，定义域和对应关系是二元函数的两个要素。由解析式给出的函数的定义域是使函数表达式有意义的点的全体，可用不等式或不等式组表示；对应用问题中的函数，则要根据自变量的具体意义来确定它的取值范围。

例 4　求函数 $z=\ln(x+y)$ 的定义域。

解：要使 $z=\ln(x+y)$ 有意义，必须有 $x+y>0$，故所求函数的定义域

$$D=\{(x,y)\mid x+y>0\}$$

设二元函数 $z=f(x,y)$ 的定义域为 D，对 $(x,y)\in D$，空间中的点 $x,y,f(x,y)$ 构成的图形，即方程 $f(x,y)-z=0$ 的图形，它的几何意义是表示空间曲面，如图 7-8 所示，称为函数 $z=f(x,y)$ 的图象。

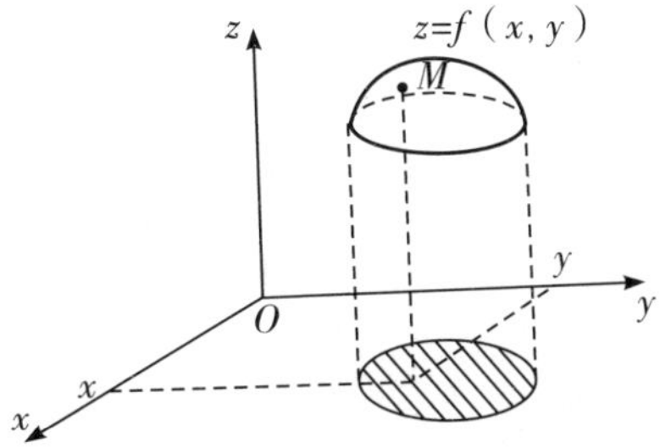

图 7-8

二、多元函数的极限

同一元函数的极限类似，下面以二元函数为例讨论多元函数的极限。

定义 2　设二元函数 $z=f(x,y)$ 的定义域为 D，对应点 $P_0(x_0,y_0)$ 的任意一个邻域有定义，A 是一个常数，当 $P(x,y)\to P_0(x_0,y_0)$ 时，函数 $f(x,y)$ 的极限记作

$$\lim_{\substack{x\to x_0\\ y\to y_0}}(x,y)=A \text{ 或 } \lim_{\rho\to 0}f(x,y)=A\text{，其中 }\rho=\sqrt{(x-x_0)^2+(y-y_0)^2}\text{，}$$

若用点函数表示，也可记作

$$\lim_{P\to P_0}(P)=A \text{ 或 } f(P)\to A\ (P\to P_0)$$

必须指出：

（1）定义 2 中的点 $P(x,y)\to P_0(x_0,y_0)$，是指点 P 可以沿 xOy 平面内任何方向、任何途径无限趋于 P_0，而一元函数极限中的 $x\to x_0$ 只是 x 沿着 x 轴无限趋于 x_0。

（2）如点 P 只取某些特殊方式，函数值逼近某一常数，并不能因此断定函数的极限一定存在；而如点 P 用两种不同方式趋于点 P_0，函数值逼近不同的值，则可断定极限 $\lim\limits_{P\to P_0}f(P)$ 不存在。

例 5　求 $\lim\limits_{\substack{x\to 0\\ y\to 0}}\dfrac{x^2+y^2}{\sqrt{x^2+y^2+1}-1}$。

解：由于 $\rho=\sqrt{x^2+y^2}$，因此

$$原式=\lim_{\rho\to 0}\frac{\rho^2}{\sqrt{\rho^2+1}-1}=\lim_{\rho\to 0}\frac{\rho^2(\sqrt{\rho^2+1}+1)}{(\rho^2+1)-1}=\lim_{\rho\to 0}(\sqrt{\rho^2+1}+1)=2$$

例 6 讨论二元函数

$$f(x,y)=\begin{cases}\dfrac{xy}{x^2+y^2} & (x^2+y^2\neq 0)\\ 0 & (x^2+y^2=0)\end{cases}$$

当$(x,y)\to(0,0)$时的极限。

解：当点(x,y)沿x轴趋于（0，0）且$x\to 0$时，有$y=0$

$$且\lim_{\substack{x\to 0\\ y=0}}f(x,y)=\lim_{x\to 0}f(x,0)=\lim_{x\to 0}\frac{x\cdot 0}{x^2+y^2}=0$$

类似地，当点(x,y)沿y轴趋于（0，0），即当$x=0$且$y\to 0$时，有

$$\lim_{\substack{x=0\\ y\to 0}}f(x,y)=0$$

显然，$\lim\limits_{\substack{x=0\\ y\to 0}}f(x,y)=\lim\limits_{y\to 0}f(0,y)=0$，但不能因此认为极限$\lim\limits_{\substack{x\to 0\\ y\to 0}}f(x,y)$存在。事实上，当点$(x,y)$沿直线$y=kx$（$k\neq 0$）趋于（0，0）时，即当$x\to 0$且$y=kx$时，有

$$\lim_{\substack{x\to 0\\ y=kx}}f(x,y)=\lim_{x\to 0}(x,kx)=\lim_{x\to 0}\frac{kx^2}{x^2+k^2x^2}=\frac{k}{1+k^2}\neq 0$$

因为$\dfrac{k}{1+k^2}$的值随k变化而变化，因此极限$\lim\limits_{\substack{x\to 0\\ y\to 0}}f(x,y)$不存在。

多元函数的极限具有与一元函数的极限相类似的满足四则运算法则。

三、多元函数的连续性

同一元函数的连续性相类似，下面以二元函数为例讨论多元函数的连续性。

定义 3 设二元函数的定义域为D，$P_0(x_0,y_0)\in D$，若

$$\lim_{P\to P_0}f(x,y)=f(x_0,y_0)或\lim_{P\to P_0}f(P)=f(P_0)$$

则称函数$z=f(x,y)$在点P_0处连续。如果二元函数$z=f(x,y)$在区域D上的每一点都连续，则称函数$f(x,y)$在D上连续。区域D上连续的二元函数的图象是一张不间断、无裂缝的曲面。

定义 4 二元函数连续的等价定义，若

$$\lim_{\substack{\Delta x\to 0\\ \Delta y\to 0}}\Delta z=\lim_{\substack{\Delta x\to 0\\ \Delta y\to 0}}[f(x_0+\Delta x,y_0+\Delta y)-f(x_0,y_0)]=0$$

则$z=f(x,y)$在(x_0,y_0)处连续。

有界闭区域上二元连续函数$z=f(x,y)$存在最大值和最小值。

习题 7－2

1. 填空：

（1）设二元函数 $z=\ln(xy)$，则它的定义域为________________。

（2）二元函数 $f(x,y)=xy+\dfrac{x}{y}$，则 $f\left(\dfrac{1}{2},3\right)=$____________。

（3）若 $z=x^3+\sqrt{1+y^2}$，则 $z(\sqrt{2},1)=$____________。

2. 求下列函数的定义域并用其图象表示。

（1）$z=\ln(x-y)$　　　　（2）$z=\sqrt{1-x^2-y^2}$

3. 求下列函数的极限：

（1）$\lim\limits_{\substack{x\to 0\\ y\to 0}}\dfrac{2-\sqrt{xy+4}}{xy}$　　　　（2）$\lim\limits_{\substack{x\to 0\\ y\to a}}\dfrac{\sin(xy)}{x}$（$a\neq 0$ 的常数）

第三节　偏导数及实践应用

二维码 7－3－1

扫一扫，获取本节资源

一、一阶偏导数的概念及其计算

1. 偏导数的定义和几何意义

在一元函数的微分学中，利用一元函数的变化率引入了导数。现在把导数概念向二元函数推广，将它的某一个自变量固定（即看作常数），讨论二元函数对另一个自变量的变化率。

定义 1　设函数 $z=f(x,y)$ 在点 (x_0,y_0) 的某邻域内有定义，固定 $y=y_0$，得到一个一元函数 $z=f(x,y_0)$。若自变量 x 有改变量 Δx，相应地函数 z 有关于 x 的增量（称为偏增量）$\Delta z=f(x_0+\Delta x,y_0)-f(x_0,y_0)$。如果极限

$$\lim_{\Delta x\to 0}\frac{f(x_0+\Delta x,y_0)-f(x_0,y_0)}{\Delta x}$$

存在，则称此极限值为函数 $z=f(x,y)$ 在点 (x_0,y_0) 处对 x 的偏导数，记作

$$\left.\frac{\partial z}{\partial x}\right|_{\substack{x=x_0\\ y=y_0}}\ \text{或}\ \left.\frac{\partial f}{\partial x}\right|_{\substack{x=x_0\\ y=y_0}}\ \text{或}\ \left.z'_x\right|_{\substack{x=x_0\\ y=y_0}}\ \text{或}\ f'_x(x_0,y_0)$$

同理，函数 $z=f(x,y)$ 在点 (x_0,y_0) 处对 y 的偏导数定义为

$$\lim_{\Delta y\to 0}\frac{f(x_0,y_0+\Delta y)-f(x_0,y_0)}{\Delta y}$$

记作 $\left.\dfrac{\partial z}{\partial y}\right|_{\substack{x=x_0\\y=y_0}}$ 或 $\left.\dfrac{\partial f}{\partial y}\right|_{\substack{x=x_0\\y=y_0}}$ 或 $\left.z'_y\right|_{\substack{x=x_0\\y=y_0}}$ 或 $f'_y(x_0,y_0)$

2. **一阶偏导数的求法**

由偏导数的定义可知，求二元函数 $z=f(x,y)$ 的偏导数，并不需要新的方法。对二元函数 $f(x,y)$ 的某一个自变量（如 x）求偏导数时，只要把另一个自变量 y 看作常数；同理得其他变量的求导方法，且使用一元函数的求导公式性质不变。

例 1 求函数 $z=x^2+3x^2y+y^4$ 在点（1，2）处的偏导数。

解：因为 z 是 x，y 的二元函数，它有两个偏导数，可先把 y 看作常数，对 x 求导数，得

$$\frac{\partial z}{\partial x}=2x+6xy$$

再把 x 看作常数，对 y 求导数，得

$$\frac{\partial z}{\partial y}=3x^2+4y^3$$

因此，函数 z 在点（1，2）处的偏导数为

$$\left.\frac{\partial z}{\partial x}\right|_{\substack{x=1\\y=2}}=\left.(2x+6xy)\right|_{\substack{x=1\\y=2}}=14$$

$$\left.\frac{\partial z}{\partial x}\right|_{\substack{x=1\\y=2}}=\left.(3x^2+4y^3)\right|_{\substack{x=1\\y=2}}=35$$

例 2 求 $z=e^{x^2y}$ 的偏导数。

解：利用一元复合函数求导法则，分别对 x，y 求偏导，得

$$\frac{\partial z}{\partial x}=(e^{x^2y})'_x=e^{x^2y}\cdot(x^2y)'_x=2xye^{x^2y}$$

$$\frac{\partial z}{\partial y}=(e^{x^2y})'_y=e^{x^2y}\cdot(x^2y)'_y=x^2e^{x^2y}$$

例 3 设 $z=x^y$（$x>0,x\neq1$），求 $\dfrac{\partial z}{\partial x}$，$\dfrac{\partial z}{\partial y}$。

解：把 y 看作常数，$z=x^y$ 为关于 x 的幂函数，则

$$\frac{\partial z}{\partial x}=yx^{y-1}$$

把 x 看作常数，$z=x^y$ 为关于 y 的指数函数，则

$$\frac{\partial z}{\partial y}=x^y\ln x$$

注：对一元函数来说，$\dfrac{dy}{dx}$ 既可看作导数的整体记号，也可理解为“微

商”。但对二元函数而言，$\frac{\partial z}{\partial x}\left(或\frac{\partial z}{\partial y}\right)$只能看成整体记号，由例 3 可见，$\frac{\partial z}{\partial x}$不能理解为 ∂z 与 ∂x 之商。

二、二阶偏导数

从上面几个关于二元函数 $z=f(x,y)$ 在区域 D 内的偏导数的例子可以看出，二元函数 $z=f(x,y)$ 的偏导数$\frac{\partial z}{\partial x}$与$\frac{\partial z}{\partial y}$往往仍是 x、y 的二元函数。若在 D 内，它们对自变量 x 与 y 的偏导数仍然存在，将它们继续对 x 或 y 求偏导数，则称所求结果为 $z=f(x,y)$ 的二阶偏导数。二阶偏导形式如下：

（1）若将$\frac{\partial z}{\partial x}$再对 x 求偏导数，则把这样的二阶偏导数记作

$$\frac{\partial}{\partial x}\left(\frac{\partial z}{\partial x}\right)=\frac{\partial^2 z}{\partial x^2}\ 或\ z''_{xx}\ 或\ f''_{xx}(x,y)$$

（2）若将$\frac{\partial z}{\partial x}$再对 y 求偏导数，则相应的二阶偏导数记作

$$\frac{\partial}{\partial y}\left(\frac{\partial z}{\partial x}\right)=\frac{\partial^2 z}{\partial x\partial y}\ 或\ z''_{xy}\ 或\ f''_{xy}(x,y)$$

（3）若将$\frac{\partial z}{\partial y}$再对 x 求偏导数，则相应的二阶偏导数记作

$$\frac{\partial}{\partial x}\left(\frac{\partial z}{\partial y}\right)=\frac{\partial^2 z}{\partial y\partial x}\ 或\ z''_{yx}\ 或\ f''_{yx}(x,y)$$

（4）若将$\frac{\partial z}{\partial y}$再对 y 求偏导数，则相应的二阶偏导数记作

$$\frac{\partial}{\partial y}\left(\frac{\partial z}{\partial y}\right)=\frac{\partial^2 z}{\partial y^2}\ 或\ z''_{yy}\ 或\ f''_{yy}(x,y)$$

以上（2）和（3）称为二阶混合偏导数。但（2）和（3）对 x 与 y 分别求偏导的次序是不一样的。类似的可以推广到高阶的。

例 4　设 $z=2x^4+3xy^2+5xy+13$，求二阶偏导数$\frac{\partial^2 z}{\partial x^2}$，$\frac{\partial^2 z}{\partial y\partial x}$，$\frac{\partial^2 z}{\partial x\partial y}$，$\frac{\partial^2 z}{\partial y^2}$。

解：$\frac{\partial z}{\partial x}=8x^3+3y^2+5y$，$\frac{\partial z}{\partial y}=6xy+5x$，则有

$$\frac{\partial^2 z}{\partial x^2}=24x^2,\ \frac{\partial^2 z}{\partial y^2}=6x,\ \frac{\partial^2 z}{\partial x\partial y}=6y+5,\ \frac{\partial^2 z}{\partial y\partial x}6y+5$$

观察例 4 的解，有

$$\frac{\partial^2 z}{\partial x\partial y}=\frac{\partial^2 z}{\partial y\partial x}$$

这一结论并非偶然，下面给出有关的定理。

定理 1 如果函数 $z=f(x,y)$ 在区域 D 上的偏导数 $f'_x(x,y)$、$f'_y(x,y)$ 连续，且 $f''_{xy}(x,y)$ 连续，则 $f''_{xy}(x,y)$ 在 D 上存在，且

$$f''_{xy}(x,y)=f''_{yx}(x,y)$$

例 5 设 $z=\ln(x^2+y^2)$，求：$\frac{\partial^2 z}{\partial x\partial y}$，$\frac{\partial^2 z}{\partial y\partial x}$。

解：由于 $\frac{\partial z}{\partial x}=\frac{2x}{x^2+y^2}$，$\frac{\partial z}{\partial y}=\frac{2y}{x^2+y^2}$ 及 $\frac{\partial^2 z}{\partial x\partial y}=\frac{-2x\cdot 2y}{(x^2+y^2)^2}=-\frac{4xy}{(x^2+y^2)^2}$ 都是初等函数，在定义区域上连续，所以

$$\frac{\partial^2 z}{\partial y\partial x}=\frac{\partial^2 z}{\partial x\partial y}=-\frac{4xy}{(x^2+y^2)^2}$$

三、偏导数的应用——边际经济量和偏弹性分析

二维码 7－3－2

扫一扫，获取本节资源

1. 边际经济量

设某企业生产一种产品，这种产品的生产数量 Q 取决于投资资本数量 K（该企业拥有机器设备数量，厂房规模等）及可获得劳动力数量 L。通常满足库柏—道格拉斯（Cobb-Douglas）生产函数：

$$Q=cK^{\alpha}L^{\beta}\text{（其中 } c,\ \alpha,\ \beta \text{ 是正的常数，且 } 0<\alpha<1,\ 0<\beta<1\text{）}$$

我们以生产函数为例说明“边际”经济量。由偏导数定义知：若 $\frac{\partial Q}{\partial K}=c\alpha K^{\alpha-1}L^{\beta}=\alpha\frac{Q}{K}$ 表示当劳动力的投入在某个水平上保持不变，而投入资本变化时其产量的变化率，称为资本的边际产量；若 $\frac{\partial Q}{\partial L}=c\beta K^{\alpha}L^{\beta-1}=\beta\frac{Q}{L}$ 表示当资本的投入在某个水平上保持不变，而投入劳动力变化时其产量的变化率，称为劳动力的边际产量。

例 6 某工厂生产函数是 $Q=f(k,L)=200K^{1/2}L^{2/3}$，其中 Q（件）是产量，K（千元）是资本投入，L（千工时）是劳动力。求当 $L=8$，$K=9$ 时边际经济量，并解释其意义。

解：当 $L=8$，$K=9$ 时，其产量 $Q=f(9,8)=2\,009^{1/2}8^{2/3}=2\,400$，则有：

资本的边际产量 $\frac{\partial Q}{\partial K}=100\frac{L^{2/3}}{K^{1/2}}=\frac{1}{2}\cdot\frac{Q}{K}=\frac{400}{3}$

劳动力的边际产量 $\frac{\partial Q}{\partial L}=\frac{400K^{1/2}}{3L^{1/3}}=\frac{2}{3}\cdot\frac{Q}{L}=200$

这就是说，当劳动力投入 8 千工时和资本投入 9 千元时的产量是 2 400 件。

若劳动力投入保持不变，对每一单位的资本投入增加，产量增加$\frac{400}{3}$件；若资本投入保持不变，对每一单位的劳动力投入增加，产量增加200件。

2. **偏弹性分析**

一元函数 $y=f(x)$ 在 x 处的弹性$\frac{Ef(x)}{Ex}=x\frac{f'(x)}{f(x)}$。它表示$f(x)$在点 x 处的相对变化率，可解释为自变量变化1%时函数变化的百分数。

对多元函数，我们利用偏导的知识来定义偏弹性的（局部弹性）概念。

$z=f(x,y)$ 对 x 的偏弹性$\frac{Ez}{Ex}=\frac{x\frac{\partial z}{\partial x}}{f(x,y)}$，表示 y 不变，x 的相对变化率。

$z=f(x,y)$ 对 y 的偏弹性$\frac{Ez}{Ey}=\frac{y\frac{\partial z}{\partial y}}{f(x,y)}$，表示 x 不变，y 的相对变化率。

例 7　如果商品的需求量只依赖商品本身的价格，可建立一元函数的模型。然而实际情况要复杂得多，如市场上鱼的需求量不仅取决于鱼本身的价格，还取决于肉类的价格，为了简化，只考虑一种肉类的价格，可建立二元函数的模型来解释偏导的概念。

解：设A和B是两个有关联的商品，p_A 和 p_B 为各自的单位价格，Q_A 和 Q_B 是各自的需求量，则有 $Q_A=f(p_A,p_B)$，$Q_B=\varphi(p_A,p_B)$。对需求函数而言，有：

（1）需求的自身价格弹性，即

$$\frac{EQ_A}{Ep_A}=\frac{p_A}{Q_A}\cdot\frac{\partial Q_A}{\partial P_A};\quad \frac{EQ_B}{Ep_B}=\frac{p_B}{Q_B}\cdot\frac{\partial Q_B}{\partial P_B}$$

$\frac{EQ_A}{Ep_A}$称为商品A需求对自身的价格弹性，它表示商品A和B的价格在某种水平上，当B的价格 p_B 保持不变，商品A的价格 p_A 增加1%时，需求量 Q_A 增加或减少的百分比。它反映了在 p_B 保持不变，p_A 变化时的需求量 Q_A 变化的灵敏度。$\frac{EQ_B}{Ep_B}$有类似的意义。

（2）需求交叉价格弹性，即

$$\frac{EQ_A}{Ep_B}=\frac{p_B}{Q_A}\cdot\frac{\partial Q_A}{\partial P_B};\quad \frac{EQ_B}{Ep_A}=\frac{p_A}{Q_B}\cdot\frac{\partial Q_B}{\partial P_A}$$

$\frac{EQ_A}{Ep_B}$称为商品A需求对商品B的交叉价格弹性，它表示商品A和B的价格在某种水平上，当商品A的价格 p_A 保持不变，商品B的价格 p_B 增加1%时，

需求量 Q_A 增加或减少的百分比。它反映了在 p_A 保持不变，p_B 变化时的需求量 Q_A 变化的灵敏度。$\frac{EQ_B}{Ep_A}$有类似的意义。

（3）分析两种商品的相互关系：

若商品 A 需求对商品 B 的交叉价格弹性是负数，即$\frac{EQ_A}{Ep_B}<0$，则表示当商品 A 的价格不变，而商品 B 的价格上升时，商品 A 的需要量将相应地减少。这时，A 和 B 之间是互补的关系。

当$\frac{EQ_A}{Ep_B}>0$，则表示当商品 A 的价格不变而商品 B 的价格上升时，商品 A 的需要量将相应的增加。这时，A 和 B 之间是互相竞争（相互取代的）的关系。

例 8 某商品 A 的单位价格为 p_A，与其相关联的商品 B 的单位价格为 p_B，经长期数据统计，建立了商品 A 的需求函数 $Q_A=1\,000P_A{}^{-1/2}P_B{}^{1/5}$。求在 $(p_A,p_B)=(4,32)$ 时，需求的自身价格弹性、交叉价格弹性，并说明商品 A 与 B 是互相竞争的还是互相补充的。

解：当 $p_A=4$，$p_B=32$ 时，$Q_A=1\,000\times\frac{1}{2}\times 2=1\,000$

$$\frac{\partial Q_A}{\partial P_A}=-500P_A{}^{-3/2}P_B{}^{1/5}\qquad \frac{\partial Q_B}{\partial P_B}=200P_A{}^{-1/2}P_B{}^{-4/5}$$

则在 $(p_A,p_B)=(4,32)$ 处的自身价格弹性与交叉价格弹性分别为

$$\left.\frac{\partial Q_A}{\partial p_A}\right|_{\substack{p_A=4\\p_B=32}}=-\frac{1}{2}\qquad \left.\frac{\partial Q_A}{\partial p_B}\right|_{\substack{p_A=4\\p_B=32}}=\frac{1}{5}$$

因为 $\left.\frac{\partial Q_A}{\partial p_B}\right|_{\substack{p_A=4\\p_B=32}}=\frac{1}{5}>0$，所以商品 A 与 B 是互相竞争的。

习题 7－3

1. 求下列函数的一阶偏导数：

（1）$z=x^2+y^2$　　（2）$z=\arcsin(xy)$

（3）$z=e^x\sin y$　　（4）$z=\frac{x-y}{x+y}$

2. 设 $f(x,y)=x^2y-2y$，求 $f'_x(x,y)$，$f'_y(x,y)$，$f'_x(2,3)$，$f'_y(0,0)$。

3. 设 $z=xy+x^3$，求 $\frac{\partial z}{\partial x}+\frac{\partial z}{\partial y}$。

4. 求下列函数的二阶偏导数：

（1） $z=x\ln(xy)$　　　　　　（2） $z=y^{x}$ （$y>0$，$y\neq 1$）

5. 求下列生产函数

$$Q(L,K)=3L+3K+LK-L^{2}-K^{2}\ (L=3,\ K=10)$$

在给定点对劳动力 L 和资本 K 的边际经济量。

6. 求下列各题中商品 A 的需求函数在给定点的自身价格弹性和交叉价格弹性，并讨论 A 和 B 是互相竞争还是互相补充的。

（1） $Q_{\mathrm{A}}=30\dfrac{\sqrt{P_{\mathrm{B}}}}{\sqrt[3]{P_{\mathrm{A}}^{2}}}$　　　　　　（2） $Q_{\mathrm{A}}=\dfrac{60}{\sqrt{P_{\mathrm{A}}P_{\mathrm{B}}}}$

7. 某企业生产两种不同的产品，其数量分别为 x，y，总成本关于 x，y 的函数为

$$C(x,y)=3x^{2}+7x+1.5xy+6y+2y^{2}$$

（1） 求当 $x=5$，$y=3$ 两种不同产品的边际成本。

（2） 当出售两种产品的单价分别为 30 元和 20 元时，求每种产品的边际利润。

第四节　全　微　分

二维码 7－4
扫一扫，获取本节资源

对一元函数 $y=f(x)$，若 $f'(x)\neq 0$，那么函数的微分 $\mathrm{d}y$ 是函数的增量 Δy 的线性主部，并且可用 $\mathrm{d}y$ 近似地代替 Δy，其误差是自变量的增量 Δx 的高阶无穷小。现在讨论二元函数全微分。

设函数 $z=f(x,y)$ 在点 $P(x,y)$ 的某邻域内有定义，分别给自变量 x，y 以增量 Δx、Δy，则称

$$\Delta z=f(x+\Delta x,y+\Delta y)-f(x,y)$$

为函数 $z=f(x,y)$ 在点 $P(x,y)$ 相对于自变量的增量 Δx、Δy 的全增量。

一般来说，计算全增量比较复杂。与计算一元函数的增量相类似，希望用自变量的线性函数 $A\Delta x+B\Delta y$ 近似地代替函数的全增量 Δz，从而引入全微分的定义。

定义 1　如果函数 $z=f(x,y)$ 在点 (x,y) 的某邻域内有定义，自变量 x，y 分别有增量 Δx、Δy，其全增量 $\Delta z=f(x+\Delta x,y+\Delta y)-f(x,y)$ 都可表示为

$$\Delta z=A\Delta x+B\Delta y+o(\rho) \qquad ①$$

式①中，A、B 是与 Δx、Δy 无关的量，且 $\rho=\sqrt{(\Delta x)^{2}+(\Delta y)^{2}}$，则称函数 $z=f(x,y)$ 在点 (x,y) 处可微，并称 $A\Delta x+B\Delta y$ 为函数 $z=f(x,y)$ 在点 (x,y) 处的全微分，记作 $\mathrm{d}z$，即

$$dz = A\Delta x + B\Delta y$$

二元函数的全微分概念可以类似地推广到二元以上的多元函数。

如果函数 $z=f(x,y)$ 在区域 D 内每一点处都可微，则称函数 $z=f(x,y)$ 在区域 D 内可微。

由函数 $z=f(x,y)$ 在点 (x_0,y_0) 处连续，存在偏导数和可微的定义，则可得以下定理。

定理 1 如果函数 $z=f(x,y)$ 在点 (x_0,y_0) 处可微，则函数 $f(x,y)$ 在点 (x_0,y_0) 处连续。

推论 1 如果函数 $z=f(x,y)$ 在点 (x_0,y_0) 处不连续，则函数 $f(x,y)$ 在点 (x_0,y_0) 处不可微。

定理 2 如果函数 $z=f(x,y)$ 在点 (x,y) 处可微，则该函数在点 (x,y) 处的偏导数存在，且 $A=\frac{\partial z}{\partial x}$，$B=\frac{\partial z}{\partial y}$，即

$$dz = \frac{\partial z}{\partial x}\cdot\Delta x + \frac{\partial z}{\partial y}\cdot\Delta y$$

必须指出，一元函数在某点处可导是可微的充要条件，但对二元函数来讲，情形大不相同了，二元函数在某点两个偏导数存在只是二元函数可微的必要条件，由本章第二节的例题 6 将看到它不是充分条件。如函数

$$f(x,y)=\begin{cases}\frac{xy}{x^2+y^2} & (x^2+y^2\neq 0)\\ 0 & (x^2+y^2=0)\end{cases}$$

在点（0，0）处有 $f'_x(0,0)=0$ 及 $f'_y(0,0)=0$（用定义求），即 $f(0,0)$ 在点（0，0）处偏导数存在，极限不存在，因此全微分不存在。

习惯上将自变量的增量 Δx、Δy 分别记作 dx、dy，并分别称为自变量 x，y 的微分。因此，函数 $z=f(x,y)$ 的全微分可表示为

$$dz = \frac{\partial z}{\partial x}dx + \frac{\partial z}{\partial y}dy \qquad ②$$

在什么条件下，两个偏导数存在才是二元函数可微的充分条件呢？这有下面的定理。

定理 3 如果函数 $z=f(x,y)$ 的偏导数 $\frac{\partial z}{\partial x}$、$\frac{\partial z}{\partial y}$ 在点 (x,y) 处连续，则函数 $z=f(x,y)$ 在该点处可微（证明略）。

例 1 计算函数 $z=x^2y+y^2$ 的全微分。

解：因为 $\frac{\partial z}{\partial x}=2xy$，$\frac{\partial z}{\partial y}=x^2+2y$ 都在点 (x,y) 连续，由定理 2，所以 $f(x,y)$ 在 (x,y) 可微，且

$$dz=\frac{\partial z}{\partial x}dx+\frac{\partial z}{\partial y}dy=2xydx+(x^2+2y)dy$$

例 2　计算函数 $z=e^{xy}$ 在点（2，1）处的全微分。

解：因为 $\frac{\partial z}{\partial x}=ye^{xy}$，$\frac{\partial z}{\partial y}=xe^{xy}$ 在点（2，1）处连续，有

$$\left.\frac{\partial z}{\partial x}\right|_{\substack{x=2\\y=1}}=e^2\qquad\left.\frac{\partial z}{\partial y}\right|_{\substack{x=2\\y=1}}=2e^2$$

所以
$$dz=e^2dx+2e^2dy=e^2(dx+2dy)$$

类似地，定理 3 可以推广到三元函数的情形，且三元可微函数 $u=f(x,y,z)$ 全微分

$$du=f'_x(x,y,z)dx+f'_y(x,y,z)dy+f'_z(x,y,z)dz。$$

由一阶微分近似公式 $f(x)\approx f(x_0)+f'(x_0)\Delta x$ 可以推出全微分近似公式

$$f(x,y)\approx f(x_0,y_0)+f'_x(x_0,y_0)\Delta x+f'_y(x_0,y_0)\Delta y$$

例 3　利用全微分求 $(1.01)^{2.99}$ 的近似值。

解：（1）原函数 $z=f(x,y)=x^y$，由已知可取 $x=1$，$y=3$，$\Delta x=0.01$，$\Delta y=-0.01$。

（2）求偏导数：$f'_x(x,y)=yx^{y-1}$；$f'_y(x,y)=x^y\ln x$。

（3）求特殊点的函数值和各偏导数值

$$z=f(1,3)=1;\ f'_x(1,3)=3;\ f'_y(1,3)=0$$

（4）由近似公式计算 $(1.01)^{2.99}$ 的值：因为

$$f(x,y)\approx f(x_0,y_0)+f'_x(x_0,y_0)\Delta x+f'_y(x_0,y_0)\Delta y$$

所以
$$(1.01)^{2.99}\approx 1+3\times 0.01+0\times(-0.01)=1.03$$

习题 7－4

1. 求下列函数的全微分：

（1）$z=xy+\frac{x}{y}$　　（2）$z=e^{xy}$

（3）$z=x^y\ (x>0,\ x\neq 1)$　　（4）$z=\sin(x^2+y^2)$

（5）$u=\ln(x^2+y^2+z^2)$

2. 设 $z=x^2y^3$，求 dz，$dz|_{(1,2)}$。
3. 设 $u=xy^2z^3-3y^2+z+5$，求 du，$du|_{(1,-1,2)}$。
4. 计算 $(0.98)^{2.03}$ 的近似值。

第五节　多元函数的极值和最值简介

二维码 7－5

扫一扫，获取本节资源

在很多实际问题中，只用一元函数用导数讨论极值和最值是不够的。如工厂生产多种产品，如何使生产利润最大？解决这类问题就需要多元函数的极值和最值知识。

一、二元函数的极值

定义 1　设函数 $z=f(x,y)$ 在点 $p_0(x_0,y_0)$ 的某个邻域内有定义，若在该邻域内恒有 $f(x,y)\leqslant f(x_0,y_0)$ ［或 $f(x,y)\geqslant f(x_0,y_0)$］，则称函数 $z=f(x,y)$ 在点 $p_0(x_0,y_0)$ 处取得最大值（或最小值）$f(x_0,y_0)$。最大值（或最小值）统称为极值；使函数取得极值的点 $p_0(x_0,y_0)$ 叫极值点。

例 1　求函数 $z=f(x,y)=x^2+y^2-1$ 的极值。

解：因为当 $(x,y)\neq(0,\ 0)$ 时，有

$$z=f(x,y)=x^2+y^2-1>-1=f(0,\ 0)$$

所以函数 $z=f(x,y)=x^2+y^2-1$ 在（0，0）点，取得极小值 $f(0,\ 0)=-1$。

定理 1（极值存在的必要条件）　若函数 $z=f(x,y)$ 在点 (x_0,y_0) 处有极值，且函数在该点的一阶偏导数存在，则有 $f_x(x_0,y_0)=f_y(x_0,y_0)=0$。

定理 2（极值存在的充分条件）　设点 $p_0(x_0,y_0)$ 为函数 $z=f(x,y)$ 的驻点，且在点 $p_0(x_0,y_0)$ 的某个邻域内 $z=f(x,y)$ 有连续二阶偏导数；且点 $p_0(x_0,y_0)$ 是函数的驻点，即 $f_x(x_0,y_0)=f_y(x_0,y_0)=0$。若记 $A=f_{xx}(x_0,y_0)$，$B=f_{xy}(x_0,y_0)$，$C=f_{yy}(x_0,y_0)$，则：

（1）$B^2-AC<0$ 时，点 $p_0(x_0,y_0)$ 是极值点，且 $A<0$（或 $C<0$）时有极大值，$A>0$（或 $C>0$）时，有极小值。

（2）$B^2-AC>0$ 时，点 $p_0(x_0,y_0)$ 不是极值点。

（3）$B^2-AC=0$ 时，点 $p_0(x_0,y_0)$ 可能是极值点，也可能不是极值点。

例 2　求函数 $f(x,y)=x^3-y^3+3x^2+3y^2-9x$ 的极值。

解：（1）求偏导数 $f'_x=3x^2+6x-9$，$f'_y=-3y^2+6y$。再解方程组 $\begin{cases}f'_x=3x^2+6x-9=0\\ f'_y=-3y^2+6y=0\end{cases}$，有 $\begin{cases}x_1=1\\ y_1=0\end{cases}$ 或 $\begin{cases}x_2=-3\\ y_2=2\end{cases}$

得驻点：（1，0），（1，2），（－3，0），（－3，2）。

（2）求二阶偏导数：$f_{xx}=6x+6$，$f_{xy}=0$，$f_{yy}=-6y+6$。

（3）列表判定。

驻点	A	B	C	B^2-AC	判定结论
(1，0)	12	0	6	$-72<0$	极小值点
(1，2)	12	0	-6	$72>0$	非极值点
(−3，0)	-12	0	6	$72>0$	非极值点
(−3，2)	-12	0	-6	$-72<0$	极大值点

二、多元函数最大值和最小值

与一元函数类似，若二元函数 $z=f(x,y)$ 在有界闭区域 D 上连续，则 $z=f(x,y)$ 在 D 上必有最大值和最小值；在解决实际问题时若在闭区域 D 内驻点唯一，即可确定极值。

例 3　某企业生产两种产品 A 和 B，其中销售单价分别为 $p_A=10$，$p_B=9$（单位：元），总成本数（单位：万元）是两种产品产量 x 和 y（单位：千件）的函数，有

$$C(x,y)=400+2x+3y+0.01\times(3x^2+xy+3y^2)$$

当两种产品的产量为多少时，可获得利润最大？最大利润是多少？

解：收益函数

$$R(x,y)=p_A\cdot x+p_B\cdot y=10x+9y$$

利润函数

$$\begin{aligned}L(x,y)&=R(x,y)-C(x,y)\\&=(10x+9y)-[400+2x+3y+0.01\times(3x^2+xy+3y^2)]\\&=8x+6y-0.01\times(3x^2+xy+3y^2)-400\end{aligned}$$

$$\begin{cases}L_x(x,y)=8-0.01\times(6x+y)=0\\L_y(x,y)=6-0.01\times(x+6y)=0\end{cases}$$

解得唯一驻点（120，80），而 $L(120,80)=320$。则 120 个单位产品 A 和 80 个单位产品 B 时，利润最大，最大利润是 320 万元。

三、条件极值

有的多元函数出现在实际工作中，自变量取值往往要附加一定限制条件，这种附有一定约束条件的极值问题，称为条件极值。如果未受任何条件约束叫无条件极值。

求条件极值的方法——拉格朗日数乘法：

求函数 $z=f(x,y)$ 在约束条件 $\varphi(x,y)=0$ 限制下的极值时，以常数 λ（称为拉格朗日乘数）乘 $\varphi(x,y)$，并与 $f(x,y)$ 相加，得拉格朗日函数

$$L=L(x,y,\lambda)=f(x,y)+\lambda\varphi(x,y)$$

由无条件极值的极值必要条件，得

$$\begin{cases}\dfrac{\partial L}{\partial x}=f_x+\lambda\varphi_x=0\\ \dfrac{\partial L}{\partial y}=f_y+\lambda\varphi_y=0\\ \dfrac{\partial L}{\partial \lambda}=\varphi(x,y)=0\end{cases}$$

解得可能的极值点(x,y)和乘数λ。

可以推广到多于两个自变量的函数和多于一个约束条件的类似结果。

例4 已知工厂生产两种产品的日产量分别为x和y（单位：件），总成本函数$C(x,y)=(8x^2-xy+12y^2)$（单元：元），商品的限额为$x+y=42$，求最小成本。

解：约束条件下$\varphi(x,y)=x+y-42=0$，设拉格朗日函数

$$L(x,y,\lambda)=(8x^2-xy+12y^2)+\lambda(x+y-42)$$

解方程组

$$\begin{cases}L_x(x,y)=16x-y+\lambda=0\\ L_y(x,y)=-x+24y+\lambda=0\\ x+y-42=0\end{cases}$$

得唯一驻点（25，17），最小成本$L(25,17)=8\,043$（元）。

例5 企业销售产品采用两种方式的广告宣传，其宣传费分别为x和y（单位：千元），销售量S（单位：件）与其宣传费（x和y）的函数有

$$S=f(x,y)=\frac{200x}{5+x}+\frac{100y}{10+y}$$

若销售产品所得利润量等于销售量的1/5减去总广告费，两种方式的广告费共25（单位：千元），怎样分配两种方式的广告费能使利润最大，最大利润是多少？

解：约束条件下的利润函数为$L(x,y)=\dfrac{S}{5}-25$，具体利润函数

$$L(x,y)=\frac{40x}{5+x}+\frac{20y}{10+y}-25$$

又在约束条件$x+y=25$下，拉格朗日函数

$$G(x,y,\lambda)=\frac{40x}{5+x}+\frac{20y}{10+y}-25+\lambda(x+y-25)$$

使x，y，λ的一阶偏导数为零，得方程组

$$\begin{cases} G_x = \dfrac{200}{(5+x)^2} + \lambda = 0 \\ G_y = \dfrac{200}{(10+y)^2} + \lambda = 0 \\ x + y - 25 = 0 \end{cases}$$

解得 $x=15$，$y=10$，故点(15，10)是唯一的驻点，也是最大值点。于是，两种方式的广告费分别为 $x=15$，$y=10$ 时，能使利润最大。最大利润为

$$L(15,\ 10) = \frac{40\times 15}{5+15} + \frac{20\times 10}{10+10} - 25 = 15 \ (\text{千元})$$

习题 7 – 5

1. 求函数 $z = x^3 - 3xy + y^3$ 的极值。
2. 企业生产两产品，其产量分别为 x 和 y（单位：件），总成本函数

$$C(x,y) = x^2 + 2xy + y^2 + 5 \ (\text{元})$$

两种产品的需求函数分别是 $x = 2600 - p$，$y = 1\,000 - \dfrac{q}{4}$，其中 p 和 q 分别是两种产品的单价（元/件）。为了使工厂获得最大利润，试确定两种产品的产出水平。

第八章　线 性 规 划

线性规划在工农业生产、交通运输、财贸工作等各项经济活动中是应用最广的数学方法之一。自 1947 年以来，无数实例成功印证线性规划对人类社会的贡献。1946 年，丹齐克（G. B. Dantzig）发现，在许多提高设备利用率的方法中，只要用线性不等式代替线性方程就能把这些方法整理成简单的数学模型。丹齐克又相继做了数学论证，使其成为一门新数学计算理论。

第一节　线性规划经济问题的数学模型

二维码 8－1

扫一扫，获取本节资源

一、什么是线性规划问题

为了说明什么是线性规划问题，我们先来看两个例子。

例 1　某工厂生产甲、乙两种产品都需要在 A、B 两种不同设备上加工。每吨甲、乙产品在不同设备上加工所需的台时、销售后所能获得的利润值以及这两种加工设备在计划期内能提供的有限台时数均列于下表。试问：如何安排生产计划，即甲、乙两种产品各生产多少吨（t），可使该厂所得利润最大？

设　备	每吨产品的加工台时		总有限台时
	甲	乙	
A	3	4	36
B	5	4	40
利润（元/t）	32	30	求 max

解：这是一个简单的生产计划问题，可用数学式子描述它。设计划期内甲、乙两种产品的产量分别为 x_1t、x_2t，则满足对两种设备所能提供的台时限制的关系可用下列不等式组表示：

$$\begin{cases}3x_1+4x_2\leqslant 36\\5x_1+4x_2\leqslant 40\\x_1\geqslant 0,\ x_2\geqslant 0\end{cases}$$

而问题的目标是，在满足两种设备所提供的台时限制的前提下获得的利润最大。由于该厂所获得的利润可由甲、乙两种产品的产量表示为

$$z=32x_1+30x_2$$

于是，问题可表示成

$$\max z=32x_1+30x_2$$

$$\text{s. t.}\begin{cases}3x_1+4x_2\leqslant 36\\5x_1+4x_2\leqslant 40\\x_1\geqslant 0,\ x_2\geqslant 0\end{cases}\qquad ①$$

以上就是这个生产计划最优化问题的数学模型。称这里的利润函数为目标函数，而要满足的设备可用台时限制约束条件，这里记作 s. t. 。

例 2　造纸公司下属两个生产厂 f_1 和 f_2 都生产 A、B、C 三种规格的纸，已知数据列出如下表：

生产厂	各产品生产速率			
	A（吨/时）	B（吨/时）	C（吨/时）	成本（元/时）
f_1	5	3	7	200
f_2	3	5	6	150
需求 f（吨/天）	95	88	160	min

试问：每个厂每天各应开工生产几个小时才能满足公共供应需求，而又使成本最小？

解：设生产厂 f_1 和 f_2 每天分别开工生产 x_1 小时和 x_2 小时，则 $x_1\geqslant 0$，$x_2\geqslant 0$，由三种规格纸的需求量，可知

$$5x_1+3x_2\geqslant 95$$

$$3x_1+5x_2\geqslant 88$$

$$7x_1+6x_2\geqslant 160$$

目标是使成本 $200x_1+150x_2$ 最小，这样得到该问题的数学模型：

$$\min z=200x_1+150x_2$$

$$\text{s. t.}\begin{cases}5x_1+3x_2\geqslant 95\\3x_1+5x_2\geqslant 88\\7x_1+6x_2\geqslant 160\\x_1\geqslant 0,\ x_2\geqslant 0\end{cases}\qquad ②$$

上述两个数学模型具有共同的特征：目标函数是未知量的线性函数，约

束条件是未知量的等式或线性不等式。这种以未知量的线性函数为特征的一类最优化问题即是线性规划问题。

二、建立线性规划数学模型的一般形式

实际问题的线性规划模型是多种多样的，其一般形式可表示为：求一组变量 x_1，x_2，…，x_n 的值，使之满足

$$\max\text{（或 }\min\text{）}\ z=c_1x_1+c_2x_2+\cdots+c_nx_n$$

$$\text{s. t.}\begin{cases}a_{11}x_1+a_{12}x_2+\cdots+a_{1n}x_n\leqslant b_1\ \text{（或}\geqslant b_1\text{，或}=b_1\text{）}\\ a_{21}x_1+a_{22}x_2+\cdots+a_{2n}x_n\leqslant b_2\ \text{（或}\geqslant b_2\text{，或}=b_2\text{）}\\ \vdots\qquad\vdots\qquad\vdots\qquad\vdots\qquad\vdots\\ a_{m1}x_1+a_{m2}x_2+\cdots+a_{mn}x_n\leqslant b_m\ \text{（或}\geqslant b_m\text{，或}=b_m\text{）}\\ x_1\geqslant 0,\ x_2\geqslant 0,\ \cdots,\ x_n\geqslant 0\end{cases}\qquad ③$$

若令 $\boldsymbol{A}=\begin{pmatrix}a_{11}&a_{12}&\cdots&a_{1n}\\a_{21}&a_{22}&\cdots&a_{2n}\\\vdots&\vdots&\vdots&\vdots\\a_{m1}&a_{m2}&\cdots&a_{mn}\end{pmatrix}$，$\boldsymbol{x}=\begin{pmatrix}x_1\\x_2\\\vdots\\x_n\end{pmatrix}$，$\boldsymbol{b}=\begin{pmatrix}b_1\\b_2\\\vdots\\b_n\end{pmatrix}$，$\boldsymbol{c}=\begin{pmatrix}c_1\\c_2\\\vdots\\c_n\end{pmatrix}$，则利用矩阵的知识，可将该模型表示为：

$$\max\text{（或 }\min\text{）}\ z=c^{\mathrm{T}}x$$

$$\text{s. t.}\begin{cases}Ax\leqslant b\ \text{（或}\geqslant b\text{，或}=b\text{）}\\ x\geqslant 0\end{cases}\qquad ④$$

式④称为线性规划模型的矩阵表示式，其中 $\boldsymbol{A}$ 为约束条件的 $m\times n$ 系数矩阵，b 为限定向量，c 为价值向量，x 为决策变量向量。

为讨论线性规划问题的方便，我们称目标函数求极小、约束条件均是等式（方程）的线性规划模型为标准式，用矩阵和向量表示为

$$\min z=c^{\mathrm{T}}x$$

$$\text{s. t.}\begin{cases}Ax=b\\ x\geqslant 0\end{cases}\qquad ⑤$$

三、建立线性规划模型的标准式的要求（用例3说明）

例3 某公司生产A、B、C三种产品，已知上述三种产品的单位产品原材料消耗定额分别为4千克、5千克和6千克；三种产品的单位产品所需工时分别为5台时、6台时和4台时。由于生产该三种产品的原材料和工时的供应有一定限制，原材料每天只能供应380千克，工时每天只有450台时。另外，三种产品的利润分别为500元/件、260元/件和350元/件。

（1）试建立能获得最大利润的线性规划模型。

（2）将（1）中的线性规划模型化为标准式。

（3）写出用 Maple 软件计算该线性规划问题的命令语句。

解：（1）设生产 A、B、C 三种产品分别为 x_1，x_2，x_3，其获得最大利润的线性规划模型

$$\max S = 500x_1 + 260x_2 + 350x_3$$

$$\begin{cases} 4x_1 + 5x_2 + 6x_3 \leqslant 380 \\ 5x_1 + 6x_2 + 4x_3 \leqslant 450 \end{cases}$$

（2）令 $S' = -S$，此线性规划模型的标准式为：

$$\min S' = -500x_1 - 260x_2 - 350x_3$$

$$\begin{cases} 4x_1 + 5x_2 + 6x_3 \leqslant 380 \\ 5x_1 + 6x_2 + 4x_3 \leqslant 450 \\ x_1 \geqslant 0,\ x_2 \geqslant 0,\ x_3 \geqslant 0 \end{cases}$$

（3）用 Maple 软件求解。

A. 最大值输入法求解。

with（simplex）

Maximize

$(-500x_1 - 260x_2 - 350x_3,\ \{4x_1 + 5x_2 + 6x_3 \leqslant 380,\ 5x_1 + 6x_2 + 4x_3 \leqslant 450,\ x_1 \geqslant 0,\ x_2 \geqslant 0,\ x_3 \geqslant 0\})$

$$\{x_1 = 90,\ x_2 = 0,\ x_3 = 0\} \qquad ①$$

S：$(x_1\quad x_2\quad x_3) \to 500x_1 + 260x_2 + 350x_3$

$$(x_1\quad x_2\quad x_3) \to 500x_1 + 260x_2 + 350x_3$$

S（90　0　0）

45 000

当以上问题转换成求最小问题，就是直接输入（2）的式子就可以了。

B. 最小值输入法求解。

with（simplex）

minimize

$(-500x_1 - 260x_2 - 350x_3,\ \{4x_1 + 5x_2 + 6x_3 \leqslant 380,\ 5x_1 + 6x_2 + 4x_3 \leqslant 450,\ x_1 \geqslant 0,\ x_2 \geqslant 0,\ x_3 \geqslant 0\})$

$$\{x_1 = 90,\ x_2 = 0,\ x_3 = 0\} \qquad ①$$

S：$(x_1\quad x_2\quad x_3) \to -500x_1 - 260x_2 - 350x_3$

$$(x_1\quad x_2\quad x_3) \to -500x_1 - 260x_2 - 350x_3$$

S（90　0　0）

−45 000

说明：用 Maple 软件解题的优势是更加自由灵活，以上题为例，它求的是最大利润。其求解有两种输入法，即最大值输入法和最小值输入法。这两种输入法解出的结果相同。

第二节 线性规划的解法

二维码 8－2
扫一扫，获取本节资源

一、几个概念

对上节线性规划问题式④，称满足全部约束条件的解为线性规划问题的可行解，全部可行解的集合称为可行域。使目标函数取最小值的可行解，称为最优解，此时目标函数的最小值称为最优值。

二、两个变量线性规划问题的图解法

对于只涉及两个变量的问题，可在直角坐标平面上，借助几何意义求出其解。下面用实例说明图解法步骤。

例 1 试解本章第一节例 1 中的线性规划问题，即

$$\max z=32x_1+30x_2$$

$$\text{s. t.}\begin{cases}3x_1+4x_2\leqslant 36\\5x_1+4x_2\leqslant 40\\x_1\geqslant 0,\ x_2\geqslant 0\end{cases} \qquad ①$$

解：第一步，由全部约束条件作图求出可行域。

首先考虑约束条件 $3x_1+4x_2\leqslant 36$，若取等号，得 $3x_1+4x_2=36$，作此直线，它将整个平面划分为两个部分，满足约束条件 $3x_1+4x_2\leqslant 36$ 的点全部在该直线及其左下部的半平面内，而该直线及其左下部的平面内的任一点也满足约束条件 $3x_1+4x_2\leqslant 36$。同理可得与约束条件 $5x_1+4x_2\leqslant 40$，$x_1\geqslant 0$，$x_2\geqslant 0$ 相应的各个半平面。全部约束条件相应的各个平面的交集即为线性规划问题的可行域，如图 8－1 中阴影部分所示。

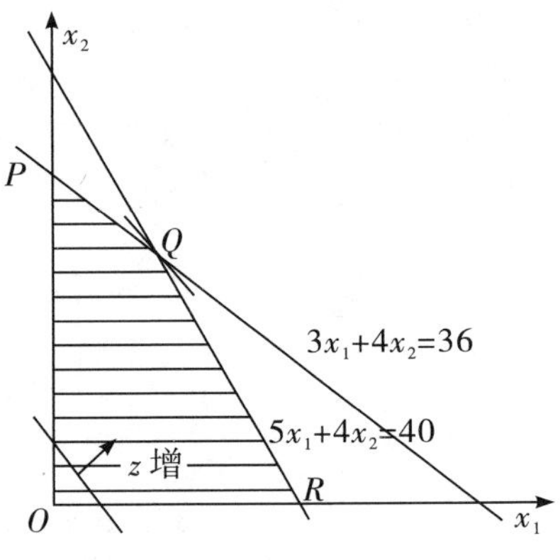

图 8－1

第二步，作出一条目标函数的等值线：

设 $32x_1+30x_2=62$，作该直线，其上任一点的目标函数值都等于 62，它是一条目标函数等值线（在本例中，也称为等利润线）。在坐标平面内，目标函数 $z=32x_1+30x_2$ 的图象是与 $32x_1+30x_2=62$ 平行的一簇直线。

第三步，平移目标函数等值线，作图求解最优点，再算出最优值。

因为本例题是求 max z，故作出一条

目标函数等值线后，还要确定：在可行域内，这条等值线向哪个方向平移可使 z 值增大，如图 8 - 1 所示。

本例中，顶点 $Q\left(2，\frac{15}{2}\right)$为最优点，即 $x_1=2$，$x_2=\frac{15}{2}$。将最优点代入$z=32x_1+30x_2$，得目标函数最优值为 289。

上述几何解法直观地显示了线性规划问题的基本定理（解的基本性质）：若线性规划问题有最优解，则必存在可行区域的某个顶点是最优的。

一般地讲，线性规划问题的可行解有无穷多个，要从中找出最优解，当然是困难的。但是，通常情况下，线性规划问题可行区域的顶点只有有限多个，将这些点的目标函数值全算出也是办得到的。这样，对涉及两个变量的线性规划问题，或者可依照例 1 那样，通过在可行区域内平行地推移目标函数的等值线到极端，从而得出解，或者是将每个顶点的目标函数值全算出进行直接的比较以确定解。

例 2　试解线性规划问题，即

$$\min z=200x_1+150x_2$$

$$\text{s. t.}\begin{cases}5x_1+3x_2\geqslant 95\\3x_1+5x_2\geqslant 88\\7x_1+6x_2\geqslant 160\\x_1\geqslant 0，\ x_2\geqslant 0\end{cases}$$

解：画出区域，如图 8 - 2 所示的阴影部分，它是一个无界区域。任作一目标函数的等值线 $200x_1+150x_2=7\,000$，当等值线向左下方移动时，目标函数值下降，由此可知 Q 点是最优点，其坐标可由方程组$\begin{cases}5x_1+3x_2=95\\7x_1+6x_2=160\end{cases}$解得，即 $x_1{}^*=10$，$x_2{}^*=15$，最优值为 4 250。

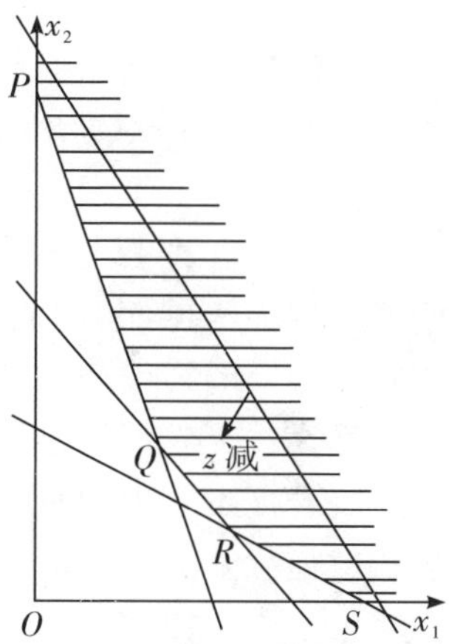

图 8 - 2

三、从图解法看线性规划问题解的几种情况

1. 有唯一最优解

这是一般情况，且最优解必在可行域的某个顶点处达到，如本节例 2 所示。

2. 有无穷多组最优解

若将例 1 的目标函数改为 $\max z=5x_1+4x_2$，则目标函数等值线恰与约束条件（$5x_1+4x_2\leqslant 40$）构成的边界平行，即目标函数同时在两个顶点 Q、R 上得到最优，则这两个顶点之间的可行域边界上的各点均为最优点，它们对应同一最优值。

3. **无可行解**

若在例 1 中再增加一个约束条件 $x_1 \geqslant 15$，则可行域变为空集，该线性规划问题无可行解。一般来说，出现无可行解的情况，即表明数学模型中存在矛盾的约束条件。

4. **无有限最优解（无界解）**

如果全部约束条件构成的可行域是无界的，则有可能出现无有限最优解的情况。例如：

$$\max z = x_1 + x_2$$

$$\text{s.t.} \begin{cases} x_1 - 2x_2 \leqslant 4 \\ -x_1 + 2x_2 \leqslant 2 \\ x_1 \geqslant 0,\ x_2 \geqslant 0 \end{cases} \qquad ②$$

本例用图解法求解结果见图 8－3，图中的阴影部分即为可行域，其可行域无界，目标函数的最大值可以增大到无穷大。这种情况就叫作无有限最优解，亦即目标函数无有限最优值。一般来说，出现无有限最优解的情况，即表明数学模型中缺少必要的约束条件。

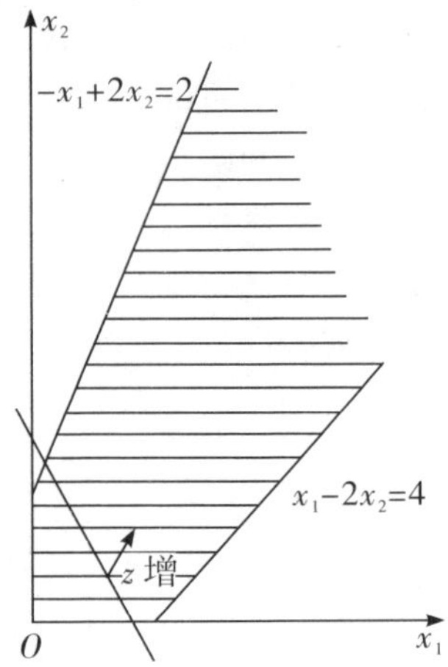

图 8－3

那么，无界可行域一定无有限最优解吗？不一定，若把本例中目标函数改为 $\min z = x_1 + x_2$，虽然可行域未变，仍为无界，但最优解为 $(0,0)^{\mathrm{T}}$，最优值为 0。

四、单纯形法

几何方法只能用于涉及两个变量的线性规划问题，为了能解决实际中经常出现的多于两个变量的线性规划问题，这里简单介绍线性规划问题的有效解法——单纯形法。丹齐克在 1947 年建立的单纯形法，对其后出现的应用线性规划的高潮具有主要的影响。这里结合对带不等式约束的最大优异性规划问题的求解，介绍单纯形法。

例 3 用单纯形法重解本章第一节例 1，即解

$$\max z = 32x_1 + 30x_2$$

$$\text{s.t.} \begin{cases} 3x_1 + 4x_2 \leqslant 36 \\ 5x_1 + 4x_2 \leqslant 40 \\ x_1 \geqslant 0,\ x_2 \geqslant 0 \end{cases} \qquad ③$$

解：首先对两个约束不等式分别添加非负松弛变量（记作 x_3，x_4），使之成为等式（方程组）

$$\begin{cases}3x_1+4x_2+x_3=36\\5x_1+4x_2+x_4=40\end{cases}\qquad ④$$

其中 x_3 用于填补 $3x_1+4x_2$ 与 36 之间的差距，x_4 用来填补 $5x_1+4x_2$ 与 40 间的差距；由于原来是不等式约束，故必须有 $x_3\geqslant0$ 及 $x_4\geqslant0$，从而，可得以上线性规划问题式③的标准形

$$\min(-z)=-32x_1-30x_2$$

$$\text{s. t.}\begin{cases}3x_1+4x_2+x_3=36\\5x_1+4x_2+x_4=40\\x_j\geqslant0\ (j=1,2,3,4)\end{cases}\qquad ⑤$$

约束方程组④有无穷多个解，线性规划问题式③的解就是其中之一。单纯形法是确定这个解的一个过程，并在到达解时能给出此解。

接着由标准形⑤写出初始单纯形表如下：

	x_1	x_2	x_3	x_4	x_0
x_3	3	4	1	0	36
x_4	5	4	0	1	40
	−32	−30	0	0	0

在初始单纯形表中，横线以上部分为约束方程组④的增广矩阵，而横线以下的这一行由目标函数的系数组成（注意到目标函数中未出现 x_3 和 x_4 及常数项，故认为其系数均为零，即 $c_0=c_3=c_4=0$）。该行称为检验行，其每一元为相应变量的检验数（x_0 名下的不作为检验数）。

在单纯形表中，称系数组成单位矩阵的两个（m 个）变量为**基本变量**，而其他变量为**非基本变量**。称约束方程组的非基本变量取值零的解为线性规划问题的**基本解**，在基本解的每个分量皆满足非负限制时称为**基本可行解**。

对于这张初始单纯形表，对应的基本变量是 x_3，x_4（为便于读取，标记在单纯形表的第一列），非基本变量是 x_1，x_2。首先让非基本变量 $x_1=0$，$x_2=0$，再代入约束方程组可解得 $x_3=36$，$x_4=40$，从而得基本解 $[0,0,36,40]^{\mathrm{T}}$，这是个基本可行解。

单纯形法的运算过程是反复执行以下运算（称为单纯形迭代）：

（1）从检验数中选出绝对值最大的负数（也称为负元，该负元所在的列称为主元列），若检验数中无负数，则过程结束，得到最优解。

(2) 用主元列中每一个正数（也称正元）去除最后一列中对应的数，选出使比值最小的正元，称其为主元（若无正元，则线性规划问题无解）。

(3) 按矩阵的初等行变换，将该列的主元化成 1，其他元（包括检验数）全都消成零。

现列表进行运算如下（符号“↑”指明这一列被定为主元列，带“*”的元为主元）：

	x_1	x_2	x_3	x_4	x_0
x_3	3	4	1	0	36
x_4	5^*	4	0	1	40
	-32	-30	0	0	0
	↑				

因为检验行中绝对值最大的负检验数为 -32，故选检验数 -32 对应的列，即第一列作为主元列；又因为$(40\div5)<(36\div3)$，所以选 5 为主元。然后按矩阵的初等行变换，将主元化成 1，将主元列中的 3 和 -32 化成零，得如下单纯形表：

	x_1	x_2	x_3	x_4	x_0
x_3	0	$\frac{8}{5}$	1	$-\frac{3}{5}$	12
x_1	1	$\frac{4}{5}$	0	$\frac{1}{5}$	8
	0	$-\frac{22}{5}$	0	$\frac{32}{5}$	256

上面这张单纯形表，横线以上部分对应与原约束方程组同解的方程组，此时等价地将原规划问题变为如下问题：

$$\min(-z)=-256-\frac{22}{5}x_2+\frac{32}{5}x_4$$

$$\text{s. t.}\begin{cases}\frac{8}{5}x_2+x_3-\frac{3}{5}x_4=12\\ x_1+\frac{4}{5}x_2+\frac{1}{5}x_4=8\\ x_1\geqslant0,\ x_2\geqslant0\end{cases}$$

此时的基本变量是 x_1 和 x_3，而 x_2 与 x_4 是非基本变量，令非基本变量取值为零，即 $x_2=x_4=0$，从方程组可解得基本变量的值（从 x_0 名下这列可直接读出）$x_1=8$，$x_3=12$，于是这张单纯形表对应的基本可行解是［8，0，12，0］^{T}，由于检验数尚有负值，需继续进行迭代：

	x_1	x_2	x_3	x_4	x_0
x_3	0	$\frac{8}{5}^*$	1	$-\frac{3}{5}$	12
x_1	1	$\frac{4}{5}$	0	$\frac{1}{5}$	8
	0	$-\frac{22}{5}$	0	$\frac{32}{5}$	256
		↑			

［注：因 $(12\div\frac{8}{5})<(8\div\frac{4}{5})$，故选$\frac{8}{5}$为主元，加“ * ”表示］

	x_1	x_2	x_3	x_4	x_0
x_2	0	1	$\frac{5}{8}$	$-\frac{3}{8}$	$\frac{15}{2}$
x_1	1	0	$-\frac{1}{2}$	$\frac{1}{2}$	2
	0	0	$\frac{11}{4}$	$\frac{19}{4}$	289

至此，检验数已无负元，故已达到最优解，称这样的单纯形表为最优表。

在最优表中，由第一列可知对应的基本变量是 x_1，x_2，由 x_0 名下这列可知当 $x_3=x_4=0$ 时约束方程组解出 $x_1=2$，$x_2=\frac{15}{2}$，故最优表对应的基本可行解是$\left[2,\ \frac{15}{2},\ 0,\ 0\right]^T$，这就是最优解。其中前两个数字 2，$\frac{15}{2}$是作为二元线性规划问题式③最优解的数值 $x_1{}^*=2$，$x_2{}^*=\frac{15}{2}$；而后两个数字 0，表明最优解分别与两个约束不等式的关系是以等式形式（达到边界）使其为“真”；而 x_0 这列最下面的 289 表明此时目标函数的最优值，即 $\max z=289$。

现在回过来考查：对约束不等式组添加松弛变量写成约束方程组后，其基本可行解与约束不等式组的非负解集合（可行区域）的关系。

前已提及，每张单纯形表都对应着一个基本可行解。上列三张表对应的

约束方程组④的基本可行解可依次读出，为

$$\begin{pmatrix}0\\0\\36\\40\end{pmatrix},\begin{pmatrix}8\\0\\12\\0\end{pmatrix},\begin{pmatrix}2\\\frac{15}{2}\\0\\0\end{pmatrix}$$

第一个基本可行解是 $x_1=0$，$x_2=0$，$x_3=36$，$x_4=40$。

对照图 8－1 可看出，这个基本可行解的$\begin{pmatrix}x_1\\x_2\end{pmatrix}=\begin{pmatrix}0\\0\end{pmatrix}$，正对应于可行区域的顶点（原点）$O$。

第二个基本可行解是 $x_1=8$，$x_2=0$，$x_3=12$，$x_4=0$。

对照图 8－1 可看出，这个基本可行解的$\begin{pmatrix}x_1\\x_2\end{pmatrix}=\begin{pmatrix}8\\0\end{pmatrix}$正是可行区域的顶点 R。

第三个基本可行解是 $x_1=2$，$x_2=\frac{15}{2}$，$x_3=0$，$x_4=0$。

对照图 8－1 可看出，这个基本可行解的$\begin{pmatrix}x_1\\x_2\end{pmatrix}=\begin{pmatrix}2\\\frac{15}{2}\end{pmatrix}$是可行区域的顶点 Q，也正是本节线性规划问题式③的最优解。

综上所述可以看出，在给约束不等式加上松弛变量写成约束方程组后，可行区域的顶点就是约束方程组的基本可行解。这样，可重述线性规划问题基本定理如下：

基本定理 若线性规划问题有最优解，则必有某个基本可行解是最优的。

单纯形法的过程可看作是由一个基本可行解（顶点）转向另一基本可行解（顶点）的一个搜索过程，目的是逐步实现最优化（过程中逐次在消灭负元的检验数）。

现将单纯形法用于解多个变量的线性规划问题。

例 4 试解如下线性规划问题

$$\max z=4x_1+3x_2+11x_3+14x_4$$

$$\text{s. t.}\begin{cases}4x_1+3x_2+2x_3\leqslant 100\\x_1+x_3+2x_4\leqslant 40\\2x_1+4x_2+x_3+2x_4\leqslant 60\\x_1\geqslant 0,\ x_2\geqslant 0,\ x_3\geqslant 0,\ x_4\geqslant 0\end{cases} \qquad ⑥$$

解：首先，添加非负松弛变量 x_5，x_6，x_7，将问题式⑥等价地变为其标

准形

$$\min(-z) = -4x_1 - 3x_2 - 11x_3 - 14x_4$$

$$\text{s. t.}\begin{cases}4x_1 + 3x_2 + 2x_3 + x_5 = 100 \\ x_1 + x_3 + 2x_4 + x_6 = 40 \\ 2x_1 + 4x_2 + x_3 + 2x_4 + x_7 = 60 \\ x_j \geqslant 0\ (j = 1, 2, 3, 4, 5, 6, 7)\end{cases} \qquad ⑦$$

然后，形成初始单纯形表，并做单纯形迭代如下：

	x_1	x_2	x_3	x_4	x_5	x_6	x_7	x_0
x_5	4	3	2	0	1	0	0	100
x_6	1	0	1	2^*	0	1	0	40
x_7	2	4	1	2	0	0	1	60
	−4	−3	−11	−14	0	0	0	0

⇓

	x_1	x_2	x_3	x_4	x_5	x_6	x_7	x_0
x_5	4	3	2	0	1	0	0	100
x_4	$\frac{1}{2}$	0	$\frac{1}{2}^*$	1	0	$\frac{1}{2}$	0	20
x_7	1	4	0	0	0	−1	1	20
	3	−3	−4	0	0	7	0	280

⇓

	x_1	x_2	x_3	x_4	x_5	x_6	x_7	x_0
x_5	2	3	0	−4	1	−2	0	20
x_3	1	0	1	2	0	1	0	40
x_7	1	4^*	0	0	0	−1	1	20
	7	−3	0	8	0	11	0	440

⇓

	x_1	x_2	x_3	x_4	x_5	x_6	x_7	x_0
x_5	$\frac{5}{4}$	0	0	-4	1	$-\frac{5}{4}$	$-\frac{3}{4}$	5
x_3	1	0	1	2	0	1	0	40
x_2	$\frac{1}{4}$	1	0	0	0	$-\frac{1}{4}$	$\frac{1}{4}$	5
	$\frac{31}{4}$	0	0	8	0	$\frac{41}{4}$	$\frac{3}{4}$	455

至此，检验数已全为非负，故已是最优表。

最后，从最优表中读出最优解、最优值。从最优表的第一列可知，基本变量是 x_2，x_3，x_5，其值可从 x_0 列读出：

$$x_2^*=5,\ x_3^*=40,\ x_5^*=5$$

而最优值为 $z^*=455$。因此，线性规划问题式⑥的最优解为 $x_1=0$，$x_2=5$，$x_3=40$，$x_4=0$；最优值 $z=455$。

习题 8

1. 线性规划方法用于解决什么类型的数学问题？
2. 线性规划的数学模型由哪几个部分组成？
3. 线性规划的数学模型的标准式有什么特点？
4. 用单纯形法求本章第一节例 2 的线性规划问题最优解和最优值。

$$\min z=200x_1+150x_2$$

$$\text{s. t.}\begin{cases}5x_1+3x_2\geqslant 95\\3x_1+5x_2\geqslant 88\\7x_1+6x_2\geqslant 160\\x_1\geqslant 0,\ x_2\geqslant 0\end{cases}$$

5. 将下列线性规划模型的标准式表示成矩阵形式。

$$\min S=5x_1+8x_2$$

$$\begin{cases}x_1\leqslant 400\\-x_2\leqslant -200\\x_1+x_2=500\\x_1\geqslant 0,\ x_2\geqslant 0\end{cases}$$

6. 某物流公司下属企业欲制定生产 A 和 B 两种产品的生产计划。已知生产一件 A 产品需要原材料 1 吨，动力 1 单位，生产设备 3 工时；生产一件 B 产品需要原材料 2 吨，动力 1 单位，生产设备 1 工时。在一个生产周期内，可用原材料 16 吨，动力 10 单位，生产设备 24 工时。每件 A 产品利润 3 千元，每件 B 产品利润 4 千元。

（1）试写出能获得最大利润的线性规划模型。

（2）用 Maple 软件计算该线性规划的命令语句。

第九章 概率论与数理统计特征

概率论与数理统计的方法在实际应用中非常广泛。概率统计的方法在气象预报、地震预报、产品的质量检验、财务运算、医学研究、商品生产管理及统计学中都有独特的应用，如对某些电子元件可靠性及平均寿命的估计等。因此，概率论与数理统计是数学理论中的重要分支。

第一节 随 机 事 件

二维码 9－1
扫一扫，获取本节资源

一、随机事件简介

1. 随机试验与随机事件

在一定条件下，对自然现象和社会现象进行试验或观察称为试验。这里的试验是一个广泛的术语，它包含各种观察与科学实验。例如：

（1）掷一枚硬币，观察其正面或反面。

（2）掷一枚骰子，观察其出现的点数。

（3）记录某电话台一小时内接到电话的次数。

（4）在一批灯泡中，任取一只，测试其寿命。

随机试验可以重复多次，随机试验的结果称为该随机试验的随机事件（简称事件），通常用大写字母 A，B，C，…表示。

2. 基本事件与样本空间

随机事件每一个可能的基本结果，称为这个试验的样本点，记为 ω；全体样本点的集合称为样本空间，记为 Ω。如硬币实验的样本空间 $\Omega_1=$［正，反］；如骰子实验的样本空间 $\Omega_2=[1, 2, 3, 4, 5, 6]$。

由上面的讨论可知，样本空间可分为两类：当样本点的总数是可数时，则称样本空间为有限空间；当样本点的总数是不可数时，则称样本空间为无限空间。

显而易见，随机事件是由一个或多个样本点组成，因此随机试验 T 的样本空间 Ω 的子集为试验 T 的随机事件。

特别地，由一个样本点组成的集合叫基本事件；由全体样本点组成的事件，在每次试验中它总是发生的，叫必然事件，用Ω示之。不包含任何样本点的事件，它可以作为样本空间的子集，它在每一次试验中都不发生，称为不可能事件，用“$\varnothing$”表示。

二、事件的运算与事件间的关系

事件的各种运算与集合的运算对应，下面介绍几种事件运算。

1. **包含关系**

如果事件A发生必然导致事件B发生，记作事件B包含事件A，如$B\supset A$或$A\subset B$。

包含一般有下列关系：

（1）$\varnothing\subset A\subset\Omega$。

（2）若$A\subset B$，$B\subset C$，则$A\subset C$。

2. **相等关系**

如果两个事件A与B满足$A\subset B$且$A\supset B$，则$A=B$。

3. **事件的和**

两个事件A与B不可能同时发生（至少有一个发生），即“或者A发生，或者B发生”，这样的事件称为A与B的和，记作$A\cup B$或（$A+B$）。

类似地，可以推导多个事件A_1，A_2，…，A_n的和

$$A_1\cup A_2\cup\cdots\cup A_n\text{ 或 }\bigcup_{i=1}^{n}A_i$$

4. **事件的积**

两个事件A与B同时发生，称为事件A与B的积，记作$A\cdot B$或$A\cap B$。

类似地，可以推导多个事件A_1，A_2，…，A_n同时发生，可记为

$$A_1\cdot A_2\cdot\cdots\cdot A_n\text{ 或 }\bigcap_{i=1}^{n}A_i$$

5. **互不相容事件**

两个事件A与B不能同时发生，即$AB=\varnothing$，称A与B为互不相容事件或互斥事件。

6. **对立事件**

若事件A与B至少有一个发生，且仅有一个发生，$A\cdot B=\varnothing$有$A\cup B=\Omega$，则称事件A与B为对立事件或互逆事件。

7. **完备事件组**

若n个事件A_1，A_2，…，A_n中，至少有一个发生，且两两互不相容，即

$$\bigcup_{i=1}^{n} A_i = \Omega，且 A_i \cdot A_j = \varnothing \ （i \neq j 且取整数）$$

8. 事件的运算律

（1）交换律：$A \cup B = B \cup A$

（2）结合律：$(A \cup B) \cup C = A \cup (B \cup C)$

（3）分配律：$(A \cup B)C = (AC) \cup (BC)$

（4）德·摩根公式（De-Morgan）：$\overline{A \cup B} = \overline{A} \cdot \overline{B}$，$\overline{AB} = \overline{A} \cup \overline{B}$

第二节　事件的概率

二维码 9-2

扫一扫，获取本节资源

一、概率的统计定义

定义 1　若事件 A 在 n 次相同的重复事件中发生 m 次，则把比值 $\frac{m}{n}$ 称为事件 A 在这 n 次试验中出现的频率，记作 $f_n(A)$，称 m 为事件 A 在这 n 次中出现的频率数，简称为“概率”。

概率具有以下性质：

$$\begin{cases} 0 \leqslant f_n(A) \leqslant 1 \\ f_n(\Omega) = 1，f_n(\varnothing) = 0 \\ A_1，A_2，\cdots，A_k \text{ 为两两不相容事件} \end{cases}$$

二、古典概型

概率的统计定义 1 描述得比较直观，但不够严密，有的通过大量的重复实验也不可能。但大部分试验具有以下两个特征：

（1）试验的全部样本点（基本事件）的个数是有限的，即样本空间是有限集。

（2）各基本事件出现的可能性相同。

定义 2（古典概型）　如果基本事件的总数是 n，事件 A 包含其中 m 个基本事件，记事件 A 的概率为 $P(A) = \frac{m}{n}$。

凡属于古典概型的问题就用这一定义，再结合加法原理、乘法原理和排列组合的知识，可以直接计算其概率。这种方法简称古典概率。

由概率的定义推出概率的基本性质有：

性质 1　对于基本事件 A，有 $0 \leqslant f(A) \leqslant 1$。

性质 2　$P(\Omega) = 1$；$P(\varnothing) = 0$。

例1　一箱中有10件产品，其中有2件次品，从中随机抽取3件，抽得的次品数为x，求：

（1）$\{x=0\}$即抽得3件中全是正品的概率：

$$p(x=0)=\frac{C_8^3}{C_{10}^3}=\frac{7}{15}$$

（2）$\{x=1\}$即抽得3件中有一件是次品的概率：

$$p(x=1)=\frac{C_2^1C_8^2}{C_{10}^3}=\frac{7}{15}$$

（3）$\{x=2\}$即抽得3件中有两件是次品的概率：

$$p(x=2)=\frac{C_2^2C_8^1}{C_{10}^3}=\frac{1}{15}$$

例2　将10张标有数字0，1，2，…，9的卡片搅混在一起，再任意抽取一张，以x表示所取卡片上标有的数字，求：

（1）$p(x=i)$的概率：

$$p(x=i)=\frac{1}{10}$$

（2）p（x为奇数）的概率：

$$p(x\text{为奇数})=\frac{5}{10}$$

例3　将50张考签分别标上数字0，1，2，…，50，则

（1）任取一张进行考试，求事件“抽到前10号考签”的概率：

$$p(A)=\frac{10}{50}$$

（2）任取两张进行考试，求事件“抽到两张均为前10号考签”的概率：

$$p(A)=\frac{C_{10}^2}{C_{50}^2}=0.34$$

例4　某班42名学生分成3组，每组14人，拟从中任意抽取3名学生参加体能测试，试求下列事件的概率：

（1）被抽到的3名学生来自第一组，包含的基本事件$A=C_{14}^3$，则有

$$p(A)=\frac{C_{14}^3}{C_{42}^3}=0.0317$$

（2）被抽到的3名学生来自同一组，包含的基本事件$B=3C_{14}^3$，则有

$$p(B)=\frac{3C_{14}^3}{C_{42}^3}=0.0951$$

(3) 被抽到的 3 名学生来自不同组，包含的基本事件 $C=(C_{14}^{3})^{3}$，则有

$$p(C)=\frac{(C_{14}^{1})^{3}}{C_{42}^{3}}=0.2390$$

第三节 概率的运算

二维码 9－3
扫一扫，获取本节资源

一、概率的加法公式

定理 1 对于任意两个事件 A，B，有

$$P(A\cup B)=P(A)+P(B)-P(A\cdot B)$$

概率的加法可以推广到有限个事件和的情形：

$$P(A_1\cup A_2\cup A_3)=P(A_1)+P(A_2)+P(A_3)-P(A_1\cdot A_2)-P(A_2\cdot A_3)-P(A_1\cdot A_3)$$

推论 1 如果事件 A，B 互不相容，则

$$P(A\cup B)=P(A)+P(B)$$

推论 2 对于任意事件 A，则有

$$P(A)+P(\overline{A})=1$$

例 1 两人同时向目标射击，甲击中目标的概率为 0.8，乙击中目标的概率为 0.85，两人同时击中目标的概率为 0.68，求目标被击中的概率。

解：设 $A=\{$甲击中目标$\}$，$B=\{$乙击中目标$\}$。$(A\cup B)=\{$目标被击中$\}$，则

$$P(A)=0.8,\ P(B)=0.85,\ P(A\cdot B)=0.68$$

由定理 1 概率加法公式得

$$P(A\cup B)=P(A)+P(B)-P(A\cdot B)=0.97$$

例 2 在打靶中，若"命中 10 环"的概率是 0.40，"命中 8 环或 9 环"的概率是 0.45，求"至少命中 8 环"的概率。

解：设 $A=\{$命中 10 环$\}$，$B=\{$命中 8 环或 9 环$\}$。$C=\{$至少命中 8 环$\}$，则

$$C=(A\cup B),\ 且\ A\cdot B=\varnothing$$

由定理 1 概率加法公式得

$$P(C)=P(A\cup B)=P(A)+P(B)-P(A\cdot B)=0.85$$

例 3 某人有 5 把钥匙，其中有一把是办公室门的，但他忘了是哪一把，只好逐把试开（试完不放回），求三次内把办公室门打开的概率。

解：设 $A_i=\{$恰好第 i 次打开门$\}$，$B=\{$三次内把门打开$\}$，则 $B=A_1\cup A_2\cup A_3$，且 A_1，A_2，A_3 两两互不相容，有

$$P(A_1)=\frac{1}{5};\ P(A_2)=\frac{4}{5}\times\frac{1}{4}=\frac{1}{5};\ P(A_3)=\frac{3}{5}\times\frac{1}{3}=\frac{1}{5}$$

则
$$P(B)=P(A_1\cup A_2\cup A_3)=P(A_1)+P(A_2)+P(A_3)=0.6$$

例 4　袋中装有 4 个黑球和一个白球，每次从袋中随机摸出一球，并换入一个黑球，连续进行。求第 3 次摸到黑球的概率。

解：设 $A=\{$第 3 次摸到黑球$\}$，$\overline{A}=\{$第 3 次摸到白球$\}$。先计算 $\overline{A}$ 的概率。

这是一种有放回的摸球，连续摸 3 次球，基本事件的总数为 $5\times5\times5=125$。事件 $\overline{A}$ 相当于“第一次和第二次都摸到黑球，第 3 次摸到白球”，故 $\overline{A}$ 包含的基本事件数为 $P_4^1\cdot P_4^1\cdot P_1^1=16$。所以

$$P(\overline{A})=\frac{16}{125}$$

由加法公式的推论 2 可知：

$$P(A)=1-P(\overline{A})=1-\frac{16}{125}=\frac{109}{125}$$

上例中，直接计算并不容易，这时通过求 $P(\overline{A})$ 和用推论 2 转化成求 $P(A)$ 就容易得多。

二、条件概率与概率的乘法公式

1. 条件概率

在实际问题中，有时需要求在事件 B 已发生的条件下，求事件 A 的概率。由于增加了条件“事件 B 已发生”，所以称之为条件概率。

定义 1　若 $P(B)>0$，则把在事件 B 已发生的条件下，事件 A 的概率称为条件概率，记为 $P(A|B)$。

例 5　一批同类产品共 14 件，其中由甲厂提供的 6 件中有 4 件优质品；由乙厂提供的 8 件中有 5 件优质品。试考察下列事件的概率：

（1）从全部产品中任取一件是甲厂的产品。

（2）从甲厂提供的产品中任取一件，而且恰是优质品。

（3）从全部产品中任取一件是甲厂的优质产品。

解：（1）设 $B=\{$取得甲厂提供的产品$\}$；$A=\{$取得的产品是优质产品$\}$。由于抽取在全部产品中进行，故样本空间 Ω 中有 14 个基本事件，而 B 中包含了其中的 6 个，于是有

$$P(B)=\frac{C_6^1}{C_{14}^1}=\frac{3}{7}$$

（2）这里考察的是在事件 B 已发生的前提下事件 A 的概率 $P(A|B)$，根

据题设有

$$P(A|B)=\frac{C_4^1}{C_6^1}=\frac{2}{3}$$

（3）$AB=\{$从全部产品中任取一件是甲厂的优质产品$\}$，即有

$$P(A\cdot B)=\frac{C_4^1}{C_{14}^1}=\frac{2}{7}$$

由本例不难发现：

$$P(A|B)=\frac{P(A\cdot B)}{P(B)}\quad P(B)>0$$

$$P(B|A)=\frac{P(A\cdot B)}{P(A)}\quad P(A)>0$$

2. **概率的乘法公式**

定理 2 对于事件 A，B，若 $P(B)>0$，$P(A)>0$。则有

$$P(A\cdot B)=P(A)\cdot P(B|A)\qquad P(A\cdot B)=P(B)\cdot P(A|B)$$

此公式是从大量的实验中总结出来的，对于 n 个事件 A_1，A_2，…，A_n，有 $P(A_1\cdot A_2\cdot\cdots\cdot A_n)=P(A_1)\cdot P(A_2|A_1)\cdot P(A_3|A_1A_2)\cdot\cdots\cdot P(A_n|A_1A_2\cdots A_{n-1})$。

例 6 某地区气象资料表明，邻近的甲、乙两城市中甲市全年雨天的比例为 12%，乙市全年雨天的比例为 9%，两城市中至少有一市为雨天的比例为 16.8%，试求下列事件的概率：

（1）在甲市为雨天的条件下，乙市也为雨天。

（2）在乙市为无雨的条件下，甲市也无雨。

解：设 $A=\{$甲市为雨天$\}$；$B=\{$乙市为雨天$\}$，于是

$$P(A)=0.12\qquad P(B)=0.09\qquad P(A\cup B)=0.168$$

由概率的加法公式得

$$P(A\cdot B)=P(A)+P(B)-P(A\cup B)=0.12+0.09-0.168=0.042$$

（1）$P(B|A)=\dfrac{P(A\cdot B)}{P(A)}=\dfrac{0.042}{0.12}=0.35$

（2）$P(\overline{A}|\overline{B})=\dfrac{P(\overline{A}\cdot\overline{B})}{P(\overline{B})}=\dfrac{P(\overline{A\cup B})}{P(\overline{B})}=\dfrac{1-0.168}{1-0.09}=0.9143$

例 7 某种动物活到 20 岁的概率为 0.8，活到 25 岁的概率为 0.4，问现龄为 20 岁的这种动物活到 25 岁的概率是多少？

解：设 $A=\{$活到 20 岁$\}$；$B=\{$活到 25 岁$\}$，显然

$$B/A=\{\text{现龄为 20 岁的这种动物活到 25 岁}\}$$

因为“活到 25 岁”一定要“活过 20 岁”，所以 $B\subset A$。于是，根据事件积的关系 $A\cdot B=B$，则

$$P(B|A)=\frac{P(A\cdot B)}{P(A)}=\frac{P(B)}{P(A)}=\frac{0.4}{0.8}=0.5$$

例 8 一个口袋盛有 8 个白球、5 个红球，无放回地抽取 3 次，每次抽取一球。试求下列事件的概率：（1）第 3 次才取到红球；（2）3 次内取到红球。

解：设 $A_i=\{$第 i 次取到红球$\}$（$i=1, 2, 3$）。

（1）第 3 次才取到红球为 $\overline{A}_1\cdot\overline{A}_2\cdot A_3$，故

$$P(\overline{A_1}\cdot\overline{A_2}\cdot A_3)=P(\overline{A_1})\cdot P(\overline{A_2}|\overline{A_1})\cdot P(A_3|\overline{A_1}\cdot\overline{A_2})=\frac{8}{13}\cdot\frac{7}{12}\cdot\frac{5}{11}=0.1632$$

（2）3 次内取到红球，即为 $A_1\cup\overline{A_1}\cdot A_2\cup\overline{A_1}\cdot\overline{A_2}\cdot A_3$，故

$$\begin{aligned}P(A_1\cup\overline{A_1}\cdot A_2\cup\overline{A_1}\cdot\overline{A_2}\cdot A_3)&=P(A_1)+P(\overline{A_1}\cdot A_2)+P(\overline{A_1}\cdot\overline{A_2}\cdot A_3)\\&=\frac{5}{13}+\frac{8}{13}\times\frac{5}{12}+\frac{8}{13}\times\frac{7}{12}\times\frac{5}{11}=0.8042\end{aligned}$$

对于 3 次内取到红球的概率，另一种解法是：

$$1-P(\overline{A}_1\cdot\overline{A}_2\cdot\overline{A}_3)=1-\frac{8}{13}\times\frac{7}{12}\times\frac{6}{11}=0.8042$$

第四节 事件的独立性与全概率公式计算

二维码 9－4

扫一扫，获取本节资源

一、事件的独立性

定义 1 对于事件 A，B，若有 $P(A\cdot B)=P(A)\cdot P(B)$ 成立，则称事件 A 与 B 是相互独立的事件。否则，A 与 B 就是相依事件。

若 A 与 B 相互独立，由概率的乘法公式，得

$$P(B|A)=P(B)\qquad P(A|B)=P(A)$$

说明：事件 A 发生与否并不影响事件 B 的概率。同理，事件 B 发生与否并不影响事件 A 的概率。

定理 1 设 A，B 两个事件，$P(A)\neq0$，$P(B)\neq0$，则 A 与 B 独立的充要条件是

$$P(A\cdot B)=P(A)\cdot P(B)$$

容易看出，Ω，$\varnothing$ 与任何事件都独立。

如果事件 A 与 B 独立，则 A 与 $\overline{B}$，$\overline{A}$ 与 B，$\overline{A}$ 与 $\overline{B}$ 都相互独立。

例 1 某产品可能有两类缺陷 A 与 B 的一个或两个，缺陷 A 与 B 发生是独立的，$P(A)=0.05$，$P(B)=0.03$，求产品有下述情况时的概率：（1）A 与 B 都有；（2）有 A 没有 B；（3）A，B 中至少有一个。

解：（1）由于 A 与 B 发生是独立的，故

$$P(A\cdot B)=P(A)\cdot P(B)=0.0015$$

（2）由于 A、$\overline{B}$ 发生是独立的，故

$$P(A\cdot \overline{B})=P(A)\cdot P(\overline{B})=0.0485$$

（3）A，B 中至少有一个，则有

$$P(A\cup B)=P(A)+P(B)-P(A\cdot B)=0.0785$$

或 $$P(A\cdot B+\overline{A}\cdot B+A\cdot \overline{B})=P(A)\cdot P(B)+P(\overline{A})\cdot P(B)+P(A)\cdot P(\overline{B})=0.0785$$

例 2 一口袋盛有 11 个黑球、7 个白球，从中任取 2 次，每次取出 1 球。记事件 $A=\{$第一次取出黑球$\}$；$B=\{$第二次取出黑球$\}$。试就取球的不放回与放回的情况，分别计算概率 $P(B|A)$ 及 $P(B)$。

解：对不放回的情况，易知 $P(B|A)=\dfrac{C_{10}^1}{C_{17}^1}=\dfrac{10}{17}$。而 $B=A\cdot B\cup \overline{A}\cdot B$，且 $A\cdot B$ 与 $\overline{A}\cdot B$ 互不相容，故由加法公式的推论 1，得

$$P(B)=P(A\cdot B\cup \overline{A}\cdot B)=P(A\cdot B)+P(\overline{A}\cdot B)=\frac{P_{11}^2}{P_{18}^2}+\frac{P_7^1P_{11}^1}{P_{18}^2}=\frac{11}{18}$$

对放回的情况，第一次取出的结果并不影响第二次的结果，有

$$P(B|A)=P(B)=\frac{C_{18}^1P_{11}^1}{C_{18}^1C_{18}^1}=\frac{11}{18}$$

在本例中，放回抽样条件下的 A 与 B 是互相独立事件；在不放回抽样条件下的 A 与 B 是相依事件。

例 3 已知甲、乙射手的命中率分别为 0.77 和 0.84，他们各自独立地向同一目标射击一次，试求目标被击中的概率。

解：若设 $A=\{$甲击中目标$\}$，$B=\{$乙击中目标$\}$，于是 $P(A)=0.77$，$P(B)=0.84$。以下有三种解法：

解法一：可以把事件 $A\cup B$ 分解为互斥事件的和，即

$$A\cup B=A\cdot \overline{B}\cup \overline{A}\cdot B\cup A\cdot B$$

$$\begin{aligned}P(A\cup B)&=P(A\cdot \overline{B}\cup \overline{A}\cdot B\cup A\cdot B)\\&=P(A\cdot \overline{B})+P(\overline{A}\cdot B)+P(A\cdot B)\\&=P(A)\cdot P(\overline{B})+P(\overline{A})\cdot P(B)+P(A)\cdot P(B)\\&=0.77\times(1-0.84)+(1-0.77)\times0.84+0.77\times0.84\\&=0.9632\end{aligned}$$

解法二：由事件 A 与 B 互相独立，得

$$\begin{aligned}P(A\cup B)&=P(A)+P(B)-P(A\cdot B)\\&=0.77+0.84-0.77\times0.84=0.9632\end{aligned}$$

解法三：由事件 A 与 B 的对立事件，得

$$P(A\cup B)=1-P(\overline{A\cup B})=1-P(\overline{A}\cdot\overline{B})$$
$$=1-P(\overline{A})\cdot P(\overline{B})=1-(1-P(A))(1-P(B))$$
$$=0.9632$$

二、全概率计算

这是由已知简单事件的概率推出未知复杂事件的概率，通常使用全概率，这是概率论中重要的课题之一。其基本思想是：将复杂事件化为两两互不相容事件的和，确定复杂事件的概率。

定理 2　设 B 为随机试验 T 中的任一事件，A_1，A_2，…，A_n 构成一个完备事件组，且 $P(A_i)>0$（$i=1, 2, 3, \cdots, n$），则有全概率公式

$$P(B)=\sum_{i=1}^{n}[P(A_i)\cdot P(B|A_i)]$$

事件 B 视为结果，A_i 为导致结果发生的原因。

例 4　播种用的一等小麦的种子混有 2% 的二等种子、1.5% 的三等种子、1% 的四等种子，用一、二、三、四等种子所结的穗含有 50 颗以上麦粒的概率为 0.5，0.15，0.1，0.05，求这批种子所结的穗含有 50 颗以上麦粒的概率。

解：设 $B=\{$这批种子任选一颗所结的穗含有 50 颗以上麦粒$\}$；$A_i=\{$从这批种子中任取一粒为 i 等种子$\}$（$i=1, 2, 3, 4$），则 A_i 为完备事件组，且

$$P(A_1)=95.5\%\quad P(A_2)=2\%\quad P(A_3)=1.5\%\quad P(A_4)=1\%$$
$$P(B|A_1)=0.5\quad P(B|A_2)=0.15$$
$$P(B|A_3)=0.1\quad P(B|A_4)=0.05$$

所以
$$P(B)=\sum_{i=1}^{4}[P(A_i)\cdot P(B|A_i)]$$
$$=95.5\%\times0.5+2\%\times0.15+1.5\%\times0.1+1\%\times0.05$$
$$=0.4825$$

例 5　甲、乙、丙三人向同一飞机进行射击，击中飞机的概率分别为 0.4，0.5，0.7。如果一人击中飞机，飞机被击落的概率为 0.2；两人击中飞机，飞机被击落的概率为 0.6；三人击中飞机，飞机被击落。求飞机被击落的概率。

解：设 $D=\{$飞机被击落$\}$，$A=\{$甲击中飞机$\}$，$B=\{$乙击中飞机$\}$，$C=\{$丙击中飞机$\}$；$A_i=\{$三人中仅有 i 人击中飞机$\}$（$i=0, 1, 2, 3$）。则依据题意有

$$P(A)=0.4\quad P(B)=0.5\quad P(C)=0.7$$

$$P(A_0)=P(\bar{A}\cdot\bar{B}\cdot\bar{C})=P(\bar{A})\cdot P(\bar{B})\cdot P(\bar{C})$$
$$=(1-0.4)\times(1-0.5)\times(1-0.7)=0.09$$
$$P(A_1)=P(A\cdot\bar{B}\cdot\bar{C})+P(\bar{A}\cdot B\cdot\bar{C})+P(\bar{A}\cdot\bar{B}\cdot C)$$
$$=P(A)\cdot P(\bar{B})\cdot P(\bar{C})+P(\bar{A})\cdot P(B)\cdot P(\bar{C})+P(\bar{A})\cdot P(\bar{B})\cdot P(C)$$
$$=0.36$$
$$P(A_2)=P(A\cdot B\cdot\bar{C})+P(\bar{A}\cdot B\cdot C)+P(A\cdot\bar{B}\cdot C)=0.41$$
$$P(A_3)=P(A\cdot B\cdot C)=0.14$$

已知：$P(D|A_0)=0$，$P(D|A_1)=0.2$，$P(D|A_2)=0.6$，$P(B|A_3)=1$。由全概率公式得

$$P(D)=\sum_{i=0}^{3}[P(A_i)\cdot P(D|A_i)]$$
$$=0.09\times0+0.36\times0.2+0.41\times0.6+0.14\times1=0.458$$

习题9－（1～4）

1. 写出下列随机事件构成的样本空间 Ω：

（1）从甲、乙、丙、丁4位同学中推选两位参加钳工竞赛，其中一位参加省级竞赛，另一位参加全国竞赛。

（2）两位特邀评委对某歌手可否入围进行表决，分别记为“√”表示赞成、“×”表示反对、“0”表示弃权。

2. 设 A、B、C 表示三个事件，利用 A、B、C 表示下列事件：

（1）三个事件 A、B、C 都发生。

（2）三个事件 A、B、C 至少有一个发生。

（3）三个事件 A、B、C 都不发生。

（4）三个事件 A、B、C 中有两个发生。

3. 一批产品由37件正品、3件次品组成，从中任取3件，求：

（1）3件中恰有一件正品的概率。

（2）3件中全为次品的概率。

（3）3件中全为正品的概率。

（4）3件中至少有一件正品的概率。

（5）3件中至少有两件次品的概率。

4. 某种产品共30件，内含正品23件、次品7件，从中任抽5次，每次抽出一件。试在下列情况下，分别被取的5次中前两次抽得次品、后3次抽得正品的概率：

（1）每抽1件经检验放回，再继续抽取下1件（放回抽样）。

（2）每抽 1 件经检验后不放回，然后在剩下的产品中继续抽取 1 件（不放回抽样）。

5. 一个盒子装有 10 只晶体管，6 只是正品，4 只是次品，从中连取 2 次，每次任取 1 只，取后不再放回，问 2 次取得正品管子的概率是多少？

6. 甲、乙两个口袋中各有 3 只白球、2 只黑球，从甲袋中任取 1 球放入乙袋中，求从乙袋中取 1 球为白球的概率。

7. 某商店从三个厂购买了一批灯泡，甲厂占 25%，乙厂占 35%，丙厂占 40%。各厂次品率分别为 5%、4%、2%。消费者购买一只灯泡，求消费者买到灯泡是次品的概率。

第五节　随机变量及其概率分布

二维码 9－5

扫一扫，获取本节资源

用随机变量来描述随机试验，可把试验的结果数量化，有助于实际应用中的各种数据分析。

一、离散型随机变量及其概率分布

定义 1　如果随机变量 X 所有可能取值只有有限（或无限）个，则可称 X 为离散型随机变量。

定义 2　若离散型随机变量 X 的所有可能取值为 $x_k(k=1, 2, 3, \cdots)$，事件 $\{X=x_k\}$ 的概率为 p_k，则称系列等式 $P(X=x_k)=p_k(k=1, 2, 3, \cdots)$ 为离散型随机变量 X 的概率分布或分布律。

X 的概率分布或分布律的格式如下：

X	x_1	x_2	x_3	$\cdots$	x_k	$\cdots$
P	p_1	p_2	p_3	$\cdots$	p_k	$\cdots$

显然，p_k 满足以下性质才能成为离散型随机变量的分布律：

$$p_k \geqslant 0 \ (k=1, 2, 3, \cdots)$$

$$\sum_k p_k = 1$$

例 1　在 3 件正品、2 件次品组成的产品中，任取 2 件，求取得次品 X 的概率分布。

解：随机变量 X 的可能取值为 0，1，2。

$\{X=i\}$表示事件“所取 2 件产品中有 i 件次品”，则

$$P(X=0)=\frac{C_3^2}{C_5^2}=0.3 \quad P(X=1)=\frac{C_3^1C_2^1}{C_5^2}=0.6 \quad P(X=2)=\frac{C_2^2}{C_5^2}=0.1$$

故随机变量 X 的概率分布：

X	0	1	2
P	0.3	0.6	0.1

二、常用离散型随机变量概率分布

1. 两点分布

$B(n,p)$，其中 $0<p<1$。若随机变量 X 的概率分布为：

X	0	1
P	$1-P$	P

两点分布有着广泛的实际应用，若试验只有两个样本点，通常用上述试验结果。

2. 二项分布

若随机变量 X 的概率独立重复事件，它的概率分布为：

$$P(X=k)=p_n(k,p)=C_n^k p^k(1-p)^{n-k}\quad(k=0,1,2,3,\cdots,n)$$

其中 $0<p<1$，而 n 为整数，称为 X 服从参数 n，p 的二项分布，记为 $X\sim B(n,p)$。

例 2 某车间有 9 台独立工作的车床，在任意时刻用电的概率都是 0.3，求：

（1）同一时刻用电的车床数 X 的概率分布。

（2）同一时刻至少一台车床用电的概率。

（3）同一时刻最多一台车床用电的概率。

解：（1）对每台车床是否用电的观察只用一次试验，故 X 服从参数 $n=9$，$p=0.3$ 的二项分布，即 $X\sim B(9,0.3)$，其概率分布为

$$P(X=k)=C_9^k 0.3^k(0.7)^{9-k}\quad(k=0,1,2,3,\cdots,9)$$

（2）同一时刻至少一台车床用电的概率为

$$P(X\geqslant 1)=1-p(X=0)=1-0.7^9\approx 0.9596$$

（3）同一时刻最多一台车床用电的概率为

$$P(X\leqslant 1)=p(X=0)+p(X=1)$$
$$=0.7^9+C_9^1\times 0.3\times 0.7^8\approx 0.1960$$

3. 泊松分布

在二项分布的概率计算中，直接计算 $P(X=k)=C_n^k p^k(1-p)^{n-k}$ 较为麻

烦，当 n 很大，且 $nP\to\lambda$ 时（一般说 $n>20$，$p<0.1$），我们使用下列近似公式：

$$C_n^k p^k (1-p)^{n-k} \approx \frac{\lambda^k}{k!}e^{-\lambda} \quad (k=0,\ 1,\ 2,\ 3,\ \cdots,\ n)$$

其中 $\lambda>0$，称为 X 服从参数 λ 的泊松分布，记为 $X\sim B(\lambda)$。

实际问题服从泊松分布的随机变量是比较常见的，如公园在某一天的人数；一本书的印刷；电话一天的呼唤次数。

例 3　某地有 2 500 人参加物品保险，每人在年初向保险公司交付保险费 12 元，若在这一年该物品损坏，则可从保险公司领取 2 000 元。设该物品的损坏率为 2‰，求保险公司获利不少于 20 000 元的概率。

解：设 X 表示"投保人中物品损坏的件数"，则 $X\sim B(2\,500,\ 0.002)$。由于事件"保险公司获利不少于 20 000 元"可表示为$(2\,500\times12-2\,000X\geqslant 20\,000)$

即为 $\{X\leqslant5\}$，故所求概率为：

$$P(X\leqslant5)=\sum_{k=0}^{5}C_{2\,500}^k\times0.002^k\times0.998^{2\,500-k}\approx\sum_{k=0}^{5}\frac{5^k}{k!}e^{-5}\approx0.616$$

三、连续型随机变量及其概率密度

定义 3　设 X 为一个随机变量，函数 $F(x)=P\{X\leqslant x\}$且 $x\in(-\infty,\infty)$ 称为 X 的分布函数，也叫连续型随机变量，其分布函数 $F(x)$ 具有以下性质：

(1) $0\leqslant F(x)\leqslant1$，$\lim\limits_{x\to\infty}F(x)=1$，$\lim\limits_{x\to-\infty}F(x)=0$。

(2) $F(x)$是单调增加函数。

(3) $P\{a<X\leqslant b\}=P(X\leqslant b)-P(X\leqslant a)=F(b)-F(a)$

特别地，$P\{X>a\}=1-P(X\leqslant a)=1-F(a)$

定义 4　设 X 为一个随机变量，函数 $F(x)$为 X 的分布函数，如果存在非负函数$f(x)$，使得对于任意 $x\in(-\infty,\infty)$都有 $F(x)=\int_{-\infty}^{t}f(t)\,dt$。则称 X 为连续型随机变量，其中函数 $f(x)$ 称为 X 的概率密度函数，简称概率密度。

显然概率密度$f(x)$具有以下性质：

(1) $f(x)\geqslant0$；

(2) $\int_{-\infty}^{\infty}f(x)\,dx=1$。

定理 1　设 X 为连续型随机变量，$F(x)$和$f(x)$依次为 X 的分布函数和概率密度，则：

(1) $F(x)$ 在 $x\in(-\infty,\infty)$ 上连续。

(2) 在 $f(x)$ 的连续点 x 处，$F'(x)=f(x)$。

(3) X 取任一实值的概率为零，即 $P(X=a)=0$。

(4) 若 $a<b$，则：

$$P\{a<X\leqslant b\}=P(a\leqslant X\leqslant b)=P(a<X<b)$$
$$=F(b)-F(a)=\int_a^b f(x)\mathrm{d}x$$

从定理 1 可以看出，概率为零的事件不一定为不可能事件，概率为 1 的事件也不一定为必然事件。

例 4 设随机变量 X 的概率密度为 $f(x)=\begin{cases}Ax(3x+2) & (0\leqslant x\leqslant 2)\\ 0 & (\text{其他})\end{cases}$。试确定常数 A，并求 $P\{-1<X<1\}$。

解：由式 $\int_{-\infty}^{\infty}f(x)\mathrm{d}x=1$ 得

$$1=\int_{-\infty}^{\infty}f(x)\mathrm{d}x=\int_0^2 Ax(3x+2)\mathrm{d}x=12A$$

则 $A=\frac{1}{12}$，从而

$$P\{-1<X<1\}=\int_{-1}^{1}f(x)\mathrm{d}x=\int_0^1\frac{1}{12}x(3x+2)\mathrm{d}x=\frac{1}{6}$$

例 5 设随机变量 X 的概率密度为 $f(x)=\frac{1}{2}\mathrm{e}^{-|x|}$ 且 $x\in(-\infty,\infty)$：

(1) 求 X 的分布函数 $F(x)$。

(2) 计算概率 $P\{X>1\}$，$P\{0<X<\ln 2\}$。

解：(1) 当 $x\leqslant 0$ 时，有

$$F(x)=\int_{-\infty}^{x}f(t)\mathrm{d}t=\int_{-\infty}^{x}\frac{1}{2}\mathrm{e}^{t}\mathrm{d}t=\frac{1}{2}\mathrm{e}^{x}$$

当 $x>0$ 时，有

$$F(x)=\int_{-\infty}^{x}f(t)\mathrm{d}t=\int_{-\infty}^{0}\frac{1}{2}\mathrm{e}^{t}\mathrm{d}t+\int_0^x\frac{1}{2}\mathrm{e}^{-t}\mathrm{d}t=1-\frac{1}{2}\mathrm{e}^{-x}$$

从而

$$F(x)=\begin{cases}\frac{1}{2}\mathrm{e}^{x} & (x\leqslant 0)\\ 1-\frac{1}{2}\mathrm{e}^{-x} & (x>0)\end{cases}$$

(2) 计算概率 $P\{X>1\}=1-F(1)=\frac{1}{2}\mathrm{e}^{-1}$，有

$$P\{0<X<\ln 2\}=F(\ln 2)-F(0)=1-\frac{1}{2}\mathrm{e}^{-\ln 2}-\frac{1}{2}\mathrm{e}^{0}=\frac{1}{4}$$

四、常用连续型随机变量的分布

1. 均匀分布 $U[a,b]$

如果随机变量 X 的分布密度

$$f(x)=\begin{cases}\dfrac{1}{b-a} & (a\leqslant x\leqslant b)\\ 0 & (其他)\end{cases}$$

称为 X 服从 $[a,b]$ 上的均匀分布，记为 $X\sim U[a,b]$。

上述区间非常灵活，可用 (a,b)、$[a,b)$、$(a,b]$ 代之。

如果 X 服从 $[a,b]$ 上的均匀分布，则 X 具有下列性质：

（1）落在区间 $[a,b]$ 外的概率为零，即 $P\{X<a\}=P(X>b)=0$。事实上，有：

$$P\{X<a\}=\int_{-\infty}^{a}f(x)\mathrm{d}x=0 \qquad P\{X>b\}=\int_{b}^{\infty}f(x)\mathrm{d}x=0$$

（2）落入 $[a,b]$ 的任意等长子区间概率相同，与子区间的长度成正比，与子区间的位置无关，即若 $[c,d]\subset[a,b]$，则 $P\{c\leqslant X\leqslant d\}=k(d-c)$，其中 k 是比例常数，即

$$P\{c\leqslant X\leqslant d\}=\int_{c}^{d}f(x)\mathrm{d}x=\int_{c}^{d}\frac{\mathrm{d}x}{b-a}=\frac{d-c}{b-a}$$

令 $k=\dfrac{1}{b-a}$，得

$$P\{c\leqslant X\leqslant d\}=k(c-d)$$

上述性质是服从均匀分布的本质特征，在实际问题中，如果依据客观经验判断某随机变量具备这两个特征，就认为它是均匀分布。如班车按固定时间运行、乘客的等车时间，连续变化阻值的可变电阻的电阻值，都是服从均匀分布。

例 6　某公共汽车的起点站上，每隔 15 min 发出一辆客车，一位乘客到任意站候车。求：

（1）该乘客候车时间的概率密度。

（2）该乘客候车时间超过 6 min 的概率密度。

解：（1）由题意可知，X 服从 $[0,15]$ 上的均匀分布，其概率密度为

$$f(x)=\begin{cases}\dfrac{1}{b-a} & (a\leqslant x\leqslant b)\\ 0 & (其他)\end{cases}\Rightarrow\begin{cases}\dfrac{1}{15}\\ 0\end{cases}$$

（2）

$$P\{X>6\}=\int_{6}^{15}f(x)\mathrm{d}x=\int_{6}^{15}\frac{1}{15}\mathrm{d}x=\frac{3}{5}$$

2. **指数分布** $E(\lambda)$

如果随机变量 X 的概率密度为

$$f(x)=\begin{cases}\lambda e^{-\lambda x} & (x\geqslant 0)\\ 0 & (x<0)\end{cases}$$

其中 $\lambda>0$，则称为 X 服从参数为 λ 的指数分布，记为 $X\sim E[\lambda]$。

指数有重要的应用，常用于各种事物“寿命”分布近似，如电路元件、动物、服务工作系统。

例 7 设某元件的使用寿命（单位：小时）$X\sim E\left[\frac{1}{2\,000}\right]$，试求下列事件的概率：

（1）任取其中一只，正常使用达 1 000 小时以上。

（2）若任取其中一只已使用了 1 000 小时，以后继续使用 1 000 小时以上。

解：因为 $X\sim E\left[\frac{1}{2\,000}\right]$，则有

$$f(x)=\begin{cases}\frac{1}{2\,000}e^{-\frac{1}{2\,000}x} & (x\geqslant 0)\\ 0 & (x<0)\end{cases}$$

（1）
$$P\{X>1\,000\}=\int_{1\,000}^{\infty}\frac{1}{2\,000}e^{-\frac{x}{2\,000}}dx=0.6065$$

（2）
$$P\{X>2\,000\mid X>1\,000\}=\frac{P\{X>2\,000\}\cap P\{X>1\,000\}}{P\{X>1\,000\}}$$

$$=\frac{P\{X>2\,000\}}{P\{X>1\,000\}}=0.6065$$

注意：两个问题值相等绝非巧合，说明它们的指数分布具有无记忆性，即对于某些“寿命”相当长时间考察后，能再持续 Δt 时间的概率与前面的时间 t 无关，这相当于前面的时间 t 经历了“忘记”，人们称指数分布永远年轻。

3. **正态分布** $N(\mu,\delta^2)$

如果随机变量 X 的概率密度为

$$f(x)=\frac{1}{\delta\sqrt{2\pi}}e^{-\frac{(x-\mu)^2}{2\delta^2}}$$

其中 $-\infty<x<\infty$，而 δ 和 μ 为常数，且 $\delta>0$，则称 X 服从参数为 μ，δ 的正态分布，记为 $X\sim N(\mu,\delta^2)$。

在自然现象和社会现象中，大量的随机变量服从或近似服从正态分布。如测量误差、各生产产品的质量指标、植物或人的高度、学生的学习成绩

等。其图象表现如图 9-1 和图 9-2 所示。

密度函数的曲线 $y=f(x)$ 图象特点：

（1）曲线 $y=f(x)$ 对称于直线 $x=\mu$。

（2）曲线 $y=f(x)$ 以 x 轴为渐近线。

（3）当 $x=\mu$ 时，$f(x)$ 达到最大值 $\frac{1}{\delta\sqrt{2\pi}}$。

（4）曲线 $y=f(x)$ 在 $x=\mu\pm\delta$ 各有一个拐点。

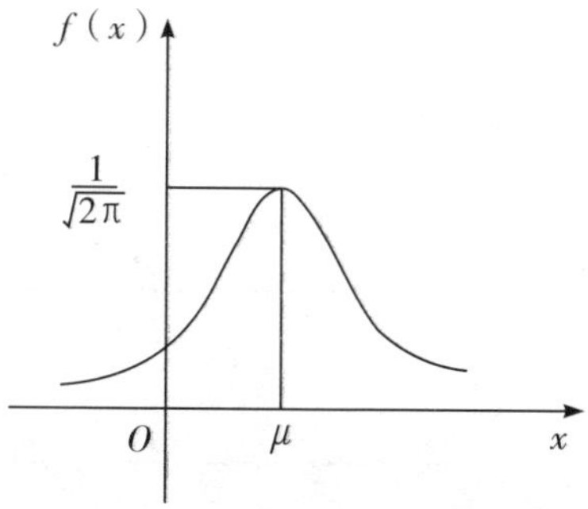

图 9-1

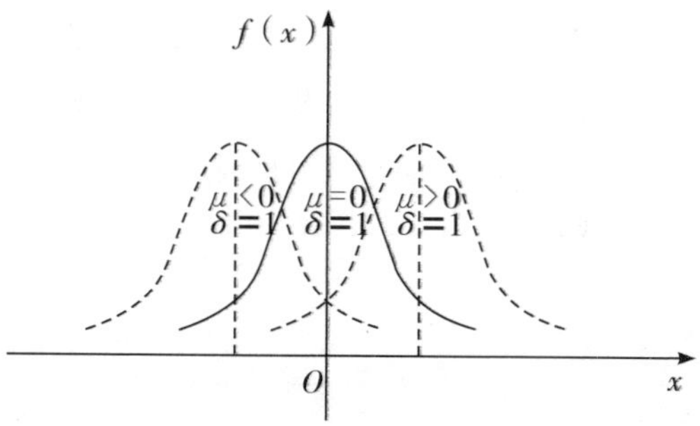

图 9-2

例 8　设 $X\sim N(0,1)$，标准正态分布，计算：

$$P\{X<1.4\}\quad P\{X>-2\}\quad P\{|X-1|\geqslant 1\}$$

解：由本节前述分布函数定义及性质可知：

$P\{X<1.4\}=\varphi(1.4)=0.919\,2$

$P\{X>-2\}=1-\varphi(-2)=1-(1-\varphi(2))=\varphi(2)=0.977\,2$

$P\{|X-1|\geqslant 1\}=P\{X\geqslant 2 \text{ 或 } X\leqslant 0\}=P\{X\geqslant 2\}+P\{X\leqslant 0\}$

$=1-\varphi(2)+\varphi(0)=1-0.977\,2+0.5=0.522\,8$

第六节　随机变量的数字特征

二维码 9-6
扫一扫，获取本节资源

前面从理论上分析了随机变量的概率分布，但在一些实际问题中，概率分布较难确定，人们往往通过了解随机变量的某些特征来解决问题。如产品质量指标，平均寿命及质量稳定性都表现一定的数字特征，能准确反映这些数字特征的计算规律是数学期望和方差。

一、随机变量的数学期望与方差

人们经常以平均数问题来研究实际问题。但所有的平均值不等同于随机变量若干取值简单的算术平均，而是以它们取值的概率为“权重”的加权平均。正因为以取值的概率为“权重”，所以，它可以反映随机变量取值分布的特征，我们将权重与其对应变量乘积的代数和称为随机变量的数学期望。

1. **随机变量的数学期望**

下面分别从离散型随机变量和连续型随机变量分别定义它们。

定义 1 设离散型随机变量 X 的分布律为：

X	x_1	x_2	…	x_k	…
P_k	P_1	P_2	…	P_k	…

则称 $\sum_{k=1}^{\infty} x_k p_k = E(x)$ 为离散型随机变量的数学期望。

例 1 若随机变量 X 的分布律为：

X	-1	2	3
P_k	$\frac{1}{2}$	$\frac{1}{4}$	$\frac{1}{4}$

求：$E(X)$，$E(2X)$，$E(X^2)$。

解：因为 X 为离散型随机变量，则

$$E(X) = \sum_{k=1}^{3} x_k p_k = 0.75$$

$$E(2X) = \sum_{k=1}^{3} (2x_k) p_k = 1.5$$

$$E(X^2) = \sum_{k=1}^{3} x_k^2 p_k = 3.75$$

定义 2 设连续型随机变量 X 的密度函数为 $p(x)$，若广义积分 $\int_{-\infty}^{\infty} xp(x)\mathrm{d}x$ 绝对收敛，则该积分为连续型随机变量 X 的数学期望，即

$$E(x) = \int_{-\infty}^{\infty} xp(x)\mathrm{d}x$$

根据原来的随机变量 X 的密度函数为 $p(x)$ 可直接求得它们的数学期望值，大大地简化连续型随机变量 $f(x)$ 的数学期望计算。

例 2 已知随机变量 X 的密度函数为 $p(x) = \begin{cases} \frac{3}{4}\left(1 - \frac{x^2}{4}\right) & (0 \leqslant x \leqslant 2) \\ 0 & (\text{其他}) \end{cases}$，

求：$E(X)$，$E(2X)$，$E(X^2)$。

解：因为 X 为连续型随机变量，则有

$$E(X) = \int_{-\infty}^{\infty} xp(x)\mathrm{d}x = \int_{-\infty}^{\infty} \frac{3}{4}x\left(1 - \frac{x^2}{4}\right)\mathrm{d}x = \int_{0}^{2} \frac{3}{4}x\left(1 - \frac{x^2}{4}\right)\mathrm{d}x = \frac{3}{4}$$

$$E(2X)=\int_{-\infty}^{\infty}2xp(x)\mathrm{d}x=\int_{-\infty}^{\infty}\frac{3}{4}\times 2x\left(1-\frac{x^2}{4}\right)\mathrm{d}x=\int_0^2\frac{3}{2}x\left(1-\frac{x^2}{4}\right)\mathrm{d}x=\frac{3}{2}$$

$$E(X^2)=\int_{-\infty}^{\infty}x^2p(x)\mathrm{d}x=\int_{-\infty}^{\infty}\frac{3}{4}x^2\left(1-\frac{x^2}{4}\right)\mathrm{d}x=\int_0^2\frac{3}{4}x^2\left(1-\frac{x^2}{4}\right)\mathrm{d}x=\frac{4}{5}$$

2. **随机变量的方差**

例 3　甲、乙两人同时在医院由同一名医生检验血压，一周内七天检查的结果分别为 x_1，x_2，且有如下分布律：

x_1	120	120	120	120	120	120	120
P_k	$\frac{1}{7}$	$\frac{1}{7}$	$\frac{1}{7}$	$\frac{1}{7}$	$\frac{1}{7}$	$\frac{1}{7}$	$\frac{1}{7}$

x_2	60	60	60	120	180	180	180
P_k	$\frac{1}{7}$	$\frac{1}{7}$	$\frac{1}{7}$	$\frac{1}{7}$	$\frac{1}{7}$	$\frac{1}{7}$	$\frac{1}{7}$

试比较甲、乙两人的健康状况是否一样？为什么？

解：由简单的计算可知，两人血压表现离散型随机变量的数学期望值为

$$E(x_1)=\sum_{k=1}^{7}x_kp_k=120\qquad E(x_2)=\sum_{k=1}^{7}x_kp_k=120$$

虽然 $E(x_1)=E(x_2)=120$，但并不能说明两人的健康状况一样，因为简单地比较分布列可见：甲血压维持正常值，健康状况良好；乙血压明显不稳定，说明健康状况较差。

例 3 说明，在实际问题中，仅仅考虑期望值还不能全面地描述随机变量的分布律，客观上还有另一个因素对分布规律起重要影响，这就是随机变量取值对于其期望的离散程度，于是，引出方差的概念。

定义 3　设有随机变量 X，其数学期望为 $E(x)$，如果 $E((X-E(x))^2)$ 存在，则称它为随机变量 X 的方差，记为 $D(x)$ 或 σ_x^2，而 $\sqrt{D(x)}$ 和 σ_X 为随机变量 X 的标准差或方差根，即：

$$\sigma_x^2=D(X)=E((X-E(x))^2)$$

$$\sigma_X=\sqrt{D(x)}=\sqrt{E((X-E(x))^2)}$$

对于两种不同类型的随机变量，可按随机变量函数的数学期望公式分别写出它们的 X 方差公式：

离散型随机变量的方差　$D(x)=\sum_k(x_k-E(x))^2P_k$

连续型随机变量的方差　$D(x)=\int_{-\infty}^{\infty}(x-E(x))^2p(x)\mathrm{d}x$

所谓方差，是一个新随机变量的数学期望。这个新随机变量是原来新随机变量 X 的函数 $Y=(X-E(x))^2$ 的数学期望。

例 4 例 3 中的甲、乙两人同时在医院由同一名医生检验血压，求他们的血压方差。

解：$D(x_1)=\sum_{k=1}^{7}(x_k-E(x_1))^2p_k=\sum_{k=1}^{7}(120-120)^2\times\frac{1}{7}=0$

$$D(x_2)=\sum_{k=1}^{7}(x_k-E(x_2))^2p_k$$
$$=(180-120)^2\times\frac{3}{7}+(60-120)\times\frac{3}{7}+(120-120)\times\frac{1}{7}$$
$$=3\,085.7$$

说明：甲的方差为零，相当稳定，健康状况良好；乙的方差值较大，很不稳定，健康状况较差。

为了方便方差的计算，有下列方差公式：

$$D(x)=E(X^2)-E^2(x)$$

例 5 若已知离散型随机变量 X 的分布律为：

X	-1	2	3
P_k	$\frac{1}{2}$	$\frac{1}{4}$	$\frac{1}{4}$

求它们的方差。

解：因为

$$E(x)=\sum_{k=1}^{3}x_kp_k=0.75$$

$$E(X^2)=\sum_{k=1}^{3}(x_k)^2p_k=3.75$$

则 $$D(x)=E(X^2)-E^2(x)=3.75-(0.75)^2=3.182\,5$$

二、随机变量数学期望与方差的性质

1. 随机变量数学期望的性质

性质 1 $E(C)=C$（C 为常数）

性质 2 $E(CX)=CE(X)$（C 为常数）

性质 3 $E(b+X)=E(X)+b$（b 为常数）

性质 4 $E(b+aX)=aE(X)+b$（a，b 为常数）

性质 5 $E(Y+X)=E(X)+E(Y)$

2. 随机变量方差的性质

性质 6 $D(C)=0$（C 为常数）

性质7　$D(CX)=C^2D(X)$（C 为常数）

性质8　$D(b+X)=D(X)$（b 为常数）

推论　$D(-X)=D(X)$

性质9　$D(Y\pm X)=D(X)\pm D(Y)$

例6　已知随机变量 X 的数学期望 $E(X)=1$ 和方差 $D(X)=1$。设随机变量 $Y=1-2X$，求 $E(Y)$，$D(Y)$。

解：$E(Y)=E(1-2X)=E(1)-2E(X)=1-2=-1$

$D(Y)=D(1-2X)=D(-2X)=(-2)^2D(X)=4$

三、数学期望和方差的经济应用

随机变量的数学期望和方差在经济计算中有广泛的应用，它们常用于评价经济指标的好坏和优劣，对有益的指标，人们对于它们的期望值越高越好，对有害的指标，人们对于它们的期望值越低越好。对于反映稳定性、可靠性的指标，人们对于它们的方差越小越好。此外，数学期望还常常用于一些经济活动或技术性活动的预测分析和决策过程中。

例7　在一场射击比赛中，优胜者将获得一笔丰厚的奖金。现有甲、乙、丙三名射手在同样条件下每次射击命中的环数 X_1，X_2，X_3 的分布律如下：

甲射手命中的环数的分布律如下：

X_1	7	8	9	10
P_k	0.1	0.1	0.3	0.5

乙射手命中的环数的分布律如下：

X_2	7	8	9	10
P_k	0	0.1	0.4	0.5

丙射手命中的环数的分布律如下：

X_3	7	8	9	10
P_k	0.2	0.2	0.3	0.3

试问奖金可能发给哪个射手？

解：这里评价射手水平高低的指标是每次射击命中的环数，它的数学期望值越高，射击技术越好。因为

$$E(X_1)=7\times0.1+8\times0.1+9\times0.3+10\times0.5=9.2$$

$$E(X_2)=7\times0+8\times0.1+9\times0.4+10\times0.5=9.4$$

$$E(X_3)=7\times0.2+8\times0.2+9\times0.3+10\times0.3=8.7$$

显然，$E(X_2)>E(X_1)>E(X_3)$，可见射手乙的射击技术最好，可获取奖金。

例 8 已知某种零件的设计长度为 30 cm，用甲、乙两种不同方法测量，测量结果记为 X，Y，且分布律如下：

采用甲方法测量结果的分布律：

X	28	29	30	31	32
P_k	0.13	0.17	0.40	0.17	0.13

采用乙方法测量结果的分布律：

Y	28	29	30	31	32
P_k	0.1	0.15	0.5	0.15	0.1

试问哪一种测量方法好？

解：先计算测量结果的数学期望值

$$E(X)=28\times0.13+29\times0.17+30\times0.4+31\times0.17+32\times0.13=30$$

$$E(Y)=28\times0.1+29\times0.15+30\times0.5+31\times0.15+32\times0.1=30$$

由于这两种测量结果的数学期望值相等，均符合设计要求，故不能用数学期望值作为评估的标准，必须进一步比较测量结果的方差：

$$D(X)=E(X-E(X))^2=2\times(\pm2)^2\times0.13+2\times(\pm1)^2\times0.17+0\times0.4=1.38$$

$$D(Y)=E(Y-E(Y))^2=2\times(\pm2)^2\times0.1+2\times(\pm1)^2\times0.15+0\times0.5=1.1$$

因为 $D(Y)<D(X)$，说明第二种测量方法的测量值对于期望的离散程度小，测量的精确性、可靠性高，故第二种测量方法较好。

例 9 已知某丝绸上的疵点数 $X\sim P(\lambda)$，且 $E(x)=0.8$。若当 $X=k\leqslant1$ 时，为一等品，价值 1 000 元；当 $1<k\leqslant4$ 时，为二等品，价值 800 元；当 $k>4$ 时，为废品，价值为 0 元。求丝绸的期望价值？

解：先求疵点数的分布律。由

$$P\{X=k\}=\frac{\lambda^k e^{-\lambda}}{k!}\quad(k=0,1,2,\cdots)$$

又 $\lambda=E(X)=0.8$，代入上式可得分布律为：

X	0	1	2	3	4	…
P_k	0.499	0.359 6	0.144	0.038 3	0.008	…

设 A 为一等品，B 为二等品，C 为废品，则有

$$P(A)=0.499+0.3596=0.8086$$
$$P(B)=0.144+0.0383+0.008=0.1903$$
$$P(C)=1-P(A)-P(B)=0.0011$$

各等级品的价值为 Y，则 Y 的分布律为

Y	1 000	800	0
P_k	0.808 6	0.190 3	0.001 1

故丝绸品的期望价值

$$E(Y)=1\,000\times0.8086+800\times0.1903+0\times0.0011=960.84$$

例 10　设某保险公司举办人寿保险业务，每个顾客交纳的保险费为 a 元，即可获得保险。假设保险期内顾客不死或不自杀的概率为 0.8，顾客非自杀身亡时，死亡者家属可向保险公司索赔 40 000 元。如果保险公司期望获利 10 000 元，试问公司预计应向顾客收取的保险费 a 为多少时，可得期望获利？

解：设保险公司在保险期内针对每个顾客获利 X_i，由已知条件可得 X_i 的分布列为：

X_i	$a-40\,000$	a
P_k	0.2	0.8

于是有

$$E(X_i)=(a-40\,000)\times0.2+a\times0.8=10\,000\ (\text{元})$$

解得 $a=18\,000$ 元，即预计应向投保者收取 18 000 元，可期望获利10 000 元。

习题 9－（5～6）

1. 袋中装有 5 只乒乓球，编号为 1，2，3，4，5，从袋中任取 3 只，以 X 表示取出的 3 只球中最大号码，求随机变量 X 的概率分布。

2. 一箱产品中装有 3 个次品、5 个正品，某人从箱中任意摸出 4 个产品，求摸出正品数 X 的概率分布。

3. 随机变量 X 的概率密度为 $f(x)=\begin{cases}a\sin x & (0<x<\pi)\\ 0 & (\text{其他})\end{cases}$。

求：（1） 系数 a；（2） $p\left\{0\leqslant X<\dfrac{\pi}{2}\right\}$；（3） $p\left\{|X|>\dfrac{\pi}{4}\right\}$。

4. 设随机变量 X 的分布函数为：

$$F(x)=\begin{cases}\frac{1}{2}e^{x} & (x\leqslant 0)\\ \frac{1}{2}+\frac{1}{4}x & (0<x<2)\\ 1 & (2\leqslant x)\end{cases}$$

求：（1）$p\{X\leqslant 1\}$，$p\{-1\leqslant X<2\}$。

（2）求概率密度 $f(x)$。

5. 设随机变量 X 的分布为：

X	-1	0	2	3
P	$\frac{1}{8}$	$\frac{1}{4}$	$\frac{3}{8}$	$\frac{1}{4}$

求：$E(X)$，$E(X^2)$，$D(X)$。

6. 设 X 的分布函数为：

$$F(x)=\begin{cases}0 & (x<1)\\ 0.2 & (1\leqslant x<2)\\ 0.3 & (2\leqslant x<3)\\ 0.9 & (3\leqslant x<4)\\ 1 & (4\leqslant x)\end{cases}$$

求 X 的概率分布及数学期望 $E(x)$。

7. 设 X 的概率密度函数为 $f(x)=\begin{cases}2x & (0<x<1)\\ 0 & (\text{其他})\end{cases}$，求 $D(x)$。

8. 某经销商经营某种产品，通过市场调查，获取各种不同需求量下的概率，以及不同进货方案下的预计利润信息，见下表：

各类产品需求总量	A 产品总数 150 件	B 产品总数 160 件	C 产品总数 170 件	D 产品总数 180 件
进货方案	概率为 0.1 时，预计利润	概率为 0.4 时，预计利润	概率为 0.3 时，预计利润	概率为 0.2 时，预计利润
Ⅰ（进货 150 件）	45	45	45	45
Ⅱ（进货 160 件）	42	48	48	48
Ⅲ（进货 170 件）	39	45	51	51
Ⅳ（进货 180 件）	36	42	48	54

试问该经销商应选用哪个方案最佳?

附录

数学软件 Maple 应用简介

第一部分 微 积 分

1.1 判断函数的连续性

discont(f(x),x);	找出函数 f(x)在实轴上所有的不连续点
iscont(f(x),x=a .. b);	测试在开区间(a,b)上，函数 f(x)是否连续，若连续，则返回 true，若不连续，则返回 false，若无法判断，则返回 FAIL
iscont(f(x),x=a .. b,open);	测试在开区间(a,b)上，函数 f(x)是否连续，若连续，则返回 true，若不连续，则返回 false，若无法判断，则返回 FAIL
iscont(f(x),x=a .. b,closed);	测试在闭区间[a,b]上，函数 f(x)是否连续，若连续，则返回 true，若不连续，则返回 false，若无法判断，则返回 FAIL

例如：

> $discont\left(\frac{1}{x}, x\right)$

$$\{0\}$$

> $discont(\tan(x), x)$

$$\left\{\pi\_Z1\sim + \frac{1}{2}\pi\right\}$$

> $discont(\sin(x), x)$

$$\{\}$$

> $discont\left(\frac{1}{(x+1)\cdot(x-2)}, x\right)$

$$\{-1, 2\}$$

$$> \ iscont\left(\frac{1}{(x-1)\cdot(x-3)}, x=1..3\right)$$

true

$$> \ iscont\left(\frac{1}{(x-1)\cdot(x-3)}, x=1..3, open\right)$$

true

$$> \ iscont\left(\frac{1}{(x-1)\cdot(x-3)}, x=1..3, closed\right)$$

false

1.2 求极限

极限：

`limit(f(x),x=a)`	求函数 f(x) 在 x=a 处的极限

左极限：

`limit(f(x),x=a,left)`	求函数 f(x) 在 x=a 处的左极限

右极限：

`limit(f(x),x=a,right)`	求函数 f(x) 在 x=a 处的右极限

例如：

$$> \ limit\left(\frac{\tan(x)}{2\cdot x}, x=0\right)$$

$$\frac{1}{2}$$

$$> \ limit\left(\frac{(x+2)\cdot \mathrm{abs}(x-1)}{x-1}, x=1, left\right)$$

$$-3$$

$> \ limit\left(\frac{(x+2)\cdot \mathrm{abs}(x-1)}{x-1}, x=1, right\right)$

$$3$$

求极限也可以在窗口左侧的面板中直接点击输入 $\lim\limits_{x->a} f(x)$，和手写形式完全一样，不需要记忆上面的命令和使用格式。例如：

$> \ \lim\limits_{x\to 0}\frac{\sin(x)}{x}$

$$1$$

1.3　求 导 数

diff(f(x),x)	求 f(x)关于 x 的导数 $f'(x)$

例如：

$> \ diff(x^3-x^2+\tan(x), x)$

$$3x^2-2x+\frac{1+\tan(x)^2}{\sec^2(x)}$$

求导数也可以在窗口左侧的面板中直接点击输入 $\frac{d}{dx}f(x)$，不需要记忆上面的命令和使用格式。例如：

$> \ \frac{\mathrm{d}}{\mathrm{d}x}x^3$

$$3\ x^2$$

1.4 求高阶导数

diff(f(x),x$n)	求 f(x)关于 x 的 n 阶导数

例如:

> $diff\left(x^3-x^2+ln(x),\ x\$2\right)$

$$6\,x-2-\frac{1}{x^2}$$

求高阶导数也可以在窗口左侧的面板中直接点击输入 $\dfrac{d^n}{dx^n}f(x)$，不需要记忆上面的命令和使用格式。例如

> $\dfrac{d^2}{dx^2}\ x^5$

$$20\ x^3$$

1.5 求隐函数的导数

implicitdiff(f(x,y)=0,y,x)	求 y 关于 x 的导数

例：已知 $xy+e^y=9$，求 $\dfrac{dy}{dx}$

方法如下:

> $implicitdiff(x\cdot y+\exp(y)=9,\ y,\ x)$

$$-\frac{y}{x+e^y}$$

1.6 求不定积分

`int(f(x),x)`	表示求不定积分 $\int f(x)dx$

例如：

> $int(\sin(x)\cdot\cos(x), x)$

$$\frac{1}{2}\sin(x)^2$$

求不定积分也可以在窗口左侧的面板中直接点击输入 $\int f(x)dx$，和手写形式完全一样，不需要记忆上面的命令和使用格式。例如：

> $\int \sin(x)\,dx$

$$-\cos(x)$$

1.7 求定积分、广义积分

`int(f(x),x=a..b)`	表示求定积分 $\int_a^b f(x)dx$

例如：

> $int(e^x, x = 0..2)$

$$-1+e^2$$

> $int(x\cdot\cos(x), x = 0..\pi)$

$$-2$$

求定积分和广义积分也可以在窗口左侧的面板中直接点击输入 $\int_a^b f(x)dx$，和手写形式完全一样，不需要记忆上面的命令和使用格式。例如

$$> \int_0^2 x^3 \, dx$$

$$4$$

1.8 级数展开

1. 如何用 Maple 展开级数

```
taylor(f(x),x)
taylor(f(x),x,n)
taylor(f(x),x=a,n)
series(f(x),x,n)
series(f(x),x=a,n)
```

例如：

> $taylor(\sin(x), x)$

$$x-\frac{1}{6}x^3+\frac{1}{120}x^5+O(x^6)$$

> $taylor(\sin(x), x, 9)$

$$x-\frac{1}{6}x^3+\frac{1}{120}x^5-\frac{1}{5040}x^7+O(x^9)$$

```
> taylor( exp(x), x=0, 4 );
```

$$1+x+\frac{1}{2}x^2+\frac{1}{6}x^3+O(x^4)$$

```
> taylor( 1/x, x=1, 3 );
```

$$1-(x-1)+(x-1)^2+O((x-1)^3)$$

```
> series(x/(1-x-x^2), x=0);
```

$$x + x^2 + 2x^3 + 3x^4 + 5x^5 + O(x^6)$$

```
> series(x+1/x, x=1, 3 );
```

$$2 + (x-1)^2 + O((x-1)^3)$$

```
> series(exp(x), x=0, 8 );
```

$$1 + x + \frac{1}{2}x^2 + \frac{1}{6}x^3 + \frac{1}{24}x^4 + \frac{1}{120}x^5 + \frac{1}{720}x^6 + \frac{1}{5040}x^7 + O(x^8)$$

```
> series(exp(x)/x, x=0, 8 );
```

$$x^{-1} + 1 + \frac{1}{2}x + \frac{1}{6}x^2 + \frac{1}{24}x^3 + \frac{1}{120}x^4 + \frac{1}{720}x^5 + \frac{1}{5040}x^6 + O(x^7)$$

1.9 数列、级数求和

sum(f(n),n=a..b)	表示求和 $\sum_{n=a}^{b} f(n)$

例如：

```
> sum(2^n,n=0..63);
```

18446744073709551615

```
> sum(1/2^n,n=0..infinity);
```

2

求和也可以在窗口左侧的面板中直接点击输入 $\sum_{k=n}^{m} f(k)$，和手写形式完全一样，不需要记忆上面的命令和使用格式。例如

$$> \sum_{k=1}^{n} k^2$$

$$\frac{1}{3}(n+1)^3-\frac{1}{2}(n+1)^2+\frac{1}{6}n+\frac{1}{6}$$

factor(%)

$$\frac{1}{6}n(n+1)(2n+1)$$

1.10 换元积分法

先加载 student 函数库，加载方法为：**with(student);**

changevar(m(x)=p(u), Int(f(x),x))	把积分表达式中的 m(x)代换成 p(u)
changevar(m(x)=p(u), Int(f(x),x) , u)	把积分表达式中的 m(x)代换成 p(u)

例如：

```
> with(student):
> changevar(cos(x)+1=u, Int((cos(x)+1)^3*sin(x), x));
```

$$\int -u^3\,du$$

```
> changevar(cos(x)+1=u, Int((cos(x)+1)^3*sin(x), x), u);
```

$$\int -u^3\,du$$

1.11　分部积分法

先加载 student 函数库，加载方法为：**with(student)**；

intparts(Int(f(x),x),u)	指定 u，用分部积分公式 $\int udv = uv - \int vdu$ 进行计算

例如：

> $with(student):$

> $intparts(Int(x^2 \cdot \cos(x), x), x^2)$

$$x^2 \sin(x) - \int 2\,x \sin(x)\,dx$$

> $intparts(\%, 2 \cdot x)$

$$x^2 \sin(x) + 2\,x \cos(x) + \int (-2 \cos(x))\,dx$$

> $value(\%)$

$$x^2 \sin(x) - 2 \sin(x) + 2\,x \cos(x)$$

第二部分　线性代数

2.1　建立矩阵

首先加载 linalg 函数库，加载方法为：with（linalg）

然后用下列命令建立矩阵

matrix（m，n，[矩阵的所有元素，先写第一行，再写第二行，依次类推，用逗号分开]）	建立 m×n 矩阵

matrix（[[矩阵的第一行元素，用逗号分开]，[矩阵的第二行元素，用逗号分开]，...，矩阵的第 m 行元素,用逗号分开]]）	建立矩阵
matrix（m，n，a）	建立元素全部是 a 的 m×n 矩阵
diag（e1，e2，e3，...，en）	建立以 e1，e2，e3，...，en 为对角元素，其余元素为 0 的 n×n 矩阵
randmatrix（m，n，可选项 options）	随机产生 m×n 矩阵

例如：

```
> with(linalg):
matrix(2,2,[5,4,6,3]);
```

$$\begin{bmatrix} 5 & 4 \\ 6 & 3 \end{bmatrix}$$

```
> matrix([[5,4],[6,3]]);
```

$$\begin{bmatrix} 5 & 4 \\ 6 & 3 \end{bmatrix}$$

```
> matrix(2,2,0);
```

$$\begin{bmatrix} 0 & 0 \\ 0 & 0 \end{bmatrix}$$

> $diag(1, 2, 3, 4, 5)$

$$\begin{bmatrix} 1 & 0 & 0 & 0 & 0 \\ 0 & 2 & 0 & 0 & 0 \\ 0 & 0 & 3 & 0 & 0 \\ 0 & 0 & 0 & 4 & 0 \\ 0 & 0 & 0 & 0 & 5 \end{bmatrix}$$

> $randmatrix(3, 6)$

$$\begin{bmatrix} -7 & 22 & -55 & -94 & 87 & -56 \\ 0 & -62 & 97 & -73 & -4 & -83 \\ -10 & 62 & -82 & 80 & -44 & 71 \end{bmatrix}$$

> $randmatrix(3, 3, symmetric);$

$$\begin{bmatrix} -17 & -75 & -7 \\ -75 & -10 & -40 \\ -7 & -40 & 42 \end{bmatrix}$$

> $randmatrix(2, 2, entries = rand(999 ..9999))$

$$\begin{bmatrix} 7504 & 6292 \\ 3986 & 3439 \end{bmatrix}$$

2.2 矩阵的加法、减法和数乘运算

A+B	求矩阵 A 与 B 的和。但要用 evalm 命令才能显示其结果。
matadd(A,B)	求矩阵 A 与 B 的和。使用前要先加载 linalg 软件包。加载方法为：with(linalg)
matadd(A,−B)	计算 A−B

续上表

matadd(A, B, m, n)	计算 m*A+n*B
k*A	数 k 与矩阵 A 的乘法运算。但要用 evalm 命令才能显示其结果。
scalarmul(A, k)	数 k 与矩阵 A 的乘法运算。使用前要先加载 linalg 软件包。加载方法为：with(linalg)

注：在 maple10 及以上版本中矩阵的加法、减法和数乘变得更加简单，和数学课本中使用的符号完全相同，而且不用 evalm 命令就可直接显示运算结果（当然上面调用命令的方法仍然适用）。即在 maple10 及以上版本中可用下列简便方法进行加法、减法和数乘运算：

A+B	加法
A-B	减法
kA 或 k*A	数乘

例如：

> $with(linalg)$:

> $A := \begin{bmatrix} 3 & 0 & -2 \\ 1 & 7 & -9 \\ 2 & 5 & 1 \end{bmatrix}$

$$\begin{bmatrix} 3 & 0 & -2 \\ 1 & 7 & -9 \\ 2 & 5 & 1 \end{bmatrix}$$

> $B := \begin{bmatrix} 27 & 99 & 92 \\ 8 & 29 & -31 \\ 69 & 44 & 67 \end{bmatrix}$

$$\begin{bmatrix} 27 & 99 & 92 \\ 8 & 29 & -31 \\ 69 & 44 & 67 \end{bmatrix}$$

> $A+B$

$$\begin{bmatrix} 30 & 99 & 90 \\ 9 & 36 & -40 \\ 71 & 49 & 68 \end{bmatrix}$$

> $matadd(A, B)$

$$\begin{bmatrix} 30 & 99 & 90 \\ 9 & 36 & -40 \\ 71 & 49 & 68 \end{bmatrix}$$

> $A-B$

$$\begin{bmatrix} -24 & -99 & -94 \\ -7 & -22 & 22 \\ -67 & -39 & -66 \end{bmatrix}$$

> $matadd(A,-B)$

$$\begin{bmatrix} -24 & -99 & -94 \\ -7 & -22 & 22 \\ -67 & -39 & -66 \end{bmatrix}$$

> $3 \cdot A$

$$\begin{bmatrix} 9 & 0 & -6 \\ 3 & 21 & -27 \\ 6 & 15 & 3 \end{bmatrix}$$

> $scalarmul(A, 3)$

$$\begin{bmatrix} 9 & 0 & -6 \\ 3 & 21 & -27 \\ 6 & 15 & 3 \end{bmatrix}$$

> $matadd(A, B, 2, 3)$

$$\begin{bmatrix} 87 & 297 & 272 \\ 26 & 101 & -111 \\ 211 & 142 & 203 \end{bmatrix}$$

2.3 矩阵的乘法运算

multiply(A,B)	求矩阵 A 与 B 的乘积。使用前要先加载 linalg 软件包。加载方法为：with(linalg)

例如：

> $with(linalg)$:

> $A := \begin{bmatrix} 27 & 99 & 92 \\ 8 & 29 & -31 \\ 69 & 44 & 67 \end{bmatrix}$

$$\begin{bmatrix} 27 & 99 & 92 \\ 8 & 29 & -31 \\ 69 & 44 & 67 \end{bmatrix}$$

$$> B := \begin{bmatrix} -22 & -38 & 33 \\ 45 & -18 & -98 \\ -81 & 87 & -77 \end{bmatrix}$$

$$\begin{bmatrix} -22 & -38 & 33 \\ 45 & -18 & -98 \\ -81 & 87 & -77 \end{bmatrix}$$

> *multiply*(*A*, *B*)

$$\begin{bmatrix} -3591 & 5196 & -15895 \\ 3640 & -3523 & -191 \\ -4965 & 2415 & -7194 \end{bmatrix}$$

2.4　矩阵的乘方运算

A^n	矩阵 A 的 n 次方
multiply(A$n)	矩阵 A 的 n 次方。使用前要先加载 linalg 软件包。加载方法为：with(linalg)

注：(1)在 maple10 以下的版本中，运行 A^n 后并没有显示计算结果，这时需要运行命令 evalm(A^n)才能显示计算结果。(2)A^n 在 maple10 及以上版本中的显示形式是：A^n

例如：

> *with*(*linalg*) :

$$> A := \begin{bmatrix} 27 & 99 & 92 \\ 8 & 29 & -31 \\ 69 & 44 & 67 \end{bmatrix}$$

> A^2

$$\begin{bmatrix} 7869 & 9592 & 5579 \\ -1691 & 269 & -2240 \\ 6838 & 11055 & 9473 \end{bmatrix}$$

> $multiply(A\$2)$

$$\begin{bmatrix} 7869 & 9592 & 5579 \\ -1691 & 269 & -2240 \\ 6838 & 11055 & 9473 \end{bmatrix}$$

2.5 求行列式

det(A)	求矩阵 A 的行列式

例如：

> $with(linalg)$:

> $A := randmatrix(3, 3)$

$$\begin{bmatrix} -7 & 22 & -55 \\ -94 & 87 & -56 \\ 0 & -62 & 97 \end{bmatrix}$$

> $det(A)$

$$-154713$$

2.6　求转置矩阵

transpose（A）	求矩阵 A 的转置矩阵

例如：

> $with(linalg)$:

> $A := matrix([[1, 2, 4], [2, 1, 5]])$

$$\begin{bmatrix} 1 & 2 & 4 \\ 2 & 1 & 5 \end{bmatrix}$$

> $transpose(A)$

$$\begin{bmatrix} 1 & 2 \\ 2 & 1 \\ 4 & 5 \end{bmatrix}$$

2.7　求矩阵的秩

rank（A）	求矩阵 A 的秩

例如：

> $with(linalg)$:

> $A := randmatrix(6, 5)$

$$\begin{bmatrix} -47 & 40 & -81 & 91 & 68 \\ -10 & 31 & -51 & 77 & 95 \\ 1 & 1 & 55 & -28 & 16 \\ 30 & -27 & -15 & -59 & -96 \\ 72 & -87 & 47 & -90 & 43 \\ 92 & -91 & -88 & -48 & 53 \end{bmatrix}$$

> $rank(A)$

$$5$$

2.8 求伴随矩阵

adj(A) 或 adjoint(A)	求矩阵 A 的伴随矩阵 （先加载 linalg 软件包，加载方法为：**with(linalg);**

例如：

```
> with(linalg):
> A:=matrix([[1,2,5],[3,6,1],[0,2,1]]);
```

$$A := \begin{bmatrix} 1 & 2 & 5 \\ 3 & 6 & 1 \\ 0 & 2 & 1 \end{bmatrix}$$

```
> adj(A);
```

$$\begin{bmatrix} 4 & 8 & -28 \\ -3 & 1 & 14 \\ 6 & -2 & 0 \end{bmatrix}$$

```
> adjoint(A);
```

$$\begin{bmatrix} 4 & 8 & -28 \\ -3 & 1 & 14 \\ 6 & -2 & 0 \end{bmatrix}$$

2.9 求逆矩阵

1. 如何用 maple 求逆矩阵

inverse（A）	求矩阵 A 的逆矩阵

例如：

> *with(linalg)* :

> $A := randmatrix(3, 3)$

$$\begin{bmatrix} -7 & 22 & -55 \\ -94 & 87 & -56 \\ 0 & -62 & 97 \end{bmatrix}$$

> $det(A)$

$$-154713$$

> $inverse(A)$

$$\begin{bmatrix} -\frac{4967}{154713} & -\frac{1276}{154713} & -\frac{3553}{154713} \\ -\frac{9118}{154713} & \frac{679}{154713} & -\frac{4778}{154713} \\ -\frac{5828}{154713} & \frac{434}{154713} & -\frac{1459}{154713} \end{bmatrix}$$

2.10 解线性方程组

solve（{eqn1,eqn2,…},{x,y,z,…}）	解由方程 eqn1,eqn2,…组成的方程组。
linsolve（M,B）	解满足矩阵方程 MX=B 的向量 X
rref(A)	可求解任何方程组 其中 A 为增广矩阵

例如：解方程组 $\begin{cases} x+y-2z=1 \\ 2x-y+z=3 \\ x+y+z=0 \end{cases}$ 有下列方法：

方法一：

```
> solve({x+y-2*z=1,2*x-y+z=3,x+y+z=0},{x,y,z});
```

$$\left\{ y=\frac{-8}{9}, x=\frac{11}{9}, z=\frac{-1}{3} \right\}$$

方法二：

```
>with(linalg):
> A:=matrix([[1,1,-2],[2,-1,1],[1,1,1]]);
```

$$A := \begin{bmatrix} 1 & 1 & -2 \\ 2 & -1 & 1 \\ 1 & 1 & 1 \end{bmatrix}$$

```
> B:=matrix([[1],[3],[0]]);
```

$$B := \begin{bmatrix} 1 \\ 3 \\ 0 \end{bmatrix}$$

```
> linsolve(A,B);
```

$$\begin{bmatrix} \frac{11}{9} \\ \frac{-8}{9} \\ \frac{-1}{3} \end{bmatrix}$$

方法三：

```
>with(linalg):
> A:=matrix([[1,1,-2],[2,-1,1],[1,1,1]]);
```

$$A := \begin{bmatrix} 1 & 1 & -2 \\ 2 & -1 & 1 \\ 1 & 1 & 1 \end{bmatrix}$$

```
> B:=matrix([[1],[3],[0]]);
```

$$B := \begin{bmatrix} 1 \\ 3 \\ 0 \end{bmatrix}$$

```
> C:=augment(A,B);
```

$$C := \begin{bmatrix} 1 & 1 & -2 & 1 \\ 2 & -1 & 1 & 3 \\ 1 & 1 & 1 & 0 \end{bmatrix}$$

```
> rref(C);
```

$$\begin{bmatrix} 1 & 0 & 0 & \frac{11}{9} \\ 0 & 1 & 0 & \frac{-8}{9} \\ 0 & 0 & 1 & \frac{-1}{3} \end{bmatrix}$$

方法四:

```
>with(linalg):
> A:=matrix([[1,1,-2],[2,-1,1],[1,1,1]]);
```

$$A := \begin{bmatrix} 1 & 1 & -2 \\ 2 & -1 & 1 \\ 1 & 1 & 1 \end{bmatrix}$$

```
> B:=matrix([[1],[3],[0]]);
```

$$B := \begin{bmatrix} 1 \\ 3 \\ 0 \end{bmatrix}$$

```
> multiply(inverse(A),B);
```

$$\begin{bmatrix} \frac{11}{9} \\ \frac{-8}{9} \\ \frac{-1}{3} \end{bmatrix}$$

第三部分　2D 绘 图

3.1　2D 显函数绘图

```
plot(f(x),x=xmin..xmax)
plot(f(x),x=xmin..xmax,y=ymin..ymax)
plot([f1(x),f2(x),f3(x),...],x=xmin..xmax)
plot([f1(x),f2(x),f3(x),...],x=xmin..xmax,y=ymin..ymax)
plot(f(x),x=xmin..xmax,options)
```

例如：

```
> plot(cos(x) + sin(x), x=0..Pi);
```

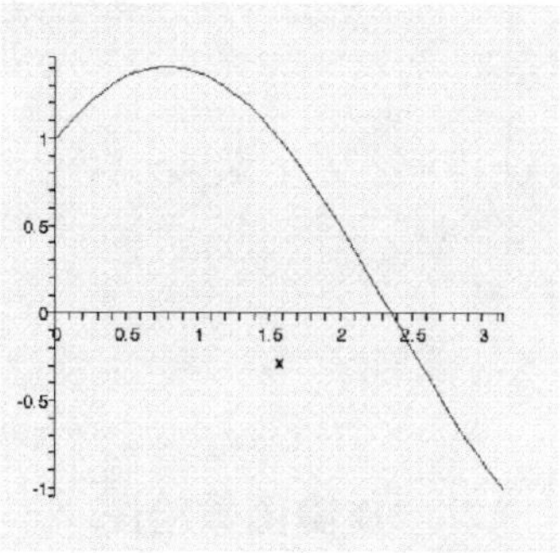

```
> plot(sin(t),t);
```

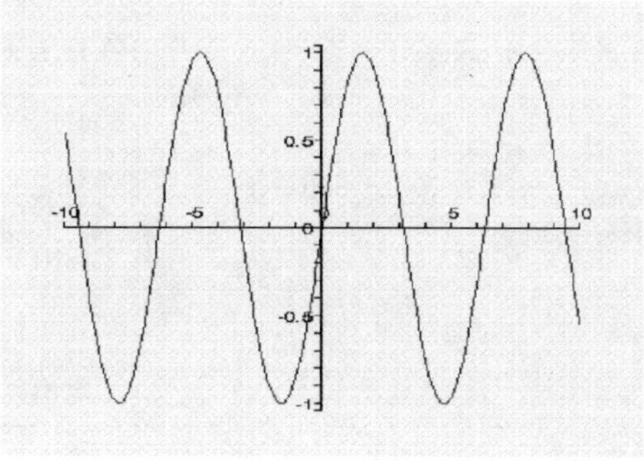

```
> plot(tan(x), x = -2*Pi..2*Pi, y = -4..4, discont = true);
```

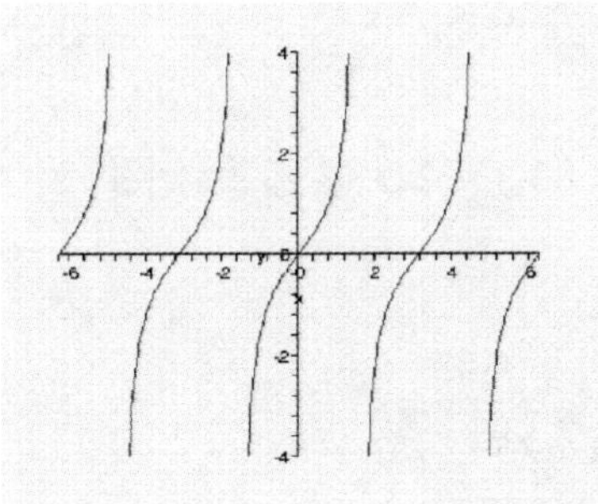

```
> plot([sin(x), x-x^3/6], x=0..2, color=[red,blue],
style=[point,line]);
```

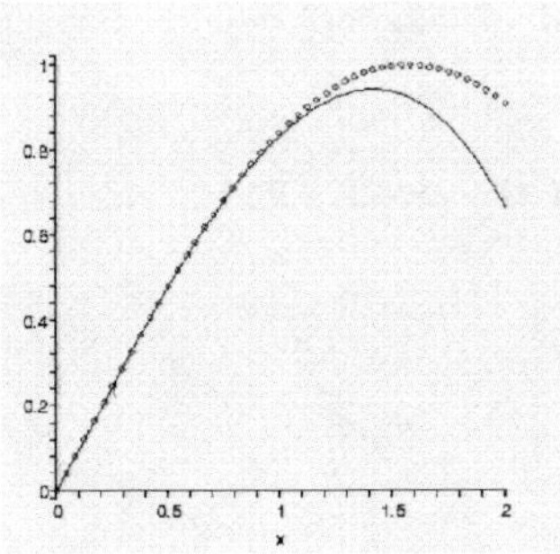

3.2 2D 隐函数绘图

首先要加载 plots 绘图函数库，加载方法为： with(plots)

implicitplot(eqn, x=a..b, y=c..d, options)	在指定的范围内，画出方程 eqn 所表示的曲线
implicitplot({eqn_1,eqn_2,…}, x=a..b, y=c..d, options)	在指定的范围内同时绘制多个隐函数图
implicitplot([eqn_1,eqn_2,…], x=a..b, y=c..d, options)	在指定的范围内同时绘制多个隐函数图

例如：

```
> with(plots):
implicitplot(x^2+y^2=1, x=-1..1, y=-1..1);
```

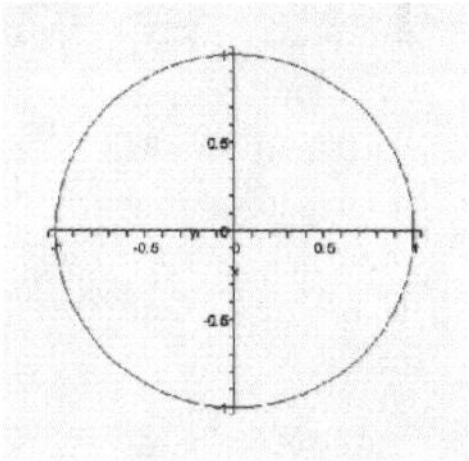

```
> implicitplot({x^2-y^2=1, y=exp(x)}, x=-Pi..Pi,
y=-Pi..Pi);
```

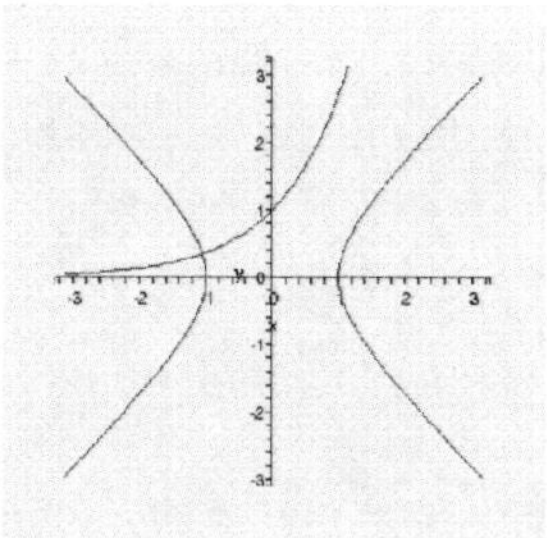

```
> implicitplot([x^2-y^2=1, y=exp(x)], x=-Pi..Pi, y=-Pi..Pi,
   color=[blue, green], legend=[plot1,plot2]);
```

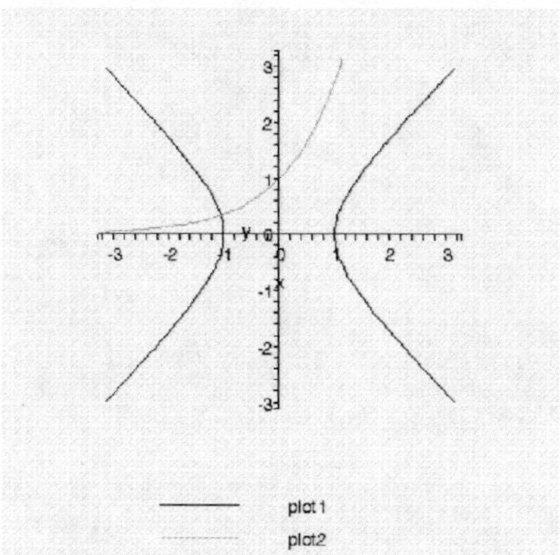

习题答案

第一章

习题 1 - 1

1. (1) $f\left(\frac{1}{10}\right)=-\frac{\pi}{2}$, $f(1)=0$, $f(10)=\frac{\pi}{2}$

   (2) $f(-2)=-1$, $f(0)=3$, $f[f(-1)]=2$

2. (1) 不同　(2) 相同
3. (1) 偶函数　(2) 既非奇函数也非偶函数　(3) 奇函数　(4) 奇函数
4. (1) 周期函数、2π　(2) 周期函数、π　(3) 周期函数、π

   (4) 非周期函数
5. (1) $y=\log_2(x-1)$　(2) $y=\frac{x-1}{x+1}$
6. 略
7. $f[\varphi(x)]=\sin^3 2x-\sin 2x$, $\varphi[f(x)]=\sin 2(x^3-x)$
8. (1) $y=\sin u$, $u=2x$　(2) $y=e^u$, $u=\frac{1}{x}$

   (3) $y=u^2$, $u=\cos v$, $v=3x$　(4) $y=u^2$, $u=\ln v$, $v=x^2+1$

   (5) $y=e^u$, $u=\sin v$, $v=3x$　(6) $y=u^3$, $u=x^2-3$
9. $S_n=P(1+R)^n$

习题 1 - 2

1. (1) 0　(2) 1　(3) 0　(4) 无极限
2. (1) $\lim\limits_{x\to0^-}\frac{|x|}{x}=-1$, $\lim\limits_{x\to0^+}\frac{|x|}{x}=1$, 无极限

   (2) $\lim\limits_{x\to1}\frac{|x|}{x}=1$
3. (1) C　(2) A
4. (1) $g(0^+)=1$, $g(0^-)=1$　(2) $\lim\limits_{x\to0}g(x)=1$
5. $\lim\limits_{x\to0}f(x)=0$, $\lim\limits_{x\to1}f(x)$不存在, $\lim\limits_{x\to2}f(x)=1$

习题 1 - 3

1. (1) $x\to\infty$　(2) $x\to\frac{1}{2}$　(3) $x\to-\infty$　(4) $x\to0^-$

2. (1) $x\to 0$ (2) $x\to\infty$ (3) $x\to+\infty$ (4) $x\to 0^+$

3. (1) 0 (2) 0

习题 1-4

1. (1) $-\frac{5}{3}$ (2) 0 (3) ∞ (4) $2x$ (5) 0 (6) 6 (7) $\frac{1}{2}$ (8) 1

(9) 2 (10) 1 (11) $\sqrt{2}$ (12) -1

习题 1-5

1. (1) $\sqrt{3}$ (2) 0 (3) $1-e^2$ (4) $\frac{2}{\pi}$ (5) 2 (6) 1 (7) $\frac{1}{2}$ (8) 1

2. $a=1$

3. $a=1$

4. 在$[0, 1)$，$(1, +\infty)$连续，在 $x=1$ 处间断

第二章

习题 2-1

1. $C(q)=0.02q^2+5q+1\,000$，$\frac{dC}{dq}=0.04q+5$

2. (1) $-f'(x_0)$ (2) $2\sqrt{x_0}f'(x_0)$

3. (1) 切线方程 $y=\frac{x}{e}$ (2) 切线方程 $y-1=3(x+1)$

习题 2-2

1. (1) $4+\frac{4}{x^3}$ (2) $\frac{7}{8}x^{-\frac{1}{8}}$ (3) $3x^2\cos x-x^3\sin x$ (4) $\sec^3 x+\tan^2 x\sec x$

(5) $(\theta+1)e^{\theta}\cot\theta-\theta e^{\theta}\csc^2\theta$ (6) $\frac{\sin t-\cos t+1}{(1+\sin t)^2}$

(7) $\frac{1}{\sqrt{x}}+\frac{1}{x^2}+3^x\ln 3$ (8) $x-3+\frac{1}{x}+(2x-3)\ln x$

(9) $\frac{2+\ln x}{2\sqrt{x}}$ (10) $\frac{-2(x+\sqrt{x})\csc^2 x-\cot x}{2\sqrt{x}(1+\sqrt{x})^2}$

2. (1) $2x^3$ (2) $x+\frac{x^2}{2}$ (3) $\sec x$ (4) $\log_3 x$ (5) $\frac{2}{3}x^{\frac{3}{2}}-\ln x$ (6) $3\cdot 2^x$

3. 切线方程 $x+y+3=0$

4. $\frac{50}{x^2}+\frac{x}{10}$

习题 2-3

1. (1) $-\cos x$ $e^{-\cos x}\sin x$ (2) $\frac{1}{\csc x-\cot x}$ $\csc x$

(3) $\sin^3 2x \quad 6\sin^2 2x\cos 2x$ (4) $2f(\tan x)$

2. (1) $-2\sin\left(2x+\frac{\pi}{5}\right)$ (2) $10(x^2-2x-1)^4(x-1)$

(3) $e^{-x}(3\sec^2 3x-\tan 3x)$ (4) $\frac{2^x\ln 2}{1+2^x}$

(5) $2\sin(4x-2)$ (6) $-\frac{x}{\sqrt{1-x^2}}$

(7) $6(x+x^3)^5\cdot(1+3x^2)$ (8) $\frac{-1}{(x^2-1)^{\frac{3}{2}}}$

(9) $2x\sec^2(x^2+1)\sec 2x+2\tan(x^2+1)\sec 2x\tan 2x$

(10) $-\frac{1}{x^2}e^{\tan\frac{1}{x}}\sec^2\frac{1}{x}$ (11) $(1+x^3)^{-\frac{2}{3}}x^2$

(12) $\frac{24}{x}(\ln x)^2$ (13) $n\sin^{n-1}x\cos(n+1)x$

(14) $\csc x$ (15) $(\ln 3)3^{\sin x}\cos x$ (16) $\sec^2\frac{x}{5}$

3. (1) $3\left(\frac{\pi}{2}-1\right)$ (2) 0

4. (1) $\frac{2f'(2x)}{f(2x)}$ (2) $2e^x f(e^x)f'(e^x)$

习题2-4

1. (1) $-\frac{\sqrt{y}}{\sqrt{x}}$ (2) $\frac{x+y}{x-y}(x-y\neq 0)$ (3) $-\frac{16x}{9y}$ (4) $-\frac{1}{2}$

(5) $1-\frac{\pi}{2}$ (6) $\frac{e^y}{1-xe^y}$或$\frac{y-1}{x(2-y)}$ (7) $\frac{y-y^2}{xy-1}$ (8) $\frac{-y\sin(xy)}{1+x\sin(xy)}$

2. $x+3y+4=0$

3. (1) $(\sin x)^{\cos x}\left[\frac{\cos^2 x}{\sin x}-\sin x\ln(\sin x)\right]$

(2) $\frac{e^{2x}(x+3)}{\sqrt{(x-4)(x+5)}}\left[2+\frac{1}{x+3}-\frac{1}{2(x-4)}-\frac{1}{2(x+5)}\right]$

习题2-5

(1) $\frac{2}{x^3}+2^x\ln^2 2$ (2) $\frac{-a^2}{(a^2-x^2)^{\frac{3}{2}}}$

(3) $e^{-t}(4\sin 2t-3\cos 2t)$ (4) $2x(2x^2+3)e^{x^2}$

(5) $-\frac{1+x^2}{(x^2-1)^2}$ (6) $\frac{2(\sqrt{1-x^2}-x\arccos x)}{(1-x^2)^{\frac{3}{2}}}$

习题2-6

1. $\Delta y=+1.141$, $dy=-1.2$; $\Delta y=0.1206$, $dy=0.12$

2. (1) $\dfrac{dx}{(1-x)^2}$　(2) $\dfrac{1}{2}\cot\dfrac{x}{2}dx$

(3) $\dfrac{-x}{|x|\sqrt{1-x^2}}dx$　(4) $e^{-x}[\sin(3-x)-\cos(3-x)]dx$

(5) $\dfrac{4x^3y}{2y^2+1}dx$　(6) $\dfrac{3}{3x+1}\sin[2\ln(3x+1)]dx$

3. (1) $\dfrac{x^2}{2}$　(2) $\ln(1+x)$　(3) $-\dfrac{\cos 2x}{2}$　(4) $-\dfrac{e^{-3x}}{3}$

(5) $\dfrac{1}{1+e^{4x}}$　$\dfrac{2e^{2x}}{1+e^{4x}}$　(6) $\cos(\cos x)$　$-\sin x\cos(\cos x)$

4. $-\dfrac{(x-y)^2}{(x-y)^2+2}dx$, $-\dfrac{(x-y)^2}{(x-y)^2+2}$

5. (1) 1.034 9　(2) 2.745 5　(3) 9.986 7　(4) 0.001

第三章

习题 3-1

(1) 单调增加区间$(-\infty, 0)$, $(2, \infty)$; 单调减少区间$(0, 2)$。

(2) 单调增加区间$(-\infty, 1)$, 单调减少区间$(1, \infty)$。

(3) 单调增加区间$\left(\dfrac{1}{2}, \infty\right)$, 单调减少区间$\left(-\infty, \dfrac{1}{2}\right)$。

(4) 单调增加区间 $(0, 2)$, 单调减少区间$(-\infty, 0)\cup(2, \infty)$。

(5) 单调增加区间$(-\infty, 0)$, 单调减少区间$(0, \infty)$。

(6) 单调增加区间$\left(\dfrac{\pi}{3}, \dfrac{5\pi}{3}\right)$; 单调减少区间$\left(0, \dfrac{\pi}{3}\right)$, $\left(\dfrac{5\pi}{3}, 2\pi\right)$。

习题 3-2

1. (1) $y_{极大}=y(-2)=25$, $y_{极小}=y(1)=-2$

(2) $y_{极大}=y(0)=-2$, $y_{极小}=y(2)=2$

(3) $y_{极小}=y\left(\dfrac{1}{e}\right)=-\dfrac{1}{e}$

(4) y 单调增加，无极值

2. $a=-\dfrac{2}{3}$, $b=-\dfrac{1}{6}$; $f(x)$在 $x=1$ 处取得极小值，在 $x=2$ 处取得极大值。

3. (1) 在 $x=-1$ 处有最大值 3，在 $x=1$ 处有最小值 1。

(2) 在 $x=3$ 处有最大值 11，在 $x=2$ 处有最小值 -14。

(3) 在 $x=3$ 处有最大值 4，在 $x=0$ 处有最小值 1。

(4) 在 $x=-\dfrac{\pi}{2}$处有最大值$\dfrac{\pi}{2}$，在 $x=\dfrac{\pi}{2}$处有最小值$-\dfrac{\pi}{2}$。

4. $r=2m$, $h=4m$

5. (略)

习题 3-3

1~4（略）

5. 当产量 $q=50$ 台时的平均成本最低，此时 $\overline{C}(50)=7$（万元）。

6. $q=200$（件），利润最大；最大利润时每件产品的价格是 $p=80$（元）。

7. 需求弹性函数 $\frac{EQ}{Ep}=\frac{-0.1p}{2-0.1p}$，$p>10$ 高弹性，$p<10$ 低弹性，$p=10$ 单位弹性。

第四章

习题 4-1

(1) $-\frac{4}{x}+\frac{4x}{3}+\frac{x^3}{27}+C$ (2) $-\frac{2}{3}x^{-\frac{3}{2}}+C$

(3) $\frac{x^3}{3}-x+\arctan x+C$ (4) $\frac{x+\sin x}{2}+C$

(5) $-\cot x-x+C$ (6) $\frac{1}{2}(x+\tan x)+C$

(7) $\frac{(3\mathrm{e})^x}{1+\ln 3}+C$ (8) $\tan x-\sec x+C$

(9) $\sin x+\cos x+C$ (10) e^x-x+C

(11) $\frac{x-\sin x}{2}+C$ (12) $-\frac{2}{3}x^{-\frac{3}{2}}-\mathrm{e}^x+\ln|x|+C$

(13) $\frac{1}{2}x^2-\sqrt{2}x+C$ (14) $\arcsin x+C$

(15) $-\frac{1}{x}+\arctan x+C$ (16) $2x+\frac{5\left(\frac{2}{3}\right)^x}{\ln 3-\ln 2}+C$

(17) $-(\tan x+\cot x)+C$ (18) $\sin x-\cos x+C$

习题 4-2

(1) $\frac{1}{8}(2x-3)^4+C$ (2) $\frac{3}{2(1-2x)}+C$

(3) $-\frac{3}{4}(3-2x)^{\frac{2}{3}}+C$ (4) $\frac{1}{3}\ln|3x-5|+C$

(5) $\begin{cases} k\neq -1,\ \frac{1}{b(k+1)}(a+bx)^{k+1}+C \\ k=-1,\ \frac{1}{b}\ln|a+bx|+C \end{cases}$ (6) $-\frac{1}{\beta}\sin(\alpha-\beta x)+C$

(7) $-\frac{1}{5}\ln|\cos 5x|+C$ (8) $\frac{1}{2}\cdot\frac{10^{2x}}{\ln 10}+C$

(9) $-\frac{1}{2}\cot\left(2x+\frac{\pi}{4}\right)+C$ (10) $\frac{1}{5}\arcsin 5x+C$

(11) $\frac{1}{3}\arctan 3x+C$ (12) $\frac{2}{3}\sqrt{(\ln x)^3}+C$

(13) $\frac{2}{9}(1+x^3)^{\frac{3}{2}}+C$ (14) $\sin(x^2-x+1)+C$

(15) $\frac{1}{2}(\arctan x)^2+C$ (16) $\arccos(e^{-x})+C$

(17) $\frac{1}{2}\tan^2 x+\ln|\cos x|+C$ (18) $-2\sqrt{1-x^2}-\arcsin x+C$

(19) $\frac{1}{3}\ln\left|\frac{x-1}{x+2}\right|+C$ (20) $-\frac{1}{2}e^{-x^2}+C$

(21) $e^{\arcsin x}+C$ (22) $-\frac{1}{3(x-1)^6}-\frac{3}{7(x-1)^7}+C$

习题 4-3

1. (1) $\frac{29}{6}$ (2) 1 (3) $\frac{\pi}{12}$ (4) $\frac{\pi}{6}$ (5) $\frac{\pi}{4}+1$

(6) $1-\frac{\sqrt{3}}{3}-\frac{\pi}{12}$ (7) $4\sqrt{2}$ (8) $1-\frac{\pi}{4}$ (9) $\frac{\pi}{4}$ (10) $-\frac{17}{6}$

(11) $\frac{\pi}{8}$ (12) $\frac{\pi}{6}$ (13) $2(\sqrt{2}-1)$ (14) $2\sqrt{2}$ (15) 2 (16) $\frac{5}{2}$

2. (1) $\sqrt{2}$ (2) $\sin(x^2)$ (3) $\tan t$

习题 4-4

(1) $\frac{7}{72}$ (2) $5(1-\sqrt[5]{16})$ (3) $\frac{1}{6}$ (4) 1 (5) $\frac{3}{2}$ (6) $\arctan e-\frac{\pi}{4}$

第五章

习题 5-1

1. 30 000（万元）
2. 最大利润为 300 元。
3. $C(x)\frac{1}{2}x^2+24x+1\ 000$

习题 5-2

1. (1) 一阶 (2) 一阶 (3) 三阶 (4) 二阶
2. (1) 是 (2) 不是 (3) 是
3. (1) $y=\frac{1}{2}(\arctan x)^2+C$ (2) $\ln(1+y^2)=\arctan x+C$

   (3) $2e^{3x}+3e^{-y^2}=C$ (4) $\frac{1}{y}=\ln|x|+C$
4. (1) $y=x-1$ (2) $\tan x\tan y=1$
5. (1) $y=e^{x^2}(\sin x+C)$ (2) $y=x(\ln|\ln x|+C)$
6. (1) $y=7e^{-\frac{x}{2}}+3$ (2) $y=(x-\pi-1)\cos x$

第六章

习题6－1

1. （1）$-22\,680$ （2）0 （3）$4abcdef$

2. （1）$x=-\frac{1}{2}$，$y=-\frac{1}{2}$，$z=\frac{3}{2}$ （2）$x=\frac{2}{3}$，$y=-\frac{1}{2}$，$z=\frac{5}{6}$

3. （1）$x=1$，$y=2$，$z=2$，$w=-1$ （2）$x=1$，$y=5$，$z=-5$，$w=-2$

4. （1）2 （2）2

习题6－2

（1）$\begin{pmatrix} 3 & 2 & -1 & 0 \\ -3 & -2 & 1 & 0 \\ 6 & 4 & -2 & 0 \\ 9 & 6 & -3 & 0 \end{pmatrix}$ （2）$\begin{pmatrix} 5 \\ -3 \\ 4 \end{pmatrix}$ （3）10 （4）$\begin{pmatrix} 0 & 0 & 0 \\ 0 & 0 & 0 \\ 0 & 0 & 0 \end{pmatrix}$

（5）$a_{11}x_1^{\ 2}+a_{22}x_2^{\ 2}+a_{33}x_3^{\ 2}+2a_{12}x_1x_2+2a_{13}x_1x_3+2a_{23}x_2x_3$

（6）$\begin{pmatrix} 1 & 3 & 5 & -1 \\ 0 & 1 & 4 & -10 \\ 0 & 0 & -4 & 3 \\ 0 & 0 & 0 & -9 \end{pmatrix}$

习题6－3

1. （1）$\begin{pmatrix} 5 & -2 \\ -2 & 1 \end{pmatrix}$ （2）$\begin{pmatrix} \frac{3}{2} & -3 & 1 \\ -\frac{3}{2} & 5 & -2 \\ \frac{1}{2} & -2 & 1 \end{pmatrix}$

2. （1）$\begin{pmatrix} -2 & 2 & 1 \\ -\frac{8}{3} & 5 & -\frac{2}{3} \\ -\frac{10}{3} & 3 & \frac{5}{3} \end{pmatrix}$ （2）$\begin{pmatrix} 1 & 1 \\ \frac{1}{4} & 0 \end{pmatrix}$

3. 特解：$\xi=\begin{pmatrix} 6 \\ -4 \\ 0 \\ 0 \\ 0 \end{pmatrix}$；

基础解为：$X_1=\begin{pmatrix}-2\\1\\1\\0\\0\end{pmatrix}$，$X_2=\begin{pmatrix}-2\\1\\0\\1\\0\end{pmatrix}$，$X_3=\begin{pmatrix}-6\\5\\0\\0\\1\end{pmatrix}$

通解：$X=\xi+c_1X_1+c_2X_2+c_3X_3$（$c_1$，$c_2$，$c_3$ 为常数）

4. 因为没有出现 $0=d$（$\neq 0$）的情况，且未知量的个数 4 多于方程的个数 3，说明有无穷多个解。其线性方程组解如下：$\begin{cases}x_1=x_4-8\\x_2=2x_4+4\text{，设 } x_4=c\text{（}c\text{ 为常数）}\\x_3=3x_4+7\end{cases}$

第七章

习题 7－2

1. （1）$\{(x,y)\mid xy>0\}$　（2）$\dfrac{5}{3}$　（3）$3\sqrt{2}$

2. （1）$D=\{(x,y)\mid x-y>0\}$　（2）$D=\{(x,y)\mid x^2+y^2\leqslant 1\}$

3. （1）$-\dfrac{1}{4}$　（2）a

习题 7－3

1. （1）$\dfrac{\partial z}{\partial x}=2x$，$\dfrac{\partial z}{\partial y}=2y$　（2）$\dfrac{\partial z}{\partial x}=\dfrac{y}{\sqrt{1-x^2y^2}}$，$\dfrac{\partial z}{\partial y}=\dfrac{x}{\sqrt{1-x^2y^2}}$

（3）$\dfrac{\partial z}{\partial x}=\mathrm{e}^x\sin y$，$\dfrac{\partial z}{\partial y}=\mathrm{e}^x\cos y$　（4）$\dfrac{\partial z}{\partial x}=\dfrac{2y}{(x+y)^2}$，$\dfrac{\partial z}{\partial y}=\dfrac{-2x}{(x+y)^2}$

2. $f'_x(x,y)=2xy$，$f'_y(x,y)=x^2-2$，$f'_x(2,3)=12$，$f'_y(0,0)=-2$

3. $\dfrac{\partial z}{\partial x}+\dfrac{\partial z}{\partial y}=3x^2+x+y$

4. （1）$\dfrac{\partial^2 z}{\partial x^2}=\dfrac{1}{x}$，$\dfrac{\partial^2 z}{\partial y^2}=-\dfrac{x}{y^2}$，$\dfrac{\partial^2 z}{\partial x\partial y}=\dfrac{1}{y}$

（2）$\dfrac{\partial^2 z}{\partial x^2}=(\ln y)^2y^x$，$\dfrac{\partial^2 z}{\partial y^2}=x(x-1)y^{x-2}$，$\dfrac{\partial^2 z}{\partial x\partial y}=xy^{x-1}\ln y+\dfrac{y^x}{y}$

5. $\left.\dfrac{\partial Q}{\partial K}\right|_{\substack{L=3\\K=10}}=-14$

6. （1）$\dfrac{EQ_A}{EP_A}=-\dfrac{2}{3}$；（2）$\dfrac{EQ_A}{EP_B}=\dfrac{1}{2}>0$。商品 A 与 B 之间相互竞争。

7. （1）41.5；25.5　（2）$\dfrac{\partial L}{\partial x}=23-6x-1.5y$；$\dfrac{\partial L}{\partial y}=14-1.5xx-4y$

习题 7－4

1. （1）$\mathrm{d}z=(y+\dfrac{1}{y})\mathrm{d}x+x(1-\dfrac{1}{y^2})\mathrm{d}y$

（2） $dz = ye^{xy}dx + xe^{xy}dy$

（3） $dz = yx^{y-1}dx + x^y \ln x\, dy$

（4） $dz = 2x\cos(x^2+y^2)dx + 2y\cos(x^2+y^2)dy$

（5） $du = \frac{2x}{x^2+y^2+z^2}dx + \frac{2y}{x^2+y^2+z^2}dy + \frac{2z}{x^2+y^2+z^2}dz$

2. $dz = 2xy^3dx + 3x^2y^2dy$; $dz\Big|_{\substack{x=1\\y=2}} = 16dx + 12dy$;

3. $du = (y^2z^3)dx + (2xyz^3 - 6y)dy + (3xy^2z^2 + 1)dz$

$$du\Big|_{\substack{x=1\\y=-1\\z=2}} = 8dx - 10dy + 13dz$$

4. 0.96

习题7－5

1. 在点(0，0)处，函数无极值；在点(1，1)处，函数有极小值－1。
2. 利润最大 $L(500, 300) = 1\,249\,995$（元）。

第八章

习题8

1～3（略）

4. 最优解为 $\frac{15}{3}$，0，$\frac{50}{3}$；最优值为4 250

5. 该线性规划的矩阵形式为：

$$\min S = CX$$
$$\begin{cases} GX \leqslant H \\ AX = B \\ X \geqslant LB \end{cases}$$

其中：$G = \begin{pmatrix} 1 & 0 \\ 0 & -1 \end{pmatrix}$，$H = \begin{pmatrix} 400 \\ -200 \end{pmatrix}$，$X = \begin{pmatrix} x_1 \\ x_2 \end{pmatrix}$，$LB = \begin{pmatrix} 0 \\ 0 \end{pmatrix}$，

$C=(5, 8)$，$A=(1, 1)$，$B(500)$

6. with（simplex）

Maximize $(3x_1 + 4x_2, \{x_1 + 2x_2 \leqslant 16, x_1 + x_2 \leqslant 10, 3x_1 + x_2 \leqslant 24, x_1 \geqslant 0, x_2 \geqslant 0\})$

$$\{x_1 = 4, x_2 = 6\} \quad (1)$$

S：＝ $(x_1 \quad x_2) \to 3x_1 + 4x_2$

$$(x_1 \quad x_2) \to 3x_1 + 4x_2$$

$S(4, 6)$

36

第九章

习题9－（1～4）

1. （1）$\Omega=\{$甲乙,甲丙,甲丁,乙丁,丙丁,乙丙,乙甲,丙甲,丁甲,丙乙,丁乙,丁丙$\}$

   （2）$\Omega=\{\surd\surd,\times\times,00,\surd\times,\times\surd,\surd 0,0\surd,\times 0,0\times\}$

2. （1）$A\cdot B\cdot C$　（2）$A\cup B\cup C$　（3）$\overline{A}\cdot\overline{B}\cdot\overline{C}$

   （4）$\overline{A}\cdot B\cdot C\cup A\cdot\overline{B}\cdot C\cup A\cdot B\cdot\overline{C}$

3. （1）0.2022　（2）0.0001　（3）0.7864　（4）0.2136　（5）0.0113

4. （1）0.0245　（2）0.0261

5. $\frac{1}{3}$

6. 0.6

7. 0.0345

习题9－（5～6）

1.

X	3	4	5
P_k	0.1	0.3	0.6

2.

X	1	2	3	4
P_k	$\frac{1}{14}$	$\frac{3}{7}$	$\frac{3}{7}$	$\frac{1}{14}$

3. （1）$\frac{1}{2}$　（2）$\frac{1}{2}$　（3）$\frac{1}{4}(2+\sqrt{2})$

4. （1）$\frac{3}{4}$；$1-\frac{1}{2}e^{-1}$　（2）$f(x)=\begin{cases}\frac{1}{2}e^{x} & (x\leqslant 0)\\ \frac{1}{4} & (0<x<2)\\ 0 & (2\leqslant x)\end{cases}$

5. $E(X)=\frac{11}{8}$；$E(X^2)=\frac{31}{8}$；$D(X)=\frac{127}{64}$

6.

X	1	2	3	4
P_k	0.2	0.1	0.6	0.1

7. $D(x)=\frac{1}{18}$

8. Ⅱ和Ⅲ的数学期望一样，其方差分别为$D(X_2)=3.24$；$D(X_3)=15.84$。由于$D(X_2)<D(X_3)$，故第二种进货方案利润最大、风险最小，则第二种进货方案最优。

参考文献

[1] 王英杰. 高等应用数学基础 [M]. 北京：机械工业出版社，2006.
[2] 侯风波. 财经数学基础 [M]. 北京：高等教育出版社，2004.
[3] 程国云. 高等数学 [M]. 北京：人民邮电出版社，2011.